校企合作铁道运输专业精品教材

铁路客运员
客运值班员

主编　闫芸芸

教·学
资　源

航空工业出版社
北　京

内容提要

本书按照“铁路客运员 客运值班员”国家职业标准和职业技能培训规范及最新客运规章规范编写，主要内容包括：职业道德，发售车票，候车及进、出站业务，铁路行李、包裹业务，包车、租车业务，不符合乘车条件的处理，签证、变更及退票业务，旅客携带品的处理，客运安全管理，铁路运输组织与班组管理，特殊运输组织，铁路客运服务。

本书为铁路职工岗位培训用书，也可作为供职业技能鉴定的参考用书，还可作为职业院校铁道交通运营管理专业的教材。

图书在版编目（CIP）数据

铁路客运员 客运值班员 / 闫芸芸主编. -- 北京 : 航空工业出版社, 2019.2（2024.5 重印）
ISBN 978-7-5165-1871-7

Ⅰ. ①铁… Ⅱ. ①闫… Ⅲ. ①铁路运输－旅客运输－技术培训－教材 Ⅳ. ①U293

中国版本图书馆 CIP 数据核字(2019)第 029588 号

铁路客运员 客运值班员
Tielu Keyunyuan Keyun Zhibanyuan

航空工业出版社出版发行
（北京市朝阳区京顺路 5 号曙光大厦 C 座四层 100028）
发行电话：010-85672666 010-85672683

捷鹰印刷（天津）有限公司印刷 全国各地新华书店经售
2019 年 2 月第 1 版 2024 年 5 月第 6 次印刷
开本：787×1092 1/16 字数：387 千字
印张：16.75 定价：49.80 元

前言
Preface

铁路作为我国经济的大动脉，是国家重要基础设施，在国民经济、社会发展中具有重要作用。随着经济的飞速发展，我国铁路运输能力不断提高，旅客周转量、旅客发送量、客运密度、旅客平均行程已居世界前列。铁路职工队伍的素质也得到了相应的提高，但距离铁路现代化发展还有一定的差距，铁路人才队伍建设和职工教育培训工作任重道远。

“铁路客运员 客运值班员”是我国铁路的重要职业岗位。培养出更多素质高、能力强的“铁路客运员 客运值班员”，是铁路职工队伍建设的关键环节，各院校都非常重视。因此，我们编写了本书。

本书具有以下几个特点。

1．立德树人，润物无声

党的二十大报告指出：“育人的根本在于立德。”本书有机融入党的二十大精神，为落实立德树人根本任务，本书在讲解知识点的同时有机融入了德育元素。本书在“引导案例”和知识讲解部分都融入了相关模块，具体内容包括铁路助力民生案例、劳动模范事迹、人生格言等。这些模块旨在增强学生的道德观念、职业素养、民族自豪感和历史使命感等，从而使学生树立正确的世界观、人生观和价值观。

2．校企合作，工学结合

编者参考了多位铁路方面的专家和一线工作人员的意见，充分考虑了铁路客运员、客运值班员等岗位的实际情况，将理论知识和工作内容有机结合起来，可帮助学生在掌握理论知识的同时，掌握岗位实际所需的技能，学完后可直接上岗。

例如，本书的“引导案例”和“案例分析”部分就是根据企业实际岗位中可能遇到的问题，以及校内资深教师的一线教学经验所设置的。这样既能培养学生解决实际问题的能力，满足企业的需要，又能使课堂教学更有效率。

3．全新理念，全新形态

本书根据“理论够用，重在应用”理念，采用“项目任务”体例进行编写，每个项目包含多个任务。每个任务首先通过引导案例提出问题；然后讲解相关知识；最后在任务结束后解析引导案例中提出的问题。此外，每个项目结尾处设有项目实践演练，让学生根据所学知识，分小组解决模拟场景中的问题，并围绕场景内容编写剧本表演。这样既能让学生应用并巩固所学知识，又能激发学生的创造性，提高学生学习的积极性。

4．数字资源，平台辅助

本书配有海量数字资源，如微课、课件、教案、答案等，不仅方便教师教学，还能够提高学生的学习效率，让课堂教学达到事半功倍的效果。

例如，本书所配微课中有实际工作中可能会用到的文件、客运服务视频等，能帮助学生身临其境地体会铁路客运工作。另外，读者还可登录文旌综合教育平台“文旌课堂”（www.wenjingketang.com）下载更丰富的教学资源包。

此外，本书还提供了在线题库，支持“教学作业，一键发布”，教师只需通过微信或“文旌课堂”App扫描扉页二维码，即可迅速选题、一键发布、智能批改，并查看学生的作业分析报告，提高教学效率、提升教学体验。学生可在线完成作业，巩固所学知识，提高学习效率。

5．与时俱进，知识前沿

我们在编写本书的过程中，对铁路客运实际工作和铁路规程等作了详尽的调研，除旧更新。例如，本书删除了铁路乘车证等已不存在的相关内容；基于铁路旅客运输的最新规章制度和铁路部门已经投入使用的新设备，介绍了铁路部门新推出的变更到站服务以及人脸识别自助实名验票设备等。

6．版块多样，图片精美

本书在适当的位置穿插了“岗位提示”“练一练”“头脑风暴”“学以致用”“知识加油站”“课堂小剧场”“不吐不快”“囧途笑谈”等版块，激发学生的学习兴趣，使课堂的氛围更加轻松活跃。此外，书中配有大量精心绘制或挑选的图片，其中各类票据图有助于学生对知识的理解，精美、有趣的装饰图可以减轻学生的阅读负担。

本书由闫芸芸担任主编，高莉莉、刘尧尧、张桂芳、陈阳担任副主编。

在编写本书过程中，我们参考了大量与“铁路客运员 客运值班员”相关的文献，并从互联网上获取了部分最新资料和精美的图片，在此向这些材料的作者表示衷心的感谢！

由于编者水平有限，书中存在的疏漏与不当之处，恳请广大读者批评指正，以不断提高本教材水平，为我国铁道交通发展贡献力量。

目 录

Contents

项目十一 铁路客运服务 ……223

绪论 职业道德

一、道德的含义

道德是一种社会意识形态，是调解个人与自我、他人、社会和自然之间关系的行为规范的总和，具有以下三方面含义。

（1）道德是行为准则。道德是指做人的规矩与根本原则，指引人如何选择自己的行为、如何调节彼此间的关系、应该具有什么样的人格、树立什么样的人生观等。

（2）道德是评价行为的标准。道德作为评价标准，可以对人们的行为选择、关系调整做出是非、善恶的评判。如善良、忠诚、热爱职业、艰苦奋斗等。

（3）道德是靠舆论、传统习俗和人们的内心信念来发挥作用的。

二、职业道德的含义

职业道德是指从事一定职业的人在职业活动中应该遵循的具有职业特征的道德要求和行为准则。职业道德是从职业活动的需要中形成和发展起来的，是道德的重要组成部分。

三、铁路职业道德

1. 铁路职业道德的概念

铁路职业道德是社会主义社会对铁路提出的行业道德要求，是铁路职工在铁路运输生产活动和与此有关的工作中应遵守的行为规范。铁路职业道德是基于铁路行业特征而对铁路从业人员提出的职业要求，是调整铁路职工在职业活动中的行为以及所遇到的各种利益关系的重要手段。

2. 铁路职业道德

铁路职工应做到以下几点。

- **勤恳敬业：**工作勤奋、业务熟练。
- **遵章守纪：**服从命令、执行标准。
- **廉洁奉公：**公道正派、不徇私情。
- **顾全大局：**团结协作、密切配合。
- **礼貌待客：**行为端庄、举止文明。

- **优质服务**：主动热情、细心周到。
- **爱护行包**：文明装卸、认真负责。

名人名言

奉公如法则上下平。——《史记·廉颇蔺相如列传》

不别亲疏，不殊贵贱，一断于法。——《史记·太史公自序》

项目一 发售车票

项目导读

火车作为现代交通工具的重要组成部分，具有便捷、安全和快速等特点。众所周知，乘车需要购买车票，当发、到站相同时，选择不同类型的列车及席别，票价也会不同。那么，影响票价的因素有哪些？该如何查找票价？发售车票有哪些规定？

知识目标

- 了解车票票价的定义及分类。
- 了解制定普速旅客列车票价的要素。
- 掌握列车运价里程的接算方法及票价的查找方法。
- 掌握减价票的计算方法。
- 了解各类旅客车票的发售规定和售价方式。

技能目标

- 能使用《铁路客运运价里程表》接算运价里程。
- 能运用《铁路旅客票价表》正确查找旅客票价。
- 能计算各类减价票的票价。
- 能正确填写代用票。
- 能正确发售车票。

素质目标

- 践行爱岗敬业、忠于职守的职业精神。
- 提高逻辑严谨、思维缜密的问题分析能力。
- 养成客观、严谨、细致的工作作风。

任务一 确定旅客票价

引导案例——如何查找票价 133.0 元

如图 1-1 所示为 1 张 2016 年 10 月 4 日石家庄—承德的新空调列车硬卧上铺票，票价为 133.0 元。

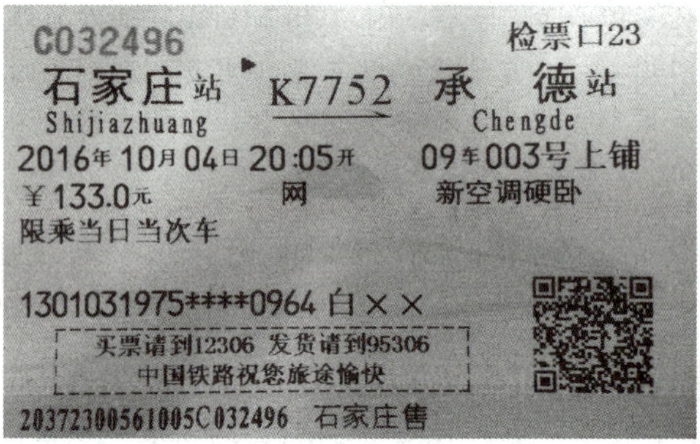

图 1-1 普通旅客列车车票

请思考：

（1）新空调列车硬卧上铺票价是由哪些部分组成的？

（2）如何应用《铁路旅客票价表》查找票价？

一、车票与票价概述

1. 车票概述

车票是乘车票据的总称。车票票面（特殊票种除外）主要应载明发站、到站、座别、卧别、票价、车次、乘车日期、时间和有效期等内容。

（1）按性质不同，车票可分为普速旅客列车车票和动车组列车车票。

- **普速旅客列车车票：** 包括客票（见图 1-2）和附加票两部分。客票分为软座、硬座；附加票分为加快票、卧铺票和空调票。不过大多数情况下，我们看到的车票都是将两者合而为一的，如图 1-1 所示的新空调列车硬卧上铺票。

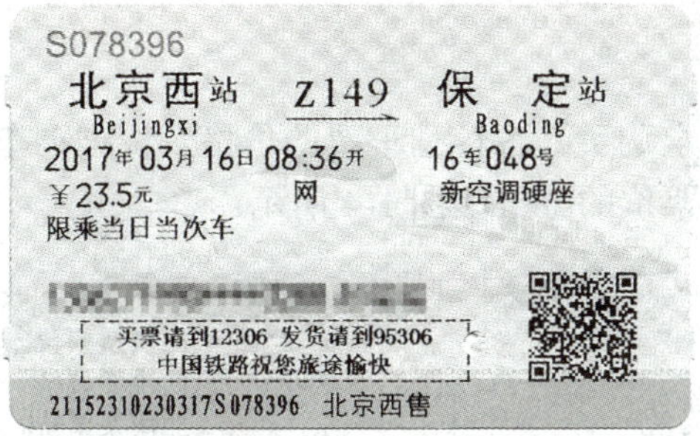

图 1-2　普速旅客列车车票

提　示

附加票是客票的补充部分，可以与客票合并发售，一般不能单独使用。

- **动车组列车车票：** 包括商务座票、特等座票、一等座票、二等座票（见图 1-3）、动车组卧铺票等。

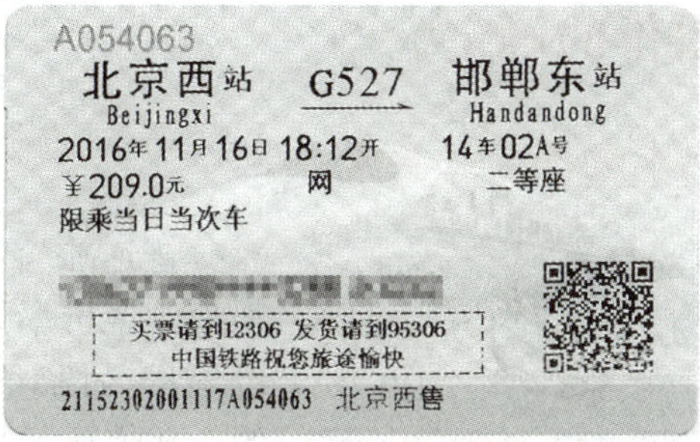

图 1-3　动车组列车车票

（2）按载体形式不同，车票可分为纸质车票、铁路电子客票和铁路乘车卡。

- **纸质车票：** 又可分为红色底纹的计算机软纸车票、浅蓝色底纹的计算机磁介质车票、列车移动补票机出具的车补票和代用票、区段票、客运运价杂费收据等。
- **铁路电子客票：** 是以电子数据形式体现，用购票人有效身份证进行验票的车票。
- **铁路乘车卡（中铁银通卡或广深铁路牡丹信用卡）：** 是内装磁介质或者集成电路芯片、通过自动检票机（闸机）记录旅客乘车信息的卡片式乘车凭证。

（3）按车体的不同，车票可分为非空调列车（包括普通车和空调车）车票和新型空调列车车票。

找一找

请同学课下搜集自己或他人的列车车票（或车票图片），下堂课随堂展示。

2. 票价概述

列车票价是指依照规定购买的各种列车票的价格。根据列车种类、车辆类型、设备条件等不同，普速旅客列车票价的分类如图 1-4 所示。

- 普速旅客列车票价
  - 客票票价
    - 硬座票价
    - 软座票价
  - 附加票票价
    - 加快票票价
      - 普快加快票票价
      - 快速加快票票价
      - 特快加快票票价
    - 卧铺票票价
      - 硬卧票票价
        - 上铺票票价
        - 中铺票票价
        - 下铺票票价
      - 软卧票票价
        - 上铺票票价
        - 下铺票票价
    - 空调票票价

图 1-4　普速旅客列车票价的分类

二、普速旅客列车票价的确定

1. 制定普速旅客列车票价的三要素

普速旅客列车基本票价是以每人每千米的票价率为基础，按照规定的旅客票价里程区段，采取递远递减的方法确定的。普速旅客列车票价构成的三要素为：基本票价率与现行各种票价率的比例关系、旅客票价里程区段、递远递减区段和递减率。

1）基本票价率与现行各种票价率的比例关系

硬座客票票价率是旅客票价的基础，是决定全部旅客票价水平最重要的因素。硬座客票的基本票价率即为旅客票价的基本票价率。当前，硬座客票基本票价率是 0.058 61 元/（人 · km)，即以普速旅客列车的普通硬座车厢（非空调普客列车硬座车）运送 1 名旅客 1 km 的费用。

现行各种票价率的比例关系如表 1-1 所示。

表 1-1　现行各种票价率的比例关系

票　　种		票价率［元/（人 · km)］	比例（%）
客票	硬座客票	0.058 61	100
	软座客票	0.117 22	200

表 1-1（续）

<table>
<tr><th colspan="5">票　种</th><th>票价率［元/（人·km）］</th><th>比例（%）</th></tr>
<tr><td rowspan="10">附加票</td><td colspan="2" rowspan="2">加快票</td><td colspan="2">普快</td><td>0.011 72</td><td>20</td></tr>
<tr><td colspan="2">快速、特快</td><td colspan="2">按普快票价率 2 倍计算</td></tr>
<tr><td rowspan="7">卧铺票</td><td rowspan="5">硬卧</td><td rowspan="3">开放式</td><td>上铺</td><td>0.064 47</td><td>110</td></tr>
<tr><td>中铺</td><td>0.070 33</td><td>120</td></tr>
<tr><td>下铺</td><td>0.076 19</td><td>130</td></tr>
<tr><td rowspan="2">包房式</td><td>上铺</td><td colspan="2">按开放式硬卧中铺票价率另加 30%计算</td></tr>
<tr><td>下铺</td><td colspan="2">按开放式硬卧下铺票价率另加 30%计算</td></tr>
<tr><td colspan="2" rowspan="2">软卧</td><td>上铺</td><td>0.102 57</td><td>175</td></tr>
<tr><td>下铺</td><td>0.114 29</td><td>195</td></tr>
<tr><td colspan="4">空调票</td><td>0.014 65</td><td>25</td></tr>
</table>

提　示

新型空调列车的各票种票价率，分别在非空调列车客票、加快票、卧铺票、空调票的票价基础上按向上浮动 50%计算。

2）旅客票价里程区段

（1）概述。

普速旅客票价不是按实际运价里程（即实际运输里程）直接计算的，而是将实际运价里程分为若干区段（见表 1-2），每个里程区段又分为若干个小区段，同一小区段（如 21～30 km）票价相同。例如，所有发、到站间运输里程在 401～430 km 的普速列车票价相同（每小区段里程为 30 km），所有发到站间运输里程在 1 601～1 660 km 的普速列车票价相同（每小区段里程为 60 km）。

扫一扫

旅客票价的制定

表 1-2　现行旅客票价里程区段划分

里程区段（km）	每小区段里程（km）	区段数	里程区段（km）	每小区段里程（km）	区段数
1～20	20	1	1 601～2 200	60	10
21～200	10	18	2 201～2 900	70	10
201～400	20	10	2 901～3 700	80	10
401～700	30	10	3 701～4 600	90	10

表 1-2（续）

里程区段（km）	每小区段里程（km）	区段数	里程区段（km）	每小区段里程（km）	区段数
701～1 100	40	10	4 601 以上	100	
1 101～1 600	50	10			

（2）应用。

普速列车车票的计价里程（用来计算旅客票价的里程）可根据表 1-2 按以下方法确定。

（1）当发到站间实际运价里程不足起码里程时，起码里程即为计价里程。

（2）当发到站间实际运价里程超过起码里程时，按确定出的中间里程计算票价。

提 示

考虑到运输成本及分流的问题，在计算票价时规定了起码里程：客票为 20 km，空调票为 20 km，加快票为 100 km，卧铺票为 400 km（特殊区段另有规定者除外）。

中间里程的计算方法包括以下两种。

（1）推算法。可以按区段里程进行推算。例如，广州—长沙的运输里程为 706 km，属于 701～740 km 区段（参考表 1-2），这个范围的中间距离 720 km 就是旅客票价的计价中间里程。

（2）公式法。中间里程的公式为：

$$L_{中间} = L_{基} + (n \pm 0.5)L_{段}$$

式中，$L_{中间}$——区段中间里程/km；

$L_{基}$——实际运价里程所属区段的起算里程，即基数里程/km；

$L_{段}$——小区段里程/km；

n——小区段数。

其中，$n = (L_{实} - L_{基})/L_{段}$，$L_{实}$为实际运价里程。

例 1-1 确定 K7752 次列车石家庄—承德的计价里程。（提示：石家庄—承德客运运价里程是 546 km）

【解析】 $n = (L_{实} - L_{基})/L_{段} = (546 - 400) \div 30 = 4.87$。

方法一：n 取 4 时，$L_{中间} = L_{基} + (n + 0.5)L_{段} = 400 + (4 + 0.5) \times 30 = 535\ (\text{km})$。

方法二：n 取 5 时，$L_{中间} = L_{基} + (n - 0.5)L_{段} = 400 + (5 - 0.5) \times 30 = 535\ (\text{km})$。

即 K7752 次列车石家庄—承德的计价里程为 535 km。

注意

当 n 为整数时，按照 $L_{中间} = L_{基} + (n - 0.5)L_{段}$ 公式计算 $L_{中间}$。

3）递远递减区段和递减率

（1）概述。

由于运输成本随运输距离增加而相应降低，所以旅客票价采取递远递减的办法进行计算，以减轻长途旅客的经济负担。

旅客票价从 201 km 起实行递远递减。现行各里程区段的递远递减率和递减票价率（以硬座票价为例）如表 1-3 所示。

表 1-3　旅客票价递远递减率和递减票价率（硬座票价）

区段（km）	递减率（%）	票价率 [元/（人·km）]	各区段全程基本票价（元）	区段累计基本票价（元）
1～200	0	0.058 61	11.722	
201～500	10	0.052 749	15.824 7	27.546 7
501～1 000	20	0.046 888	23.444	50.990 7
1 001～1 500	30	0.041 027	20.513 5	71.504 2
1 501～2 500	40	0.035 166	35.166	106.670 2
2 501 以上	50	0.029 305		

（2）应用。

把确定的用来计算票价的里程分配到各递减区段，用各递减区段的递减票价率乘以相应的区段里程，乘积加总，即可得到基本票价。

扫一扫

普速旅客列车票价的理论计算

基本票价：$E = C_0L_0 + C_1L_1 + C_2L_2 + \cdots + C_nL_n$

式中，C_0——基本票价率；

L_0——不递减区段的里程；

C_1，C_2，…，C_n——各区段的递减票价率；

L_1，L_2，…，L_n——递减票价率相应区段的里程。

例 1-2　确定 K7752 次列车石家庄—承德的基本票价。

【解析】　由例 1-1 可知，石家庄—承德的计价里程为 535 km，根据表 1-3 可知，其基本票价 E 为：

$$
\begin{aligned}
E &= 0.058\,61 \times 200 + 0.058\,61 \times (1-10\%) \times 300 + 0.058\,61 \times (1-20\%) \times 35 \\
&= 0.058\,61 \times [200 + (1-10\%) \times 300 + (1-20\%) \times 35] \\
&= 29.187\,78\ (\text{元})。
\end{aligned}
$$

普速列车的票价是以基本票价为依据，综合考虑列车的类型、席别、相关政策等因素制定的，详细可参照右上方二维码。

注意

《铁路客运运价规则》第 5 条规定：国家铁路的旅客票价以 5 角为计算单位，不足

5 角的尾数按 2.5 角以下舍去、2.5 角及以上进为 5 角处理。国家铁路的行李、包裹运价及客运杂费的尾数保留至角。对浮动票价应分别按票种处理尾数。

2. 旅客票价表的运用

在发售车票时，不可能按上述票价制定的方法一一计算，而是直接根据电子计算机打印的纸质车票票面的票价核收。遇特殊情况，则根据发、到站间客运运价里程（不足起码里程按起码里程计算），依据《铁路旅客票价表》进行计算来核收。

头脑风暴

发售车票时，有哪些特殊情况需要用《铁路旅客票价表》查找票价？

《铁路旅客票价表》分为两部分，一是“非空调列车票价表”，二是“空调列车票价表”。为方便使用，每种票价表又分为“分票种票价表”和“硬席、软席联合票价表”。

提　示

硬座、硬卧统称为硬席，软座、软卧统称为软席。

联合票价的组成如表 1-4、表 1-5 所示。

表 1-4　非空调列车部分车厢联合票价的组成

列车等级 车厢	普客	普快	快速、特快（直达特快）
硬座车厢	硬座票价	硬座票价＋普快票价	硬座票价＋快速票价
软座车厢	软座票价	软座票价＋普快票价（＋空调票价）	软座票价＋快速票价（＋空调票价）
硬卧车厢	硬座票价＋硬卧票价	硬座票价＋硬卧票价＋普快票价	硬座票价＋硬卧票价＋快速票价
软卧车厢	软座票价＋软卧票价	软座票价＋软卧票价＋普快票价（＋空调票价）	软座票价＋软卧票价＋快速票价（＋空调票价）

表 1-5　新型空调列车部分车厢联合票价的组成

列车等级 车厢	普快	快速、特快（直达特快）
硬座车厢	硬座票价＋普快票价＋空调票价	硬座票价＋快速票价＋空调票价
软座车厢	软座票价＋普快票价＋空调票价	软座票价＋快速票价＋空调票价

表 1-5（续）

列车等级 / 车厢	普快	快速、特快（直达特快）
硬卧车厢	硬座票价＋普快票价＋硬卧票价＋空调票价	硬座票价＋快速票价＋硬卧票价＋空调票价
软卧车厢	软座票价＋普快票价＋软卧票价＋空调票价	软座票价＋快速票价＋软卧票价＋空调票价

运用《铁路旅客票价表》确定票价的步骤如下。

1）确定发、到站间的运价里程

查找旅客票价，要先确定运价里程。客运运价里程都列在《铁路客运运价里程表》内，它是计算客运运价的依据。确定发、到站间运价里程的具体方法如下。

扫一扫

铁路客运运价里程接算站示意图

（1）查找发、到站站名。

① 如能确知所要查找的发、到站的具体线路，可在《铁路客运运价里程表》中的“线名音序索引表”（见图 1-5）中查出车站所属线在“里程表”中的页数，再查找相关车站。

② 如不能确知所要查找的发、到站的具体线路，应首先从“站名首字音序索引表”（见图 1-5）或“站名首字笔画索引表”（见图 1-5）中，查出站名首字在“站名索引表”的页数，再从“站名索引表”中查出发、到站的“里程表”的页数。

目　录

图 1-5　《铁路客运运价里程表》目录页

（2）确定运价里程。

在确定运价里程时，通常会遇到以下三种情况。

① 发、到站在同一条线上。

发、到站在同一条线上时，用自本线起点站或终点站至发站和到站的运价里程相减，即可计算出发站至到站间的运价里程。

例 1-3 确定岳阳至新乡的运价里程。

【解析】 岳阳—新乡均在京广线上。

方法 1 以北京站为起点站或终点站，查《铁路客运运价里程表》得：

岳阳—北京 1 446 km；新乡—北京 615 km，则：

岳阳—新乡的运价里程为：$1446-615=831\,(\text{km})$。

方法 2 以广州站为起点站或终点站，查《铁路客运运价里程表》得：

岳阳—广州 854 km；新乡—广州 1 685 km，则：

岳阳—新乡的运价里程为：$1685-854=831\,(\text{km})$。

② 发、到站在不同线上。

发、到站在不同线上时，需要按规定的接算站分段进行里程接算，再加总得出总运价里程。所谓规定的接算站，就是为了将发、到站间跨及两条（或两条以上）不同的线路衔接起来，进行里程加总计算票价和运价所规定的接算衔接点，如图 1-6（a）、（b）所示的株洲站和德州站。

在同一城市无线路衔接的车站（由于城市建设的关系，相互间未能铺轨连接），为了方便计算里程，规定该两站按零公里接算里程。如昆明站与昆明北站间相隔约 5 km，但视昆明站与昆明北站相互衔接，并指定为同一接算站，如图 1-6（c）所示。

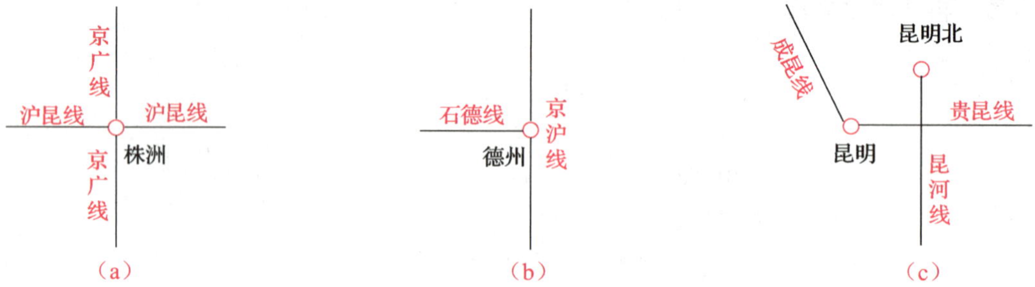

图 1-6 接算站示意图

a．发、到站在相互衔接的两条线上时，应分别计算出自发站和到站至该两条线的接算站间的运价里程并相加，即可算出发站至到站的运价里程。

例 1-4 确定哈密经吐鲁番至库尔勒的运价里程。

【解析】 哈密—库尔勒跨及兰新线和南疆线，中间以吐鲁番为接算站。分别查找兰新线和南疆线里程表，可得哈密—吐鲁番、吐鲁番—库尔勒的运价里程。

哈密—吐鲁番 410 km（见表 1-6）；吐鲁番—库尔勒 457 km（见表 1-7），则：

哈密—库尔勒的运价里程为：$410+457=867\,(\text{km})$。

表 1-6　兰新线部分里程表

局名	线/里程/站名 站名	本线						京哈		京沪	京广	自本站里程	接续线名
		兰州	乌西	武威南	嘉峪关	玉门	吐鲁番	北京	沈阳	上海	郑州		
乌鲁木齐	1	2	3	4	5	6	7	8	9	10	11	12	13
	※小泉东	1 083	829	793	313	280	666	郑州 2 965	天津 北京 郑州 3 830	徐州 3 268	2 270		接南疆线
	…	…	…	…	…	…	…	…	…	…	…		
	哈密	1 339	573	1 049	569	536	410	3 221	4 086	3 524	2 536		

注：“※”表示旅客乘降所。旅客乘降所一般不设客运工作人员，不办理行包装卸等客运业务，不设售票装置，仅供旅客上下车。旅客在乘降所上车时，需在车上补票（免收手续费）。“…”表示中间省略。

表 1-7　南疆线部分里程表

局名	线/里程/站名 站名	本线		京沪	京广							自本站里程	接续线名
		吐鲁番	喀什	上海	郑州	北京西							
乌鲁木齐	1	2	3	4	5	6	7	8	9	10	11	12	13
	吐鲁番	—	徐州兰州 1 445	兰州 3 934	郑州兰州 2 936	3 625							接兰州线
	…	…	…	…	…	…	…	…	…	…	…		
	库尔勒	457	988	4 391	3 393	4 082							

注：“…”表示中间省略。

b．发、到站在不相衔接的两线上时，应分别计算出自发站和到站至直通运价里程接算站间的运价里程并相加，即可算出发站至到站的运价里程。

在《铁路客运运价里程表》的“客运运价里程接算站示意图”中查到连接发、到站的线路，从而查出衔接各线路的接算站，即为直通运价里程接算站。

例 1-5　确定柳州经京广线至徐州的运价里程。

【解析】　查《铁路客运运价里程表》得：

柳州经京广线至徐州，接算站分别为衡阳站和郑州站，柳州$\xrightarrow{\text{衡柳线}}$衡阳 538 km；衡阳$\xrightarrow{\text{京广线}}$郑州 1 084 km；郑州$\xrightarrow{\text{陇海线}}$徐州 349 km，径路示意图如图 1-7 所示，则：

柳州—徐州的运价里程为：$538+1084+349=1971\,(\text{km})$。

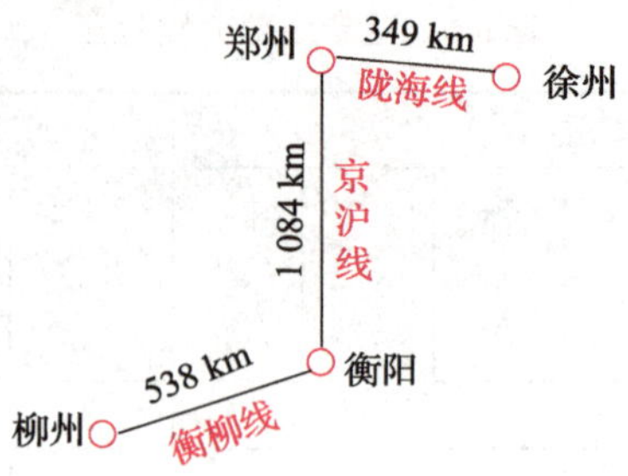

图 1-7 柳州经京广线至徐州的径路示意图

提 示

（1）径路是指列车由发站至到站所经过的路线。

（2）确定运价里程时，还应考虑一些特殊规定，如国际旅客联运经由国境线时，应另加算国境站至国境线的里程；如经轮渡时，应另加轮渡里程。

课堂演练

（1）老师指定 3 名同学，在教室展示自己搜集的车票（或车票照片）。

（2）老师从展示的车票中挑选 3 张，请同学们运用《铁路旅客票价表》，查出其对应的运价里程。

2）查找旅客票价

根据发、到站间的运价里程、不同的车辆设备以及旅客所购票种，可以从《铁路旅客票价表》的“分票种票价表”或“硬席、软席联合票价表”查得相应各项票价或直接查得联合票价。

例 1-6 运用《铁路旅客票价表》，查找 T381 次列车上海南—昆明新空调硬座特快卧（上）铺票价。

【解析】 （1）确定运价里程。

T381 次列车径路：上海南—春申—株洲—衡阳—南宁—昆明。接算站：春申、株洲、衡阳、南宁。则各区段的运价里程为：

上海南$\overline{\text{上海南线}}$春申 10 km，春申$\overline{\text{沪昆线}}$株洲 1 115 km，株洲$\overline{\text{京广线}}$衡阳 134 km，衡阳$\overline{\text{湘桂线}}$南宁 793 km，南宁$\overline{\text{南昆线}}$昆明 828 km，则：

上海南—昆明的运价里程为：$10+1115+134+793+828=2\,880\ (\text{km})$。

（2）查找新型空调列车硬席联合票价。

T381 次列车运价里程 2 880 km，新空调硬座特快卧（上）铺票价为 497.5 元。

三、动车组列车票价

1. 定价依据

按照《国家计委关于高等级软座快速列车票价问题的复函》的规定，旅行速度达到 110 km/h 以上的动车组列车软座票价基准价：每人每公里一等座车为 0.336 6 元，二等座车为 0.280 5 元，可上下浮动 10%。

按《国家计委关于广深铁路运价的复函》的规定，广深线开行的动车组列车票价可在国铁统一运价为中准价上下浮动 50%的基础上再上下浮动 50%，具体由企业自主定价。

2. 公布票价计算

- 一等座车公布票价 = 0.336 6 × (1 + 10%) × 运价里程 。
- 二等座车公布票价 = 0.280 5 × (1 + 10%) × 运价里程 。
- 软卧上铺票价 = 0.336 6 × (1 + 10%) × 1.6 × 运价里程 。
- 软卧下铺票价 = 0.336 6 × (1 + 10%) × 1.8 × 运价里程 。
- 特等座公布票价 = 0.280 5 × (1 + 10%) × 1.8 × 运价里程 。
- 商务座公布票价 = 0.280 5 × (1 + 10%) × 3 × 运价里程 。
- 高级软卧上铺票价 = 0.336 6 × (1 + 10%) × 3.2 × 运价里程 。
- 高级软卧下铺票价 = 0.336 6 × (1 + 10%) × 3.6 × 运价里程 。
- 一等包座、观光座按商务座公布票价执行。
- 动车组特等座、商务座、一等包座、观光座票价可按公布票价打折，但特等座折后票价应不低于一等座公布票价，商务座、一等包座、观光座折后票价应不低于特等座公布票价。
- 广深线上的动车组列车公布票价由企业在规定水平内自行确定。

3. 票价执行

根据客流波动情况，各运输企业可对动车组进行不同形式的折扣，折扣后的票价即为执行票价。

动车组票价可按公布票价打折，但应符合下列条件。

（1）根据不同区域、不同季节、不同时段的市场需求，实行不同形式的打折票价。

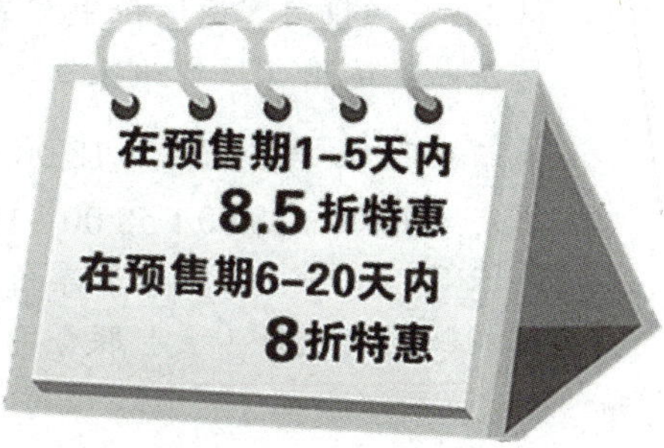

（2）二等座车公布票价打折后不得低于相同运价里程的普速列车新空软座票价。在短途，公布票价低于普速列车新空软座票价时，按公布票价执行。70 km 及以下运价里程的动车组不进行任何形式打折优惠，一律按公布票价执行。

（3）经过相同途径，相同站间、相同时段，不同车次应执行同一票价。

（4）同一车次，各经停站在里程上不能倒挂。

（5）一等座车与二等座车的比价在 1∶1.2～1∶1.25 之间。

4. 管理权限

公布票价由铁路总公司决定。折扣票价由铁路运输企业决定，并在公布前 3 天报铁路总公司备案。但下列情况铁路运输企业要在公布前 10 天报铁路总公司备案。

（1）跨局开行的动车组列车。

（2）折扣率需低于 6 折时。

（3）铁路运输企业之间意见有分歧时。

公布票价的折扣率和折扣后票价由上车站所在铁路局提出车次别、发到站的动车组列车点到点票价，商有关担当铁路局后，按管理权限执行。

5. 减价票价

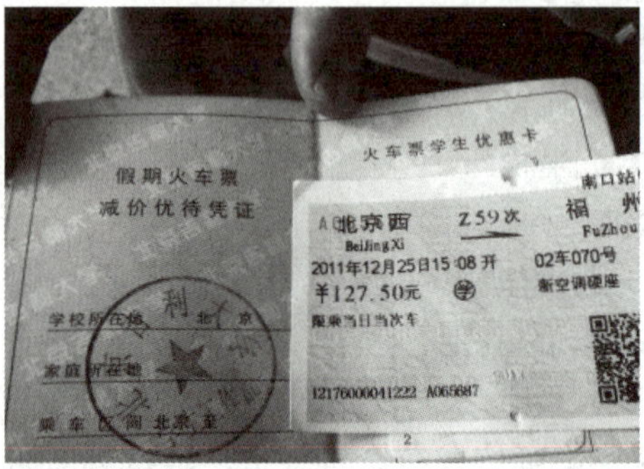

按《客规》等有关规定享受减价优待的儿童、学生、残疾军人乘坐动车组时，其票价均以公布票价为基础计算。

（1）身高 1.2～1.5 m 的儿童乘坐一等车厢和二等车厢时，均享受公布票价 50%的优惠，但乘坐卧铺时为：动车组软卧儿童票＝动车组软卧公布票价－动车组一等座公布票价的 50%。

（2）学生乘坐动车组二等车厢时票价为全价票价的 75%，乘坐一等车厢和卧铺车厢时，不享受减价优惠。

（3）残疾军人乘坐一等车厢、二等车厢和卧铺车厢时，票价均按公布票价的 50%计算。

动车组执行的折扣票价低于减价票价时，减价票价按照折扣票价执行。

案例分析——如何查找票价 133.0 元

（1）新空调硬座快速卧（上）联合票价的组成包括硬座票价、快速票价、硬卧票价和空调票价。

（2）查《铁路客运运价里程表》得，石家庄—承德 546 km;

方法一：运用《铁路旅客票价表》，查找新型空调列车“分票种票价表”得：

$F_{硬座}^{新}=46.00$ 元，$F_{快速}^{新}=18.00$ 元，$F_{硬卧上}^{新}=58.00$ 元，$F_{空调}^{新}=11.00$ 元，则：

$F_{联合}=46.00+18.00+58.00+11.00=133.00\,(元)$。

方法二：运用《铁路旅客票价表》，查找新型空调列车“硬席联合票价表”得：

空调硬座快速卧（上）联合票价为 133.00 元。

任务二　发售车票

引导案例——“同票不同价”？

张亮和王伟既是成都同乡，又是宿舍好友，现就读于北京某职业院校。十一假期他们都打算回家，张亮买了 9 月 30 号 K817 次列车北京西—成都的硬座票，票价为 126.0 元。王伟因为 9 月 30 号有事，所以买了 10 月 1 号 K817 次列车北京西—成都的硬座票，但票价却比张亮的多一倍，为 252.0 元。王伟不明白，为什么发、到站相同，车次相同，他的票价却贵了呢？

请思考：

（1）为什么两人的票价不同？

（2）购买学生票的条件有哪些？

（3）除了学生外，还有哪些人能够享受票价优惠政策？

一、各类车票发售的基本规定

车票由车站或铁路运输企业设立的其他售票处所发售，为了方便旅客，也可委托其他部门代售。在有运输能力的情况下，承运人或销售代理人应按购票人的要求发售车票。车站或铁路运输企业可发售客票（软座、硬座）和附加票（加快票、卧铺票、空调票）；为照顾学生、儿童和残疾军人，可发售减价票；为方便团体旅客出行，可发售团体旅客票；当遇特殊情况时，可发售代用票。

1. 客票

（1）车站发售客票时，不能使用到站不同但票价相同的车票互相代替。

（2）发售软座客票时最远至本次列车终点站。始发站给中途站预留的包房，可当作软座发售（最远发售至预留站），涉及夜间（20:00 至次日 7:00）乘车时不得超过 2 h。

（3）旅客在乘车过程中，要求一段乘坐硬座车，一段乘坐软座车时，全程发售硬座客票，乘坐软座时另收软座区间的软、硬座票价差额。

（4）发售去边境地区的客票时，旅客应出示边境居民证、身份证或边境通行证。

（5）动车组列车车票最远只发售至本次列车终点站。

2. 加快票

（1）发售全程加快票时，要求发、到站之间全程都应有快车运行，如需中转换乘，要求中转站必须是有同等级快车始发的车站。

（2）发售需要中转换乘车加快票的中转站，必须是有同等级快车始发的车站，同时具备发、到站之间全程都应有快车运行，如中间有无快车运行的区段，则不能发售全程加快票。

3. 卧铺票

旅客凭软座或硬座客票（乘快车时还应有加快票）购买卧铺票时，卧铺票必须和客票的座别到站相同。但对持通票的旅客，卧铺票只发售到中转站。

提 示

通票（现极少用）是指从票面发站至终到站需中转的车票，其票面载有从发站至中转站的车次和席别。在中转站换乘时，旅客需要在车站售票窗口办理中转签证（详见项目六）。

4. 空调票

旅客凭普通硬座车票购买空调车票时，需补交空调费。

5. 减价票

1）学生票

（1）购买条件。

根据《铁路旅客运输规程》第 20 条规定，在普通大、专院校（含国家教育主管部门批准有学历教育资格的民办大学），军事院校，中、小学和中等专业学校、技工学校就读，没有工资收入的学生、研究生，家庭居住地和学校不在同一城市时，凭附有加盖院校公章的减价优待证（现为学生火车票优惠卡）的学生证（小学生凭书面证明），每年可购买家庭至院校（实习地点）之间 4 次单程的学生票。应届毕业生从学校回家，凭院校书面证明，可购买一次学生票。新生入学凭院校的录取通知书，也可购买一次从接到录取通知书地点至院校的学生票。

学生票

华侨学生和港澳台学生同样可按照上述规定办理。

提 示

学生票限定在寒假（12 月 1 日—3 月 31 日）、暑假（6 月 1 日—9 月 30 日）期间发售。当年未使用的次数，不能留作次年使用。

（2）优惠票种及票价。

① 学生票限于使用普速旅客列车硬座和动车组列车二等座。

② 学生票可享受硬座客票、加快票和空调票的优惠，学生票票价按相应客票和附加票票价的50%计算。持学生票乘车的学生使用硬卧时，应另收全价硬卧票价，有空调时还应另收半价空调票票价。学生乘坐动车组二等座时，票价为执行票价（打折前的票面价格）的75%。

例 1-7 2018年2月27日，太原站某旅客持有效学生证和身份证，要求购买当日D×次列车（时速200 km，临汾西—北京西）由太原—北京西的二等坐票1张，学生证上的优惠区间为太原—北京，有票额。请问应如何发售？

【解析】 太原—北京的运价里程为505 km；动车组二等座执行票价为154.50元，则：

学生票价＝$154.50\times75\%=115.875\approx116.00$(元)。

提　示

学生票应按近径路发售，但有直达列车或换车次数少的远径路也可发售。学生购买联程票或乘车区间涉及动车组列车的，可分段购票。学生票分段发售时，由发售第一段车票的车站在学生优惠卡中划销次数，中转站凭上一段车票售票，不再划销乘车次数。

知识加油站

若从乘车站到目的站无直达列车，旅客可以选择购买一张从乘车站到换乘站的火车票和一张（或一张以上）从换乘站到目的车站的火车票，这样的两张或多张火车票合称火车联程票，简称联程车票或联程票。

（3）拒售情况。

① 学校所在地有学生的父母或其中一方时。

② 学生休学、复学、转学、退学时。

③ 学生往返于学校与实习地点时。

④ 学生证未按时办理学校注册的。

⑤ 学生证优惠乘车区间更改但未加盖学校公章的。

⑥ 没有“学生火车票优惠卡”，“学生火车票优惠卡”不能识别，或者与学生证记载不一致的。

课堂讨论

分享你曾经遇到过被拒售学生票的经历与感受，与大家一起讨论被拒售的原因。

2）残疾军人票

（1）购买条件。

中国人民解放军和中国人民武装警察部队因伤致残的军人可凭“中华人民共和国残疾军人证”、因公致残的人民警察可凭“中华人民共和国伤残人民警察证”购买优待票。

“中华人民共和国残疾军人证”和“中华人民共和国伤残人民警察证”由国家有关部门颁发，铁路运输企业有权进行核对。

（2）优惠票种及票价。

残疾军人票可享受客票、附加票、动车组车票的优惠，其票价按相应客票票价、附加票票价、动车组执行票价的50%计算。

例 1-8 2018年4月17日，银川站一名旅客持有“中华人民共和国残疾军人证”，他要求购买当日K×次列车（银川—广州，新空）银川—西安硬卧下铺车票1张，有票额。请问应如何发售？（提示：银川—西安运价里程为806 km）

【解析】 查《铁路旅客票价表》可得银川—西安硬卧铺（下）票价为196.00元；因为残疾军人票可享受按客票和附加票（即联合票）50%的票价优惠，则：

残疾军人快速空调硬卧铺（下）票票价为：196.00×50%＝98.00(元)。

3）儿童票

承运人一般不接受儿童单独旅行（乘火车通学的学生和承运人同意在旅途中监护的除外），对儿童乘坐铁路交通出行的规定如下。

（1）每一成人旅客可免费携带身高不足 1.2 m 的儿童一名，超过的儿童数应购买儿童票。免费乘车儿童单独使用卧铺时，只需要购买全价卧铺票及半价空调票，不用买客票和加快票。

（2）随同成人旅行、身高在1.2～1.5 m的儿童乘车时，票价（儿童票）享受客票、加快票和空调票票价50%的优惠。持儿童票乘车的儿童单独使用卧铺时，应另收全价卧铺票。

（3）超过1.5 m的儿童应购买全价票。

（4）儿童票的座别应与成人票相同，其到站不得远于成人票的到站。

提 示

（1）通学是指不住校，每天往返于学校和家庭之间。

（2）为测量儿童的身高，在售票窗口、检票口、出站口、列车端门口应设有测量儿童身高的标准线。通学的小学生不论身高多少，均按学生票办理。

例 1-9 4月20日，北京西站某旅客要求乘坐K×次（北京西—洛阳）空调列车硬卧去洛阳，他携带身高1.1 m和1.4 m儿童各一名，儿童分别单独使用卧铺，5车1组有票

额。北京西站如何办理？（提示：北京西—洛阳的运价里程为 812 km）

【解析】　空调硬座快速卧铺票价＝硬座快速票价（硬座票价＋快速票价）＋硬卧票价＋空调票价。这位乘客携带的两名儿童都单独使用卧铺，1.1 m 儿童应购买全价卧铺票及半价空调票；1.4 m 儿童应购买儿童票（半价硬座票、半价快速票和半价空调票）以及全价卧铺票。则他应购买的票种及票价为（查找《铁路旅客票价表》）：

（1）3 张全价卧铺票（上、中、下各 1 张）票价。

硬卧（上）票价：79.00 元。

硬卧（中）票价：85.00 元。

硬卧（下）票价：91.00 元。

（2）2 张硬座快速票价。

1 张全价硬座快速票票价：90.00 元。

1 张半价硬座快速票票价：45.00 元。

（3）3 张空调票。

1 张全价空调票票价：15.00 元。

2 张半价空调票票价：$15.00\times50\%\times2=15.00$ (元)。

旅客需支付票价总金额为：

$79.00+85.00+91.00+90.00+45.00+15.00+15.00=420.00$ (元)。

6. 团体旅客票

团体旅客是指 20 人及以上乘车日期、车次、到站、座别和经由（径路上经过的车站）相同的集体旅客。发售团体旅客票时，承运人对团体旅客乘车应优先安排并在计价上给予一定的优惠，具体规定如下。

（1）满 20 人时，给予免收 1 人票价的优惠，20 人以上每增加 10 人，再免收 1 人的票价，但每年春运期间（起止日期以春运文件为准）不予优惠。

（2）团体旅客中有分别乘坐座、卧车或成人、儿童同一团体时，按其中票价高的免收。

（3）实行计算机售票的车站，办理团体旅客票并实行一定优惠政策时，优惠票的票面打印“团优”字样，其余票的票面上加印“团”字样。非计算机售票的车站发售优惠团体旅客票时，一律填发代用票，人数栏的其中一栏可以改为免收栏，记事栏记录团体旅客证起止号码。

（4）暑期学校集体组织的红色旅游团购买团体旅客票时，经市（地）级政府教育行政部门批准后，持团体购票证明，铁路部门给予硬座票价 20%的优惠。

例 1-10　2018 年 3 月 29 日，石家庄国棉一厂职工 43 人，要求乘 4 月 22 日的 K×次（石家庄—承德）空调列车硬座到北京开纺织会议。石家庄站应如何办理？

【解析】　石家庄—北京的运价里程为 287 km；硬座票价为 43.50 元；43 人集体乘车

符合团体旅客，按规定免收 3 人票价。则：

40 人空调硬座快速票价为：$43.50 \times 40 = 1\,740.00$（元）。

学以致用

假设你们班级集体乘坐某次列车去张家界游玩，想一想你们班共可节约几张车票？

7. 代用票

1）定义

代用票是指车站在办理旅游专列、包车、租车、军运、团体旅客乘车和计算机设备故障等特殊情况下的代用车票，以及未配备补票机或补票机故障的列车补收票价时根据需要临时填发的票据，如图 1-8 所示。

代用票为一式三页，即甲、乙、丙三页。甲、丙页为薄纸，乙页为厚纸。甲页为存根页，乙页为旅客留用，丙页为报告页。

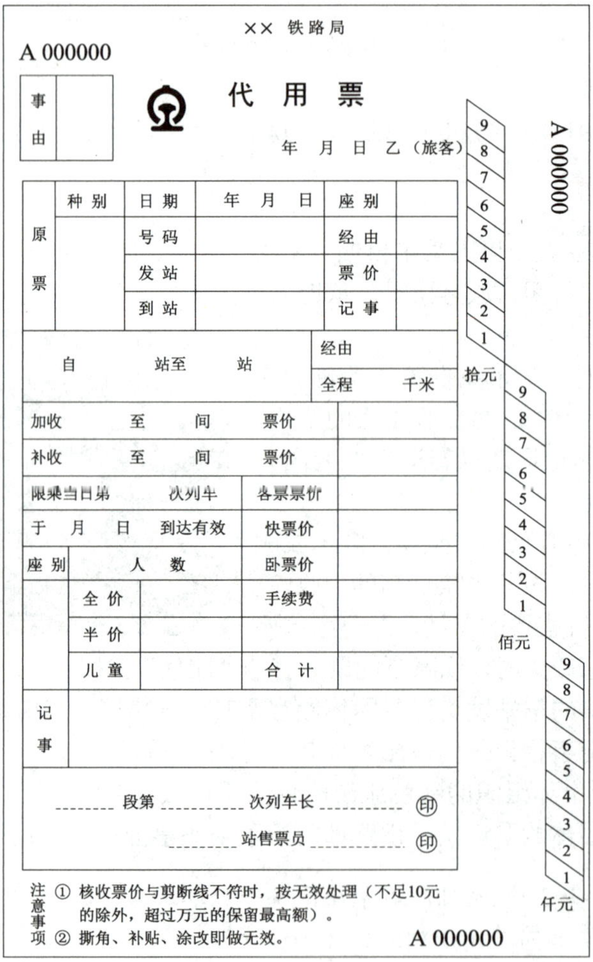

××铁路局

A 000000

事由

代 用 票

年 月 日 乙（旅客）

原票	种别	日期	年 月 日	座别	
		号码		经由	
		发站		票价	
		到站		记事	

自 站至 站	经由
	全程 千米
加收 至 间 票价	
补收 至 间 票价	
限乘当日第 次列车	客票票价
于 月 日 到达有效	快票价
座别 人数	卧票价
全价	手续费
半价	
儿童	合计
记事	

段第 次列车长 印

站售票员 印

拾元 9 8 7 6 5 4 3 2 1

佰元 9 8 7 6 5 4 3 2 1

仟元 9 8 7 6 5 4 3 2 1

A 000000

120毫米×185毫米

注意事项 ① 核收票价与剪断线不符时，按无效处理（不足10元的除外，超过万元的保留最高额）。② 撕角、补贴、涂改即做无效。

A 000000

图 1-8 代用票样张

2）代用票票面填写方法

（1）代用各类车票。

代用客票、加快票、卧铺票、空调票、包车票（详见项目四）和团体票时的填写方法如下。

① 事由栏：为了填记简便，可按规定的略语填写（同时办理两种以上内容时，应分别填写事由），如表 1-8 所示。

表 1-8　代用票事由栏的略写规定 1

原名词	缩语	原名词	缩语	原名词	缩语
代用客票	客	代用客快联合票	客快	代用客快速卧联合票	客快速卧
代用普通加快票	快	代用客特快联合票	客特快	代用客特快卧联合票	客特快卧
代用快速加快票	快速	代用卧铺票	卧	代用空调票	空调
代用特别加快票	特快	代用客快卧联合票	客快卧	办理包车票	包车
办理团体票	团体				

② 原票栏：不用填写。

③ 人数栏：应按实际收费人数，分别用大写数字填写，不用栏用“#”符号抹消。办理包车代用票时，如实际乘车人数不足车辆定员数时，填记定员人数（即收费人数）。

提　示

数字及单位大写字体：壹、贰、叁、肆、伍、陆、柒、捌、玖、拾、佰、仟、万。

④ 票价栏：按收费种别，分别在适当栏内填写。其他费用应在空白栏内注明收费种别和款额，卧铺栏前加“上、中、下”字样，加快栏前加“普、快速、特”等字样。

⑤ 记事栏：办理包车票时，应注明包车的车种、车号和定员数。办理团体旅客票时，应注明团体旅客证的起止号码。代用儿童、学生、残疾军人减价票时，应注明“孩”“学”“军”字样。

（2）办理变更、误售等业务。

办理变更径路、变更座席，变更卧铺、越站乘车（详见项目六）、旅客分乘、误售误购、退加快票、退卧铺票、改乘高等级列车时的填写方法如下。

① 事由栏：按规定略语填写，如表 1-9 所示。

表 1-9　代用票事由栏的略写规定 2

原名词	缩语	原名词	缩语	原名词	缩语
变更座别	变座	越站乘车	越站	退加快票	退快
变更铺别（包括软座变硬卧）	变铺	旅客分乘	分乘	改乘高等级列车补收票价差额	补价
变更径路	变径	误售、误购	误售、误购	退卧铺票	退卧

② 原票栏：根据原票转记。

③ 乘车区间栏：填记变更的发、到站名、经由等有关事项。

④ 票价栏：对变径、变座、变铺及补价时，应填写在补收区间票价栏内，其他则填记在相应的票价栏，不用的票价栏划斜线。软座变硬卧发生补费时，应在空白栏列出应退软硬座差价，以“－”号注明，卧铺票价栏列明硬卧上、中、下铺票价，核收手续费，票价合计栏填写冲抵后补收款额。发生退款时，在空白栏注明应退款种别和款额，合计栏用“－”号注明退款款额。

⑤ 记事栏：在列车上发生退款时，应注明“到站净退款×元”。软座变硬卧时，应注明“软座变硬卧×铺”。原票在原票栏转记并收回时，应注明“原票收回”字样。

3）其他情况

对无客票、无加快票、乘车日期和车次不符、越席乘车（详见项目六）、客票中途过期、不符合减价规定、儿童超高、丢失车票、持站台票来不及下车等情况填发代用票时的填写方法如下。

（1）事由栏：按规定略语填写，如表 1-10 所示。

表 1-10　代用票事由栏的略写规定 3

原名词	缩语	原名词	缩语	原名词	缩语
无客票	无票	乘车日期、车次、径路不符	不符	丢失车票	挂失补或车票丢失
无普通加快票	无快	越席乘车	越席	儿童超高	超高
无快速加快票	无快速	不符合减价规定	减价不符	持站台票送人来不及下车	送人
无特别加快票	无特快	有效期终了	过期		

（2）原票栏：除无票乘车、丢失车票、无加快票以及儿童超过 1.2 m 时，不填记原票栏外，其他情况都应将原票有关事项，记入原票栏内。

（3）乘车区间栏：填记补票区间的发、到站名。

（4）票价栏：对无票等情况加收的票款，应填写在加收区间票价栏内，其他核收的费用，按收费种别，填记在适当的票价栏内。

（5）记事栏：原票收回时，应注明“原票收回”字样，以及其他需记载的事项。

发售代用票时，乙页应按票价合计栏的款额，在“款额剪断线”的相应款额右侧剪断，将实收款额留在本页交给旅客，剩余部分附在丙页上报（如发生退款时，“款额剪断线”全部剪下，随丙页上报）。收回原票换发代用票时，应将原票随丙页上报。

提　示

车站、列车发售代用票时，填写字体要清楚、不潦草、不写自造简化字、不涂改、项目填写齐全，不用栏划斜线。发、到站间有两条及其以上径路和发、到站间涉及两条线路时，应填写经由；发、到站在一条线路上，一般情况不写经由。

知识加油站

到站台上迎送旅客的人员应买站台票。站台票当日使用一次有效。对经常进站接送旅客的单位，车站可根据需要发售定期站台票。随同成人进站身高不足 1.2 m 的儿童及特殊情况经车站同意进站人员可不买站台票。未经车站同意无站台票进站时，加倍补收站台票款。遇特殊情况，站长可决定暂停发售站台票。

目前部分车站已不发售站台票，是否发售站台票，由站长决定。具体需关注车站公告。

二、车票实名制管理

车票实名制管理是指车票实名购买和实名查验的统称。车票实名购买是指购票人凭乘车人的有效身份证件购买车票或者铁路运输企业凭乘车人的有效身份证件销售车票。车票实名查验是指铁路运输企业对实行车票实名购买的车票记载的身份信息与乘车人及其有效身份证件原件（简称“票、人、证”）进行一致性核对的行为。

1. 实名制车票

实名制车票是指印有购票者姓名和能证明本人身份的有效证件号码的火车票。旅客进站时要持实名制车票及购票时所使用的乘车人本人有效身份证件原件，车站核对相符后，方可进站上车，但免费乘车的儿童及持儿童票的儿童除外。

提 示

学生票、残疾军人票、使用残疾人专用票额的车票均需乘车人的有效身份证件及规定的证件。

2. 实施范围

快速及以上等级旅客列车和相关车站实行车票实名制管理，儿童票除外。其他旅客列车和车站需实行车票实名制管理的范围由铁路运输企业根据运输安全需要确定并公告。

3. 有效身份证件

有效身份证件包括居民身份证、临时身份证、户口本、中华人民共和国旅行证、中国人民解放军军人保障卡、军官证、武警警官证、士兵证、军队学员证、军队文职干部证、军队离退休干部证、按规定可使用的有效护照、港澳居民来往内地通行证、中华人民共和国来往港澳通行证、台湾居民来往大陆通行证、大陆居民往来台湾通行证、外国人居留证、外国人出入境证、外交官证、领事馆证、海员证、外交部开具的外国人身份证明、地方公安机关出入境管理部门开具的护照报失证明、铁路公安部门填发的乘坐旅客列车临时身份证明（以下简称“临时身份证明”）等 24 种。1.5 m 以上 16 岁以下未成年人的有效身份证件还包括学生证。

4. 实名制车票的购买

（1）购票人可以使用本人有效身份证件原件或复印件购买车票，也可以持乘车人的有效身份证件原件或复印件替乘车人代购车票。一张有效身份证件同一乘车日期同一车次只能购买一张实名制车票。

提　示

须凭证购买的学生、残疾军人优惠票时，在出示有效身份证件的同时，还应出示符合规定的减价优待凭证原件，经核实后，方可购票、乘车。学生票按规定核减次数。

（2）实名制车票办理始发改签、中转签证时，无须出示有效身份证件。非实名制通票中转签证实名制车票时，按实名制售票办理。

（3）办理退票时，须核实车票及其票面所载明的有效身份证件的一致性，票、证一致的方予办理。具体规定如下。

① 乘车人本人办理的，凭车票和购票时所使用的有效身份证件原件；无法出示本人有效身份证件原件的，应到车站铁路公安制证口办理临时身份证明后，办理退票手续。

② 代乘车人办理的，凭车票和购票时所使用的乘车人有效身份证件原件；没有购票时所使用的乘车人有效身份证件原件的，须凭车票及代办人本人的有效身份证件原件和乘车人购票时所使用的有效身份证件复印件。

③ 车站办理时，对凭购票时所使用的乘车人二代居民身份证原件，应由系统通过二代居民身份证识读设备自动读取身份信息；对一代居民身份证不能自动识读、凭其他有效身份证件购票、凭乘车人有效身份证件复印件和代办人有效身份证件原件的，应人工核实票、证的一致性。

三、售票方式

车票的购票方式主要有铁路互联网售票、车站售票窗口售票、铁路客票代售点售票、自动售票机售票、电话订票、列车补票等。

1. 铁路互联网售票

铁路互联网售票是指通过中国铁路客户服务中心网站（www.12306.cn，简称“12306网站”）销售铁路电子客票及改签、退票等业务，如图 1-9 所示。一张有效身份证件同一乘车日期、同一车次、同一乘车站只能购买一张实名制车票。

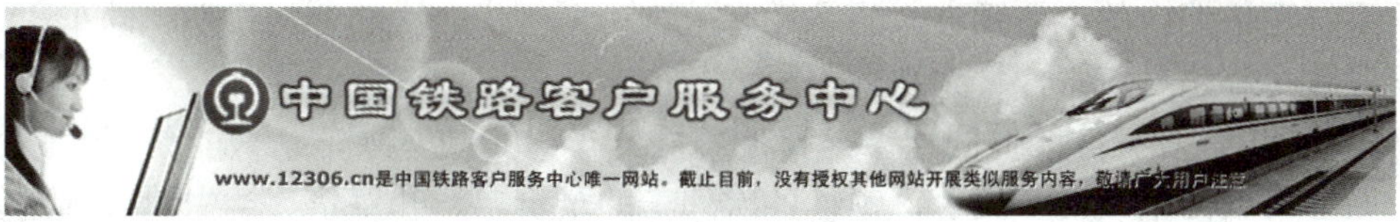

图 1-9　12306 网站

铁路互联网的使用及其注意事项如下。

（1）在 12306 网站时，购买铁路电子客票以确认交易成功的时间作为铁路旅客运输合同生效的时间，退票以网站确认交易成功的时间作为铁路旅客运输合同终止的时间，改签按照购票、退票处理。

（2）购买儿童票的乘车儿童没有办理有效身份证件的，应当使用同行成年人的有效身份证件信息。

（3）旅客在 12306 网站购票后，尚未换取纸质车票的，可以在 12306 网站办理铁路电子客票的改签、退票手续，但应不晚于开车前 30 min；已经换取纸质车票的，只能在车站办理改签、退票手续。

2. 车站售票窗口售票

在车站窗口购票是旅客买票比较安全、稳妥的方式。凭乘车人的有效身份证件，指明发到站站名、乘车日期、车次、席别等内容即可购票。车站售票窗口在有运输能力的情况下一般会按旅客的要求售票。

3. 铁路客票代售点售票

在代售点购票和在车站窗口购票程序相同，可购买所有类型的车票，但一般会收取 5 元/张的客票销售服务费。退票时只能到车站退票窗口办理，代售点不办理退票业务。

4. 自动售票机售票

自动售票机可以为旅客提供自助售票服务，旅客只需根据自动售票机的提示步骤操作，通过刷居民身份证，即可买票。

5. 电话订票

电话订票是指全路使用统一的接入号码 95105105，通过铁路客户服务中心区域级语音平台自助预定车票的一种购票方式，不允许人工接听电话，办理业务。

电话订票的使用及其注意事项如下。

（1）电话订票时间为 6:00～23:00，其他时间可以进行信息查询，不提供订票。

（2）电话订票系统不受理发车当日至第三日车票，只受理第四日（含发车日）至电话订票系统预售期内的车票预订。旅客凭有效身份证件，一次可订同日期、同车次、同席别的车票数量不超过 5 张，订票次数不限。

（3）一张有效身份证件同一乘车日期、同一车次、同一乘车站只能购买一张实名制车票。旅客可根据电话语音提示，预订各次列车的全价票、儿童票、学生票（规定售票时期）和残疾军人车票；预订其他票种（团体票、通票、联程票、往返票、签证及其他减价票）须到车站指定窗口办理。

（4）取票业务，实行全路通取。各铁路局车站、车票代售点可取全路电话预定车票。一般当日 12:00 前已订车票于第二日 12:00 前取有效；当日 12:00 后已订车票于第二日 24:00 前取有效，否则系统自动取消订单。取票和返票超过 3 次记录黑名单，当日不能再订票。

（5）春运、小长假及其他特殊时期订票、取票时间有变化时按电报公布时间执行。

提 示

不同购票方式所需的证件：

（1）互联网购票、电话订票仅受理居民身份证、港澳居民来往内地通行证、台湾居民来往大陆通行证、按规定可使用的有效护照。

（2）自助售票机、未授权的铁路客票代售点等仅受理居民身份证的购票、取票和换票。

案例分析——“同票不同价”？

（1）因为学生票限定在寒假（12 月 1 日—3 月 31 日）、暑假（6 月 1 日—9 月 30 日）期间，所以张亮购买的是学生票，而王伟购买的是全价票。

（2）家庭居住地和学校不在同一城市的在校学生，持有加盖院校公章的减价优待证的学生证，每年可购买家庭至院校（实习地点）之间 4 次单程的学生票；应届毕业生从学校回家，凭院校书面证明，可购买一次学生票；新生入学凭院校的录取通知书，也可购买一次从接到录取通知书地点至院校的学生票。

（3）除学生外，身高低于 1.5 m 的儿童和持有“中华人民共和国残疾军人证”或持有“中华人民共和国伤残人民警察证”的旅客可以享受购票优惠。

项目实践——发售车票

一、模拟场景

（1）“儿童票”场景：2018 年×月×日，1 名旅客在兰州站要求购买次日 K1028 次

（西宁—上海，新空）兰州—洛阳硬座车票 1 张，旅客持有效学生证及优惠卡，有票额。（提示：兰州—洛阳的运价里程为 1 068 km）

（2）“学生票”场景：2018 年×月×日，北京西站 1 名旅客携带 1 名身高为 1.3 m 的儿童，要求购买次日 K117 次列车（北京西—攀枝花，新空）北京西—成都的硬座车票 1 张，有票额。（提示：北京西—成都的运价里程为 2 211 km）

（3）“残疾军人票”场景：2018 年×月×日，北京西站 1 名旅客要求购买次日 K21 次列车（北京西—南京，新空）北京西—武昌硬座车票 1 张，该旅客持有“中华人民共和国伤残人民警察证”，有票额。（提示：北京西—太原南的运价里程为 1 225 km）

二、情景规划

（1）由指导老师将学生分组，3～4 人为一组，由老师指派场景给各小组，各小组运用所学知识，计算出分到场景中的票价。

（2）各小组围绕本组场景的主要内容“儿童票”“学生票”或“残疾军人票”，编写剧本。

三、身临其境

请各小组根据自己编写的剧本，分角色表演。

四、综合评估

根据各小组的表现，按表 1-11 所示的标准评分。最终分数最高的小组获胜。

表 1-11　任务实践演练评分标准及评分表

内容	分值	教师评分	同学评分	小组自评
题目是否计算正确	30			
剧本编排是否合理	20			
表演时能否正确发售车票	30			
表演是否生动	20			
总平均分				

五、教师点评

活动结束后，老师根据各组同学的表现加以一一点评，并总结发言。

项目学习效果综合考核

一、填空题

1. 普速旅客列车附加票分为__________、__________和__________。

2. 目前，普速旅客列车硬座票价率是__________元/（人·km）。

3. 普速旅客列车票价构成的三要素为____________________、__________________和__________________。

4. 发售车票遇特殊情况时，需要根据发、到站间客运运价里程（不足起码里程按起码里程计算）和______________查找票价。

5. 随同成人旅行身高在_________m 的儿童乘车时，应当购买儿童票，儿童票票价按相应客票和附加票票价的________计算，超过________m 的儿童应购买全价票。

二、选择题

1. （　　）是计算客运运价的依据。

   A．车票类别　　B．列车时速
   C．运价里程　　D．运行时间

2. 发售软座客票时，始发站给中途站预留的包房，可利用其发售最远至预留站的软座客票，但涉及夜间（20:00 至次日 7:00）乘车时不得超过（　　）。

   A．2 h　　B．2.5 h　　C．0.5 min　　D．1.5 h

3. 团体旅客是（　　）以上乘车日期、车次、到站、座别和经由相同的旅客集体乘坐动车。

   A．10 人　　B．20 人　　C．30 人　　D．40 人

4. 以下哪种情况可以购买学生票？（　　）

   A．高中生小海由 A 市转学至 B 市，购买去 B 市的车票
   B．暑假期间，学生证忘记注册的小邓要购买回家的车票
   C．小云家住沈阳，暑假期间他想去西藏旅游，在车站购买学生票
   D．12 月 5 日，学生小赵因家中有事，需购票回家

三、简答题

1. 发售普速旅客列车客票、附加票有哪些规定？

2. 简述购买学生票的条件，其优惠票种和票价是如何规定的？

3. 简述现有的售票方式。

项目二 候车及进、出站业务

项目导读

客运站是指专门办理旅客客运业务的车站，在铁路旅客运输生产过程中起着重要的作用。旅客要乘车出行，需先到达客运站办理进站，进站后在候车室检票乘车，到站后在出站口出站，结束铁路旅行。那么，进、出站业务主要有哪些？车站的设施有哪些？候车室应为旅客提供哪些服务呢？

知识目标

- 掌握验证验票及安检流程。
- 了解车站设施。
- 掌握候车室的服务工作。
- 掌握出站工作组织的流程。

技能目标

- 能熟练组织旅客进站。
- 能做好候车室的基本服务工作。
- 能熟练组织旅客出站。

素质目标

- 践行劳模精神、劳动精神、工匠精神。
- 养成恪尽职守、事必躬亲、开拓进取的工作作风。
- 具备良好的人文素养和职业素养。

任务一 了解进站业务

引导案例——小马乘火车忘带身份证

6 月 15 日，小马在 12306.cn 上购买了当日 K589 次列车北京—石家庄的硬座车票，北京站 10:30 发车，票价 43.50 元。小马因早上出门匆忙忘记带身份证，但再折回家取已经来不及了。

请思考：

（1）同事小华将自己的身份证借给小马，这个办法可行吗？为什么？

（2）小马还能乘坐当日 K589 次列车出行吗？若可以，应该怎么办？若不可以，请说明理由。

依据国家有关法律法规，为保证旅客出行安全，铁路部门规定所有旅客在进站时，需接受验票及安全检查，对票、证、人信息一致，且未携带危险品的旅客，铁路部门才能允许其进站乘车。

注意

视力残疾旅客携带导盲犬进站时，请与其他旅客一样，携带导盲犬接受安全检查。

一、进站设备简介

进站设备是用来验证、核对旅客购票、身份信息，检查旅客是否携带危险品，确保站、车环境安全的仪器设备。

进站设备主要有身份证信息读取仪、车票扫描仪、安检机、安检门和手持安检仪等。

（1）身份证信息读取仪（见图 2-1）：是铁路工作人员用于读取旅客二代身份证信息的仪器。

（2）车票扫描仪（见图 2-1）：是铁路工作人员用于扫描旅客车票并读取旅客车票信息的仪器。

（3）安检机（见图 2-2）：主要由 X 射线检查系统主机、安检操作台、传输设备等组成。安检人员通过 X 射线安全检查设备，对旅客行包进行检查，防止旅客携带容易引起爆炸、燃烧、腐蚀、毒害或有放射性的物品及枪支、管制刀具等可能危害公共安全的物品。

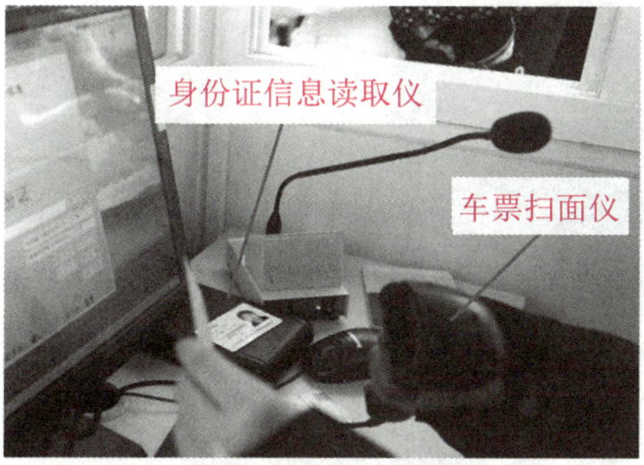

图 2-1　核对旅客身份及购票信息

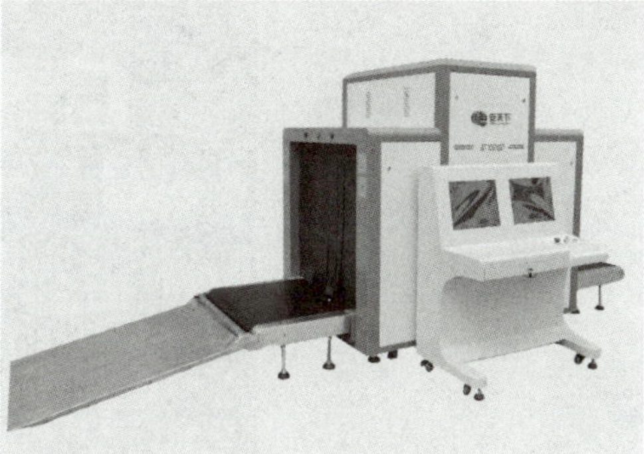
图 2-2　常见安检机

（4）安检门（见图 2-3）：用于检查旅客是否携带违规物品。

（5）手持安检仪（见图 2-4）：用于检查旅客身上是否携带其他危险物品。

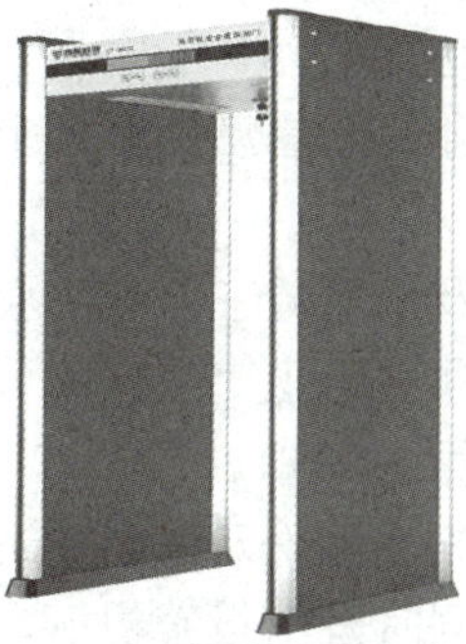
图 2-3　常见安检门

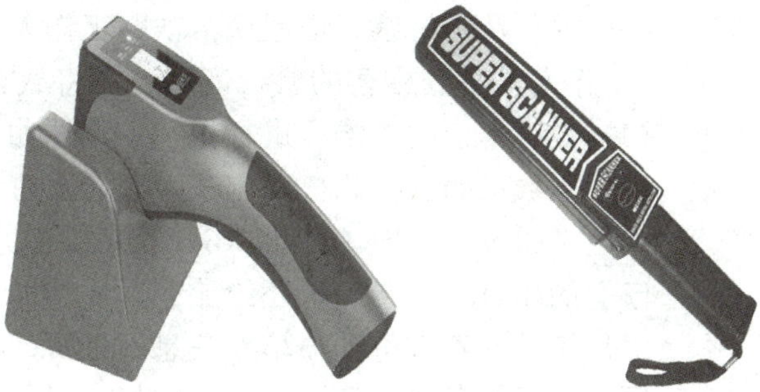

图 2-4　常见手持安检仪

二、验证验票和安检工作的流程

1. 验证验票流程

车站在各候车区入口处设立实名制验证验票通道，如图 2-5 所示。旅客进站乘车时，车站客运工作人员和公安人员对旅客所持车票和票面所记载的有效身份证件信息进行查验。旅客应持车票和与票面所记载身份信息相符的本人有效身份证件原件进站乘车，持减价优惠（待）票的旅客，需同时核对符合优惠（待）票规定的凭证。票、证、人不一致或无法出示有效身份证件原件的旅客，不得进站乘车，应到车站铁路公安制证口办理临时身份证明或经铁路公安部门核实身份后，方可进站乘车，若由此耽误乘车，后果由旅客自负。

扫一扫

自助验证验票进站

图 2-5　实名制验证通道

具体验证验票流程如下。

（1）进站旅客应在实名制验证验票通道自觉、有序排队验证验票。旅客在到达验证验票口前，应提前准备好有效二代身份证和车票（优惠票，还需持优惠凭证），以便在到达验证验票口时，及时将票、证递交给铁路工作人员，提高旅客进站效率。

（2）工作人员拿到旅客的票、证后，需将旅客身份证放在身份证信息读取仪上，同时用车票扫描仪对车票的二维码进行识别，具体如下。

- **信息一致：**如果信息核对无误，电脑上的铁路旅客身份及车票验证系统便会显示绿色“通过”字样（见图 2-6）。随后，工作人员需在车票上盖上“××站××窗口”的印章，将票、证还给旅客，旅客即可通过验证验票进站口。
- **信息不符：**若身份证与车票信息不相符，电脑上的铁路旅客身份及车票验证系统便会显示红色“票证不符 不通过”字样（见图 2-7），同时发出报警提醒，此时旅客应到公安制证口办理临时身份证明或到铁路公安部门进一步核实。

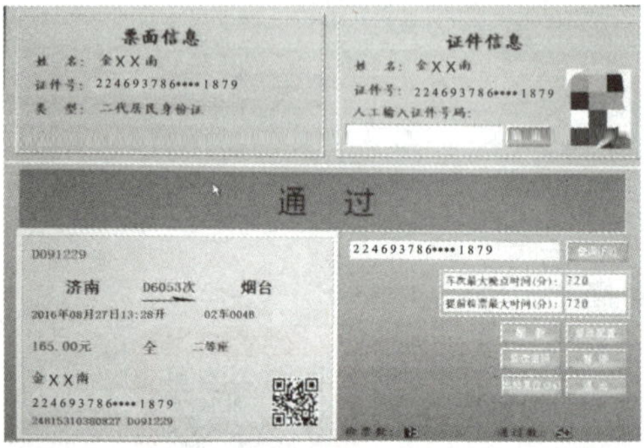

图 2-6　绿色“通过”界面样式

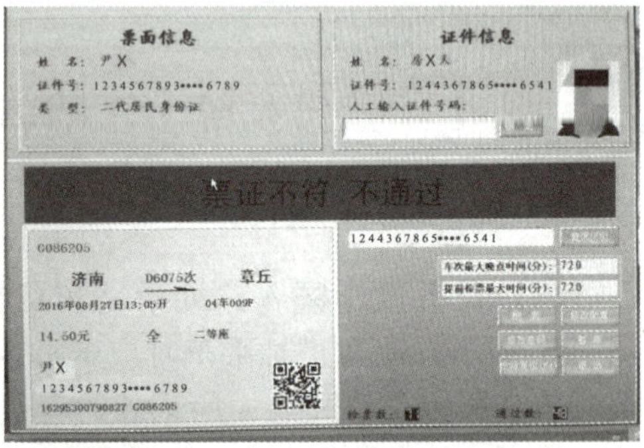

图 2-7　红色“票证不符 不通过”界面样式

课堂讨论

计划前往南京的王女士来到北京西站验证验票口验票时，电脑系统显示红色“票证不符 不通过”字样。

“我因一时疏忽，错拿了我爱人的身份证，到车站才发现拿错了，只能抱着侥幸的心理来试一试，没想到连车站都没进去。”王女士说。

王女士应该怎么办？

拓展阅读

人脸识别自助实名验票设备

人脸识别自助实名验票设备是近年来铁路部门引进的新智能设备，用于旅客进站前的验证验票，实现“刷脸”进站，效率更高。旅客使用时，需将车票和身份证并入插票口，同时看向设备摄像头，系统通过对旅客的身份证、火车票信息和面部进行比对，确认票、证、人是否一致，三者一致方可通过闸机进站候车，如图 2-8 所示。

图 2-8　人脸识别自助实名验票设备验证验票

人脸识别自助实名验票设备验证验票速度非常快，远远高于人工检票口，且方便、准确，现已被国内多个车站使用，如北京西站、石家庄站、哈尔滨站、长春站、南宁站等。

2. 安检流程

为了维护站车秩序，保证运输安全，在旅客完成验证验票后，还必须进行安全检查。车站一般配有安检机、安检门、手持安检仪等安全检查设备，对旅客及携带品、小件寄存物品实施安全检查，基本流程如下。

（1）旅客应遵守秩序，将携带品放在安检机上，随即旅客由安检门通过。安检机扫描携带品并将扫描结果传输到计算机上，以便工作人员识别物品的类别及性质，判断有无危险品。

（2）若安检机和安检门均未检查到有违规携带品，旅客应在拿好自己的物品后，站到指定的位置，由工作人员利用手持安检仪对旅客进行检查。若未发现异常，则旅客可进站；若发现问题，旅客应配合工作人员做进一步检查，直到问题解决后方可进站。

（3）若携带品中有液体（水或饮料）时，工作人员一般会要求旅客试喝，以证明这些是普通的液体，而非危险物品。喝完后，旅客可带该液体进站。

囧途笑谈

你有过乘坐火车时，忘记带身份证、优惠证，拿错票或安检不合格的经历吗？若有请与大家分享具体过程与解决方法，并谈谈你当时的感受。

案例分析——小马乘火车忘带身份证

（1）这个办法不可行。原因有两方面：第一，现在铁路购票实施实名制购票，网上购买的车票在取票时，必须是购票者本人身份证才能将票取出；第二，旅客进站时要接受验证验票，只有票、证、人一致才能进站。

（2）小马在已购票成功而忘记带身份证的情况下，还是可以乘车的。他需要到车站的公安制证口办理临时身份证，然后持临时身份证取票、进站、乘车。

任务二 了解车站设施及候车业务

引导案例——王先生的候车经历

6 月 8 日，王先生持有效车票提前半小时到达北京西站，并顺利地通过实名制验证验票口进入到 A 候车室等候检票。但直到票面显示开车时间的前五分钟，他都没看到屏幕上提示检票信息，于是询问工作人员：“列车是否晚点？”工作人员查看车票后，发现王先生所乘坐的车次并不在此候车室候车检票。原来王先生在进入候车室时，没有留意候车室入口处显示屏上显示的候车检票车次，因为根据他的乘车经历，他认为车站就只有一个候车室，所有的车次都在同一个候车室候车排队检票。

在铁路工作人员的一路帮助下，王先生最终赶上了车。

请思考：

（1）候车室的设置形式常见的有哪几种？

（2）根据候车、营业、交通联系三部分的不同组合，候车室可分为几种？

一、客运站的主要设施

1. 客运站的主要设施

客运站一般由站房、站场和站前广场组成，如图 2-9 所示。

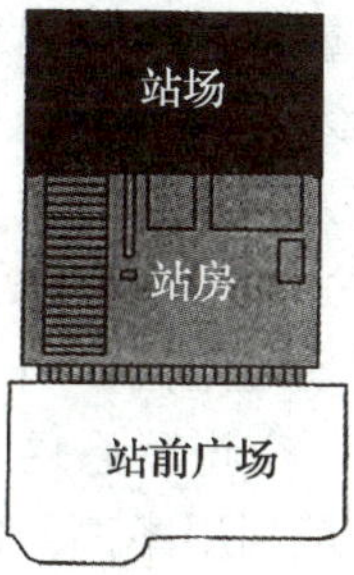

图 2-9　站房、站场和站前广场布局图

- **站房：**是客运站的主体，包括为旅客服务的各种用房，运营管理工作所需的各种技术办公用房以及办理行包、邮件用房。例如，售票厅，票库，问询处，候车室，携带品暂存处，行包承运、中转和交付房舍等。站房应设有阅览室、广播室、微机室、监控室（综控室）、医务室、售货部、饮水处、盥洗间、厕所、工作间、休息室等文化、卫生和生活上的必要设施，此外，部分车站还可根据需要设置贵宾室、软席候车室、母婴候车室、军人候车室和旅客餐厅等。
- **站场：**是客运技术作业的场所，包括线路（到发线、车辆停留线等）、站台、雨棚、跨线设备、给 水设备、跨线路的平过道和垃圾处理等设施。
- **站前广场：**是客运站与城市联系的“纽带”，应具备供旅客和各种车辆集散、停留的场地，旅客活动地带和相应的绿化区域，同时还应考虑远期规划用地。

2. 旅客站房内房舍的设置

旅客站房的房舍及其布置，一般根据站房等级、类型，服务于旅客的种类，车站工作量及工作性质等因素确定。大、中型站房一般包括以下三类房舍。

- **客运用房：**由候车部分（各种候车室）、营业部分（售票厅、行包房、小件物品寄存处、问事处、服务处等）、交通联系部分（广厅、通廊、过厅等）组成。
- **技术办公用房：**包括运转室、站长室、办公室、会议室、公安室、信号楼等。
- **职工生活用房：**指为职工生活服务的各种用房。

下面对以下房舍进行详细介绍。

1）候车室

候车室是旅客候车、休息、排队检票的场所。候车室应有良好的通风、采光、防暑、采暖、休息等设备设施，为旅客候车创造舒适的环境。候车室应尽可能地靠近站台，减少旅客检票上车的行程。候车室的面积除特殊规定外，一般根据一昼夜内在候车室旅客最高集结量，按每 1 名旅客占用 1.1～1.2 m^2 计算。

候车室的常见分类如下。

（1）按布局形式和候车方式分类。

候车室根据布局形式和候车方式的不同，可分为集中候车室和分线候车室两种。

- **集中候车室：**所有车次都在一个候车室候车，如青岛北站候车室。这种布局方式使用机动灵活，利用率高；但当客流量较大、旅客性质复杂时，旅客候车秩序较难维持，将影响旅客候车质量，甚至会出现个别旅客误上其他列车的现象。
- **分线候车室：**整个候车室分为若干个小候车室，不同车次要到相应的小候车室候车，如北京站。当客流量较大、客流性质复杂时，宜采用这种布局方式。

（2）按候车、营业、交通联系的不同组合分类。

候车室根据候车、营业、交通联系的不同，可分为以下三种。

- **综合候车室：**将候车、营业、交道联系这三个部分组织在一个空间中，组成具有综合功能的候车室。其优点是利用率高；缺点是当客流较大时，候车秩序混乱，影响服务质量。
- **候车、营业、交通联系三部分分开的形式：**以交通联系部分为枢纽，将候车、营业部分联通，并按旅客方向、性质或列车种类分别设置的候车室，如普通候车室、母婴候车室、贵宾候车室、软席候车室等。这种候车室候车条件好，便于组织客流，服务质量高，但利用率相对较低。
- **候车、营业、交通联系三部分既分又联的形式：**将候车部分与交通联系部分集中设置，将旅客活动较频繁的营业部分单独设置，并设于进站通路的两侧。此类候车室安静、方便，但候车旅客多时，各种旅客互相干扰、秩序紊乱，影响服务质量。

拓展阅读

高速铁路车站候车室

现阶段的高速铁路车站候车室大厅的设计策略主要是“通过”与“等候”并存，融合开放的大空间，采用高架模式。这种设计策略避免了空间浪费与空间独立封存的缺陷，能够根据客流情况灵活运用候车空间。

高速铁路车站的候车区域并没有分隔开，车站可以根据客流特点合理运用优化候车区域。例如，北京南站将候车区设置在中央，不需要候车的旅客直接通过两侧的通廊检票下站台；需要候车的旅客则通过两侧通道进入候车区候车，此布局可以将检票旅客分别分散在站台两端，既减少了检票时间，又减少了旅客行走距离。

2）售票厅（处）

售票厅的位置及布置方式应由客运站的性质、规模及旅客进站办理作业程序等因素决定。中、小型客运站的售票处一般设在广厅内进站口一侧，这样可避免进、出站旅客交叉。大型客运站的售票处一般设在进站流线的前端，直通站前广场和广厅。为方便旅客购票取

票，售票厅内一般放置有自动售（取）票机。

3）行包房

行包房包括行包托运、提取处和行包仓库两部分。行包房的位置应与旅客托运、提取行包的流线密切结合，尽量减少与客流、车流的交叉干扰，并与客运用房、站台、广场取得有机联系，与跨线设备及运输方式取得密切配合。

4）小件物品寄存处

寄存处是旅客暂时存放携带品和小件行李的场所。小型客运站可将小件寄存处附设在问事处或行包房内。大、中型客运站应单独设置寄存处，其位置最好能供进出站旅客共用。例如，客流量大的车站可在进站大厅、出站口附近分设多个寄存处，方便旅客就近存取。

5）问事处

问事处是解答旅客问讯的处所，可解答旅客列车发到时刻、购票、托运、提取行包手续等问题。三等以上车站应设置专门的问事处。问事处应设在站内较明显的地方，并靠近售票处。客流比较集中的大站可设多个问事处，或设电视、电话问讯设备以及电子信息显示系统。

课堂演练

2人1组，1人扮演问询旅客，1人扮演工作人员，就列车发到时刻、购票、托运、提取行包手续等问题开展课堂模拟演练。

6）广厅

广厅起着通过和分配人流的作用，因而也称为交通大厅。广厅可分为进站广厅和出站广厅两种。其中，进站广厅又可分为营业广厅和分配广厅。

- **营业广厅：**是客运站的通道，也是旅客办理旅行手续的地点，包括售票厅、行包房、问事处等。
- **分配广厅：**是为分配各列车旅客同时去往不同站台而设置的场所。它常设置在站台线上空，即高架候车室，通往各站台都有出入口，分配客流极为方便。
- **出站广厅：**一般设在大型客运站，是旅客出站的必经之地。出站广厅内一般还设有问事处、补票处、旅客服务处等。

车站智能化设备

二、候车室的服务工作

候车室是旅客休息和等候乘车的场所，昼夜都有大量的旅客，而且流动性很大，车站必须为旅客创造一个良好的候车环境。候车室一般需凭实名制车票候车，但对那些夜间下车不能回家的旅客也允许他们在候车室休息。

候车室工作人员应保证候车室有良好秩序，要主动、热情、诚恳、周到地为旅客服务。候车室服务工作主要包括以下几个方面。

（1）候车室服务人员应仪容整洁、大方，耐心解答旅客问题，引导旅客有序排队候车。为保证旅客的安全和能够舒适休息，应及时清理候车室内闲杂人员。

（2）了解列车运行情况，及时通告有关列车到、开和检票进站时间。加强安全、卫生及旅行常识的宣传工作，落实作业标准，严格执行预检、停检等制度，组织旅客有秩序地进站、上车。

（3）搞好清洁卫生，除随脏随扫外，应根据列车开、到时刻，当候车室内旅客较少时进行清扫工作，以免对旅客造成干扰。

（4）定期消毒、定时打开门窗，使候车室内空气清新。冬季搞好采暖，夏季搞好降温，为旅客创造良好的候车环境。

（5）旅客至上、优质服务，满足旅客饮水、吃饭、洗脸、文娱活动等要求。

（6）保证候车室内服务设施完好，标志明显，揭示牌内容准确。在明显处设立旅客意见簿和投诉簿，公开路内举报电话，自觉接受旅客监督。

嘉言善行

北京西站的“036”爱心候车室

在北京西站有这样一个候车室，这里的客运员平均每天接送轮椅、担架200多趟，遇到春运等客流高峰每天要接送300多趟。这里的客运员夏天湿透衣衫，冬天满头大汗。但不管多忙，他们始终将旅客当作亲人，用实际行动诠释“有困难找‘036’”的服务承诺。这就是北京西站“036”爱心候车室。

“036”原是20世纪70年代北京北站客运员李淑珍的胸牌号，她凭一颗真心和满腔热忱为南来北往的旅客服务，受到了一致好评。1998年，第二代036客运员宋敏娟从北京北站调到北京西站，也把“036”带到了北京西站。1999年，北京西站将服务重点旅客的专用候车室命名为“036”爱心候车室。王琳娜是北京西站“036”爱心候车室的第五代传承人，她十八年如一日坚守在岗位上，将最美好的青春奉献给了每一位需要帮助的旅客。

“旅客的事再小也是大事，工作时需要始终将旅客放在心上。”这是王琳娜的师父在工作第一天告诉她的准则，她也一直记在心上。为练就过硬的业务本领，王琳娜成了整个班组最勤奋的人。她上班时主动学习工作方法，熟悉候车布局，还将新学业务与重点旅客服务情况登记成册，一个月就记满了一大本。下班后，她又一头扎进铁路规章制度的学习中，反复练习画铁路客运线路图，仅仅是画图稿纸一个月就攒上了厚厚一摞。苦心人，天不负。工作短短几个月后，她已经能独当一面了，并且收获了南来北往旅客的赞誉。

2019 年 1 月 22 日，G666 次列车上有一名出生仅 13 天、患有先天性心脏病的婴儿需要工作人员协助出站。出站全程必须使用电动制氧机维持生命，一旦断氧 5 min 以上，婴儿将有生命危险。而从列车到救护车这段路程没有可以持续供电的电源。在确认好救护车的位置后，王琳娜马上带领班组成员小心翼翼抱起制氧机，护送着婴儿，一路小跑，最大程度减少颠簸，不到 3 min，顺利将制氧机和婴儿送上了救护车。通上氧气的那一刻，所有人都松了一口气。王琳娜说：“这样的爱心接力在我们候车室并不罕见，短短的几分钟，对有的旅客来说意义非凡，我必须全力以赴。”

随着大数据时代的到来，旅客服务在“做得要好”的基础上迎来了“效率要高”的新挑战。面对新要求，勇于拼搏的王琳娜主动拥抱变革，在发扬传统服务方法的前提下，带领班组成员攻坚克难，探索新的服务方法，走在了服务创新的前沿。2020 年，王琳娜被授予“全国劳模”荣誉称号。王琳娜说：“荣誉是新的起点，我要继续努力，将‘036’精神更好地传承下去。”

在人山人海的候车大厅里，王琳娜和她的同事活跃在最前线，为旅客排忧解难。他们已经忘记到底帮助了多少人，但那些被帮扶者一定不会忘记。“诚心待客，热心服务，真心助人，实心爱岗”，这是悬挂在墙上的“036 精神”，也是北京西站“036”爱心候车室每一天都在发生的朴实和感动。

（资料来源：http://news.youth.cn/jsxw/202109/t20210901_13198693.htm，有改动）

三、进站检票工作

为维护站车秩序，保证旅客安全，防止旅客乘错车，车站对进站人员持用的车票、站台票要检验和加剪。检票前要清理站台，始发车在开车前 40 min、中间站在列车到站前 20 min

开始检票。剪票时先重点（老、弱、病、残、孕、带婴儿的旅客）、后团体、再一般。剪票要确认车票的日期、车次、发到站，签证是否正确，认真执行“一看（看日期、车次）、二唱（唱到站）、三剪（加剪）”制。

车站检票作业可采用自动检票和人工检票相结合的方式完成检票过程。持磁质车票的旅客，可通过自动检票通道进站上车，客运服务人员只在旅客有疑问时提供帮助，充分发挥了旅客的自主性；持纸质车票的旅客，需要客运人员检票后方可进站上车。

案例分析——王先生的候车经历

（1）候车室根据布局形式和候车方式的不同，可分为集中候车室和分线候车室两种。

（2）候车室根据候车、营业、交通联系的不同组合分为综合候车室，候车、营业、交通联系三部分分开的形式，候车、营业、交通联系三部分既分又联的形式。

任务三 了解出站业务

引导案例——小刘来得及换乘吗？

旅客小刘要从石家庄回老家通辽，一共买了两张车票，一张是从 6 月 15 日石家庄到沈阳的 G1298，另一张是 15 日从沈阳到通辽的 K956。其中 G1298 到达沈阳站的时间是 13:03，而 K956 从沈阳站发车的时间是 13:33。

请思考：

小刘能顺利换乘吗？

旅客出站，需要办理的手续少，使用站房时间短，出站程序相对较为单一、简单。通常情况下，普通旅客与中转旅客均在一个出站口出站。

一、旅客出站工作组织

出站检票人员应提前到岗，检查自动检票机、出站显示屏状态和内容，引导旅客通过自动检票机和人工检票通道检票出站。旅客出站组织工作的主要内容如下。

（1）出站检验车票。对出站人员的车票、站台票、团体旅客证及其他乘车凭证进行查验，查验时要确认车票的到站、车次、有效期等是否正确。

扫一扫

旅客出站

（2）引导旅客安全有序出站。

（3）办理无票、携带品超重超限旅客的补票补款和各种违章乘车处理。

（4）严禁无票和站外人员穿行进入车站。

（5）列车出站后，应及时清理，确保站台、通道等无滞留人员。

二、旅客中转工作组织

中转旅客若换乘时间较长，可出站办理签票后，与普通旅客相同，验票进站，在候车室休息，再检票乘车。若中转旅客换乘时间较短，来不及出站后再进站换乘列车，可不出站，在相应的站台上换乘列车或直接进入候车室候车。旅客中转换乘组织工作的内容主要如下。

扫一扫

中转换乘

1. 旅客需出站换乘

对于出站后中转的旅客，组织工作与普通旅客出站的组织工作相同。

2. 旅客在相应站台上或直接进入候车室换乘

中转时间较短的旅客，在与站内工作人员说明情况后，若车站能够提供便捷换乘服务，则可在工作人员的组织下，在相应的站台上换乘或直接进入候车室进站乘车。站内工作人员的组织工作主要内容如下。

（1）检查旅客车票是否符合站内换乘的规定。

（2）如不符合规定，应引导旅客出站；如符合规定，应将旅客安全地引导到相应的站台去候车、乘车或将旅客引导到候车室候车。

（3）确保站场内秩序井然。

知识加油站

目前，全国有二十多个车站可提供便捷换乘服务，如哈尔滨西站、长春站、长春西站、沈阳北站、沈阳站、天津西站、石家庄站、太原南站、郑州东站、武汉站、西安北站、济南西站、南京南站、上海虹桥站、杭州东站、南昌西站、福州站、福州南站、厦门北站、长沙南站、广州南站、深圳北站等。

案例分析——小刘来得及换乘吗？

小刘所购的车票需在沈阳站中转换乘，因中转时间只有 30 min，出站再进站肯定来不及。因沈阳站可以提供便捷换乘服务，小刘可以不出站，所以一般来得及换乘。

名师讲座

在有条件的前提下，邀请一位或几位具有丰富铁路工作经验的铁路工作人员，就本书所学的内容铁路行李、包裹业务，包车、租车业务，不符合乘车条件情况的处理，签证、变更及退票业务，旅客携带品的处理，铁路客运记录及铁路电报业务，以及进站、车站候车及出站业务，选取一个或几个为主题，为学生做一场讲座。

项目实践演练——模拟客运站实务工作

一、模拟场景

（1）“旅客丢失身份证”场景：2018 年×月×日，北京站问事处 1 名旅客自称在来北京站的途中，不知何时将身份证丢失，他未携带其他证件和照片，原计划购买当天北京—天津的车票出行。

（2）“候车室通知列车晚点”场景：2018 年×月×日天津站，K××次列车（白城—北京，新空）因运行途中遇大雾天气，导致列车晚点 53 min。

（3）“旅客中转”场景：2018 年×月 15 日长春站，车站工作人员在组织 Z61 次列车旅客出站时，1 名旅客持用 14 日 Z61 次列车（北京—长春，新空）的硬卧车票及 15 日 C1303 次列车（长春—乌兰浩特，新空）的二等座票，要求中转换乘。（提示：Z61 次列车正点到达长春站的时间为 06:37；C1303 次列车在长春站始发的时间为 07:02）

二、情景规划

（1）由指导老师将学生分组，3～4 人为一组，由老师指派场景给各小组，各小组运用所学知识，解决场景中的问题。

（2）各小组围绕本组场景的主要内容“旅客丢失身份证”“候车室通知列车晚点”或“旅客中转”场景，编写剧本。

三、身临其境

请各小组根据自己编写的剧本，分角色表演。

四、综合评估

根据各小组的表现，按表 2-1 所示的标准评分。

表 2-1　任务实践演练评分标准及评分表

内容	分值	教师评分	同学评分	小组自评
能否为分到场景中的旅客妥善处理问题	35			
剧本编排是否合理	35			
表演是否生动	30			
总平均分				

五、教师点评

活动结束后，老师根据各组同学的表现一一点评，并总结发言。

项目学习效果综合考核

一、填空题

1．为了维护站车秩序，保证运输安全，在旅客完成验证验票后，还必须对旅客及携带品进行________________。

2．________________是客运站的主体，如________________、________________、________________。

3．候车室是旅客________________、________________、________________的场所。

4．在车站可解答旅客列车发到站时刻、购票、托运、提取行包手续等问题的地方是________________。

5．换乘旅客，若其换乘的中转时间较短，旅客可________________________或________________________换乘。

二、选择题

1．进站设备主要有（　　）。

①车票扫描仪；②安检机；③身份证信息读取仪；④安检门；⑤手持安检仪

A．①②　　　　B．①③④⑤

C．②④⑤　　　D．①②③④⑤

2．小张在验票进站时，他前面的旅客很快通过了检验，但到他的时候，铁路旅客身份及车票验证系统却显示“票证不符 不通过”字样。下列哪项不是导致这种情况发生的原因？（　　）

A．小张的车票是用小李身份证实名购买的

B．小张的票、证、人完全一致

C．小张错拿了妻子的身份证

D．小张的票、证均拿错了

3．（　　）是客运站的主体，包括为旅客服务的各种用房，运营管理工作所需的各种技术办公用房以及办理行包、邮件用房。

A．站房　　B．站场

C．站前广场　　D．站后广场

4．下列具有候车条件好、便于组织客流、服务质量高特点的候车室是（　　）。

A．集中候车室　　B．综合候车室

C．贵宾候车室　　D．线侧式候车室

5．以下不属于出站组织工作的是（　　）。

A．检验车票　　B．引导旅客安全有序出站

C．满足旅客饮水、吃饭等要求　　D．严禁无票和站外人员穿行进入车站

三、综合题

1．简述验证验票流程。

2．简述候车室的服务工作。

3．简述旅客出站组织工作的内容。

项目三 铁路行李、包裹业务

项目导读

铁路运输具有安全、准时、快捷、环保、全天候等优势，除了为旅客提供乘坐的席位等，还提供行李、包裹业务，以便旅客携带件大、量重的行李、包裹出行。本项目将介绍行李、包裹的运输手续应如何办理，托运人与承运人各有哪些权利和义务，行李、包裹的范围，以及行李或包裹托运的运费计算等。

知识目标

- 了解运输合同的含义及其包含的内容。
- 了解托运人与承运人各自的权利和义务。
- 掌握行李、包裹的范围及托运规定。
- 掌握行李、包裹运费的计算方法。
- 了解行李、包裹运费计算的相关规定。

技能目标

- 能准确分辨出包裹的种类。
- 能够计算简单的行李、包裹运费。

素质目标

- 践行科学严谨、精益求精、追求卓越的工匠精神。
- 具备独立思考、举一反三的能力。
- 提升民族自豪感。

任务一 熟悉运输合同

引导案例——行李托运运输合同

2018 年 4 月 20 日，在北京西站，闫先生携带 2 件行李（约 70 kg），他要求购买当日 K××次列车（北京西—成都）北京西 $\underline{813\ \text{km}}$ 洛阳硬座车票 1 张，并办理行李托运业务，签订运输合同。

请思考：

（1）运输合同是什么？

（2）闫先生享有哪些权利，应尽哪些义务？

一、行李、包裹运输合同

办理行李、包裹运输，承运人与托运人之间必须签订运输合同。铁路行李、包裹运输合同是指承运人、托运人、收货人之间明确行李、包裹运输权利义务关系的协议。

知识拓展

承运人：与旅客或托运人签有运输合同的铁路运输企业。

托运人：委托承运人运输行李或小件货物并与其签有行李包裹运输合同的人。

行李票（见图 3-1）、包裹票是行李、包裹运输合同的基本凭证，自承运人接收行李、包裹并填发行李票、包裹票时起成立，到行李、包裹运至到站交付给收货人止履行完毕。

行李票、包裹票应当载明的主要内容如下。

（1）发站和到站。

（2）托运人、收货人的姓名、地址、联系电话和邮政编码。

（3）行李和包裹的品名、包装、件数和重量。

（4）运费。

（5）声明价格。

（6）承运日期、运到期限、承运站站名戳及经办人员名章。

乙

（运输报单）

北京铁路局

行 李 票

2017年3月21日

A 016528

到 广州 站 经由 站

旅客乘坐 3月22日 Z201次车 客票号 W032496

<table>
<tr><td>旅客姓名</td><td colspan="7">叶童 共 1 人 电话：×××××</td></tr>
<tr><td>住址</td><td colspan="7">××××× 邮政编码：×××××</td></tr>
<tr><td rowspan="2">顺号</td><td rowspan="2">包装种类</td><td rowspan="2">件数</td><td rowspan="2">实际重量</td><td rowspan="2">声明价格</td><td colspan="2">运价里程</td><td>2 013 千米</td></tr>
<tr><td colspan="2">运到期限</td><td>6 日</td></tr>
<tr><td>2-1</td><td>皮箱</td><td>1</td><td>27</td><td>1 500</td><td rowspan="2">计费重量</td><td>规重</td><td>50 kg</td></tr>
<tr><td>2-2</td><td>纸箱</td><td>1</td><td>30</td><td>600</td><td>超重</td><td>7 kg</td></tr>
<tr><td></td><td></td><td></td><td></td><td></td><td colspan="2">运 费</td><td>111.30 元</td></tr>
<tr><td></td><td></td><td></td><td></td><td></td><td colspan="2">保价费</td><td>10.50 元</td></tr>
<tr><td></td><td></td><td></td><td></td><td></td><td colspan="2">杂项计</td><td>8.00 元</td></tr>
<tr><td></td><td></td><td></td><td></td><td></td><td colspan="2">合 计</td><td>129.80元</td></tr>
<tr><td></td><td></td><td></td><td></td><td></td><td colspan="2">月 日</td><td>次列车到达</td></tr>
<tr><td colspan="2">合计</td><td>2</td><td>57</td><td>2 100</td><td colspan="2">月 日</td><td>交 付</td></tr>
<tr><td>记事</td><td colspan="7">叶童身份证××××××，客票到站武昌站，武昌以后的1 069 千米按三类包裹计费。
杂项计：装车费4.00元，卸车费4.00元，皮箱少轮。
石家庄 站行李员 印 ㊞</td></tr>
</table>

X 0302101016528 行李票号码：A 016528

图 3-1 行李票填写式样

知识拓展

行李票和包裹票每种分甲、乙、丙、丁、戊5页。甲页上报；乙页运输报单随行李或包裹一起，先交列车行李员，到站后交给收货人；丙页交给旅客或托运人作为领取行李或包裹的凭证，到站交付行李、包裹时收回上报；丁页作为报销凭证；戊页作为存根由车站按日整理，留站存查。

二、托运人和承运人的基本权利和义务

1. 托运人的基本权利和义务

1）托运人的基本权利

（1）要求承运人将行李、包裹按期、完好地运至目的地。

（2）行李、包裹灭失、损坏、变质、污染时要求赔偿。

2）托运人的基本义务

（1）缴纳运输费用，完整、准确地填写托运单，遵守国家有关法令及铁路规章制度，维护铁路运输安全。

（2）因自身过错给承运人或其他托运人、收货人造成损失时应负赔偿责任。

2. 承运人的基本权利和义务

1）承运人的基本权利

扫一扫

托运业务示例——昆明铁路局

（1）按规定收取运输费用。对托运的物品进行安全检查，要求其符合国家政策法令和铁路规章制度等运输条件，如不符合，有拒绝承运的权利。

（2）因托运人、收货人的责任给他人或承运人造成损失时，向责任人要求赔偿。

2）承运人的基本义务

（1）为托运人提供方便、快捷的运输条件，将行李、包裹安全、及时、准确地运送到目的地。

（2）行李、包裹从承运后到交付前，发生遗失、损坏、变质、污染时，负赔偿责任。

课堂讨论

谈谈自己曾经托运行李的经历，与同学一起讨论，在整个过程中，你享受到了哪些权利以及尽了哪些义务。

案例分析——行李托运运输合同

（1）运输合同是指承运人、托运人、收货人之间明确行李、包裹运输权利义务关系的协议。

（2）闫先生应享有的基本权利及应尽义务。

权利：要求承运人将行李按期、完好地运至洛阳；行李灭失、损坏、变质、污染时要求赔偿等。

义务：缴纳运输费用，完整、准确填写托运单；遵守相关法令及规章制度，维护铁路运输安全；因自身过错给承运人或其他托运人、收货人造成损失时应负赔偿责任。

任务二　托运行李、包裹

引导案例——判定物品的范围

行李、包裹在承运时，应先确定好类别，才能计算运费。小惠在行李员岗位实习时，第一天就承运了许多物品，包括残疾人用车、油样箱、菠萝、核桃、牛肉干、冰冻黄花鱼、花椒、新闻图片、大葱、红枣、蜜枣、竹箩筐、荸荠、塑料凉鞋、救灾物品、木耳、芒果、奶油、警犬、烤鱼片、鹌鹑蛋、咸鸭蛋、牛奶、《读者》、当日出版的河北日报、五年级数学课本、生猪肝。

请思考：

小慧应如何归类？

一、行李、包裹的范围

1. 行李的范围

行李是指旅客自用的被褥、衣服、个人阅读的书籍、残疾人用车和其他旅行必需品，其范围规定如下。

（1）行李中不得夹带货币、证券、珍贵文物、金银珠宝、档案材料等贵重物品和国家禁止、限制运输物品和危险品。

知识拓展

货币包含各币种的纸币和金属辅币；证券含股票、彩券、国库券及具有支付、清偿功能的票据等；珍贵文物指具有一定年代的有收藏、研究或观赏价值的物品；档案材料指人事，技术档案、组织关系，户口簿或户籍关系、各种证件、证书、合同、契约等，危险品指国务院铁路部门公布的《危险货物品名表》内的品名物品，对其性质有怀疑的物品也按危险品处理。

（2）行李每件的最大重量为 50 kg，体积以适于装入行李车为限，但最小不得小于 0.01 m³。

2. 包裹的范围

1）包裹的分类

包裹是指适合在旅客列车行李车内运输的小件货物，其分类如表 3-1 所示。

表 3-1　包裹分类表

类别	具体内容
一类	（1）自发刊日起 5 日以内的报纸； （2）中央、省级政府（含国务院各部委和解放军大军区）宣传用非卖品及新闻图片； （3）中、小学生课本，不含各种教学参考书及辅导读物等（全国政协工作用书属于一类）
二类	（1）凭政府机关证明办理托运的抢险救灾物资； （2）有国家规定的统一书刊号的各种刊物、著作、工具书册以及内部发行的规章等； （3）鲜冻的食用品，如鲜或冻鱼介类、肉、蛋、奶类、果蔬类等
三类	不属于一、二、四类包裹的物品
四类	（1）一级运输包装的放射性同位素、油样箱、摩托车等； （2）泡沫塑料及其制品； （3）国务院铁路主管部门制定的其他需要特殊运输条件的物品

提　示

（1）运输超过包裹规定重量和四类包裹中第“（3）”项品名的物品时，应经调度命令或上级书面运输命令批准。

（2）铁路运输企业根据运输市场需求，可下浮包裹品名的类别，但须报国务院铁路主管部门批准。同时，铁路运输企业可制定管辖范围内包裹运输的范围。

2）不易判明的二类包裹品名

对于鲜冻的食用品，因品名繁多，有的应按二类包裹办理，有的则按三类包裹办理，为了正确判明包裹类别，现将不易判明的二类包裹列表说明，如表 3-2 所示。

表 3-2　不易判明的二类包裹品名表

品名	可按二类包裹办理	不按二类包裹办理
鲜或冻的鱼介类	螺丝、蛤蜊、海参，包括为防腐而煮过的和加少量盐的虾蟹	咸的、卤的、干的鱼、虾、海蜇、海参
鲜和冻的肉类	包括食用动物的五脏头蹄和未经炼制的脂油	咸的、腌的、熏的、熟的肉类
肠衣	防腐加少量盐的牛、羊、猪小肠、肠衣、胎盘	
蛋类	家禽、野禽的鲜蛋	咸、熟蛋，松花蛋，糟蛋

表 3-2（续）

品名	可按二类包裹办理	不按二类包裹办理
瓜果类	鲜枣、荔枝、木瓜、桂圆（龙眼）、橄榄、佛手、百合、鲜菱、甘蔗	干果、蜜饯、松子、核桃、椰子、白果、瓜子、花生、栗子等
乳类	鲜、冻牛、马、羊乳，酸牛乳，奶酪	炼乳、奶粉、奶油、黄油
蔬菜类	藕、荸荠、芋头、土豆、豆芽、红薯、豆腐干、干豆腐（千张）、豆腐、姜、葱、蒜、洋葱、鲜笋	干辣椒、花椒、粉条、粉皮、海带或腌、干菜

例 3-1 请将芋头、粉条、酸牛乳、家禽、摩托车、小学生课本、抢险救灾物资进行包裹分类。

【解析】 一类包裹：小学生课本。

二类包裹：酸牛乳、家禽、抢险救灾物资、芋头。

三类包裹：粉条。

四类包裹：摩托车。

头脑风暴

想一想身边的物品，各举 3 个四种类别包裹的例子。

3）不能按包裹运输的物品

（1）尸体、尸骨、骨灰、灵柩及易于污染、损坏车辆的物品。

（2）蛇、猛兽和每头超过 20 kg 的活动物（警犬和运输命令指定运输的动物除外）。

（3）国务院及国务院铁路主管部门颁发的有关危险品管理规定中规定的危险品、弹药以及承运人不明性质的化工产品。

（4）国家禁止运输的物品和不适于装入行李车的物品。

扫一扫

托运宠物

二、行李、包裹的托运

旅客或托运人向车站要求运输行李或包裹称为托运。办理托运，旅客或托运人应认真阅读托运单乙联背后的“客户须知”，完整、准确、清楚地填写托运单各栏内容，并对所填写事项的真实性负完全责任。托运单式样如图 3-2 所示。

中铁快运股份有限公司

托 运 单　　（甲联）

（黑框内由托运人填写）　20　　年　　月　　日

到站：			经由：			承运人确认事项			
持票旅客请填	客票票号：			人数：		票号：			
	车次：			客票到站：					
货物名称	包装种类	件数	重量（千克）	体积（长×宽×高）	声明价格（保价）	件数	重量（千克）	行李	包裹
								□	□
								□	□
								□	□
合计								□	□
选择填写 付款方式	现金□　支票□　协议□　到付□					包装费		元	
选择填写 取货方式	凭原件提取□　凭传真件提取□					取货费		元	
选择填写 服务要求	送货上门□　货需包装□　仓储保管□　代发传真□					代收送货费		元	
发送地									
到达地									
托运人	名称：								
	地址：								
	邮编：			电话：					
	传真电话：			电子邮件：					
收货人	名称：								
	地址：								
	邮编：			电话：					
	传真电话：			电子邮件：					
托运人记事：						承运人记事：			
取货员（章）：						安检员（章）：			

托运人注意：在填写托运单前，请详细阅读乙联背面“客户须知”，并在下面签字。

托运人：_________　　　　营业部（章）

图 3-2　托运单式样

1. 托运行李

旅客托运行李时，必须提供有效的车票、旅客身份证件和托运单，相关规定如下。

（1）旅客凭车票，在乘车区间内可以从任一营业站托运行李至另一营业站。

（2）旅客凭一张客票只能托运一次行李，第二次托运行李时，不论第一次托运重量多少，第二次托运行李都按包裹运价计算。为照顾残疾人的旅行，残疾人用车不限托运次数。

2. 托运包裹

托运人托运包裹时，必须提供托运人身份证件、托运单。为加强运输和物资管理，保障社会治安，保护人民健康，贯彻运输政策，对某些物品的运输需实行必要的限制，托运这些物品时，还必须提供相关单位的运输证明。例如，托运金银珠宝、货币证券应提供中国人民银行的正式文件或当地铁路公安局（处）或公安分局（分处）的免检证明，托运枪支应提供运往地市（县）公安局的运输证明等。

头脑风暴

如果旅客要求托运的行李里程比车票里程远时，应如何办理？

嘉言善行

高铁助力“双11”，跑出美好生活加速度

2021年“双十一”电商黄金周，国铁集团组织各铁路局集团公司和中铁快运公司，以“双十一”电商物流的旺盛需求为导向，大力拓展高铁快运、冷链运输、特快货物班列等特色服务项目，日均安排高铁载客动车组800列，日均安排动车组预留车厢181列。有效利用高铁运输速度快、运输环境安全、不受天气影响等优势，满足了电商货物运输需求，让快递运输更环保、更绿色。

高铁助力“双11”这一创新型转变，正是国铁集团践行党中央提出的“交通强国、铁路先行”和乡村振兴战略部署的具体表现。2021年“双11”期间，铁路部门在拉萨至林芝铁路沿线的林芝、山南等车站增办快运业务，使全国铁路办理快运业务的车站达688个，遍布31个省市自治区，其中高铁车站就有249个。此外，铁路部门还推出了扶贫助农专项服务，此项服务为江苏大闸蟹、云南鲜花、湖北柑橘等特色农产品开启了物流运输快车道，真正实现了“铁路修到哪里，哪里就能富起来。”

高铁在运输的便捷性和时效性等方面的优势，在“双11”期间也体现地淋漓尽致。“双11”电商黄金周运输开启以来，铁路“当日达即送”产品打造出“高铁+专送”物流新模式，为生鲜水果、紧急文件等提供了“即收、即运、

即送”服务。

高铁助力“双 11”提升了消费者的幸福指数，激活了快递市场的活力，打通了物流市场快速运送的经脉，为企业合作共赢提供了机遇，真正实现了高铁快运与快速班列服务好消费者、服务好市场经济发展的重要目标。

从“四纵四横”到“八纵八横”，越织越密的高铁网满足了日益增长的客运需求，也打造了一条覆盖全国的快速物流通道。铁路部门在市场化发展道路上，不断自我革新、自我突破，将科技服务创新融入大众需求，这不仅是铁路部门充分利用高铁资源优势的创新实践，更是积极服务国民经济大循环的具体行动，有利于进一步推动我国建设现代流通体系，提高流通效率，更有利于构建以国内大循环为主体、国内国际双循环相互促进的新发展格局。

在高铁的滚滚车轮中，一个流动的中国，正在向着“人悦其行、物优其流”的愿景稳步行进。可持续、有质量、有效益的中国速度正引领我们迎接更美好的生活，创造更幸福的未来。

（资料来源：http://comment.gog.cn/system/2021/11/03/018012780.shtml，http://pinglun.youth.cn/wztt/202011/t20201106_12562929.htm，有改动）

案例分析——判定物品的范围

（1）假设有有效车票，残疾人用车可按行李办理。

（2）若没有有效车票，所列物品均可按包裹办理，具体分类如下。

一类：新闻图片、当日出版的河北日报、五年级数学课本。

二类：菠萝、冰冻黄花鱼、大葱、荸荠、救灾物品、芒果、鹌鹑蛋、牛奶、《读者》、生猪肝。

三类：残疾人用车、核桃、牛肉干、花椒、红枣、蜜枣、竹箩筐、木耳、奶油、警犬、烤鱼片、咸鸭蛋。

四类：塑料凉鞋、油样箱。

任务三　计算行李、包裹的运费

引导案例——行李托运费 41.90 元

广州站一旅客持当日 K×次列车（广州 $\overset{2\ 116\ \text{km}}{\overline{\quad\quad}}$ 西安）硬座客快有效车票 1 张，要求托运行李 1 件（内装生活用品），行李重 45 kg，该旅客需要支付行李托运费 41.90 元。

请思考：

（1）41.90 元是如何而来的？

（2）行李、包裹的运输费用与哪些因素有关？

一、行李、包裹运价的制定

1. 行李运价的构成要素

根据惯例及各交通部门通用的计价办法，行李运价率为：每 100 kg・km 行李运价等于 1 人・km 的硬座基本票价，即按硬座票价率的 1%计算，即

行李运价率 = 硬座票价率 × 1% = 0.058 61 × 1% = 0.000 586 1［元/（kg・km）］。

行李运输是随着旅客运输的产生而产生的，所以行李运输属于旅客运输的范畴。因此，行李的运价里程区段、递远递减率和递减区段划分与旅客票价的里程区段及票价递远递减率和递减区段的划分相同。计算行李运价的起码里程亦为 20 km。

2. 包裹运价的构成要素

包裹运价率以三类包裹运价率为基数，其他各类包裹运价率则按其加成或减成比例计算，现行各类包裹运价率的比例关系如表 3-3 所示。

表 3-3　包裹运价率的比例关系

包裹类别	运价比例（%）	运价率［元/（kg・km）］	包裹类别	运价比例（%）	运价率［元/（kg・km）］
三类	100	0.001 518	二类	70	0.001 062 6
一类	20	0.000 303 6	四类	130	0.001 973 4

包裹运输属于物资运输的范畴，所以包裹运价里程区段、各递减区段递远递减率和递减运价率的划分另有规定，如表 3-4、表 3-5 所示。计算包裹运价的起码里程为 100 km。

表 3-4 包裹运价里程区段

里程区段（km）	每区段里程（km）	区段数	里程区段（km）	每区段里程（km）	区段数
1～100	100	1	601～1 000	40	10
101～300	20	10	1 001～1 500	50	10
301～600	30	10	1 501 以上	100	

表 3-5 包裹递远递减率和递减运价率（三类包裹运价）

区段（km）	递减率（%）	运价率［元/kg·km］	各区段全程基本运价（元）	区段累计基本运价（元）
1～200	0	0.001 518	0.303 6	
201～500	10	0.001 366 2	0.409 86	0.713 46
501～1 000	20	0.001 214 4	0.607 2	1.320 66
1 001～1 500	30	0.001 062 6	0.531 3	1.851 96
1 501～2 000	40	0.000 910 8	0.455 4	2.307 36
2 001 以上	30	0.001 062 6		

二、行李、包裹运费的计算

1. 运价里程

行李、包裹的运价里程以《铁路客运运价里程表》为计算依据。行李运价里程一般按实际运送径路计算，即按旅客客票指定的径路运输，但旅客持远径路的客票，要求行李由近径路运送时，如近径路有直达列车，也可以按近径路计算。

包裹运价里程按最短径路计算，有指定径路时，按指定径路计算。押运包裹的运价里程按实际运送径路计算。

2. 计费重量

行李、包裹均按重量计算运价，但有规定计价重量的物品（见表 3-6），按规定重量计价。行李、包裹运价的起码计价重量为 5 kg，计价重量以 1 kg 为单位，不足 1 kg 的尾数进为 1 kg。

表 3-6　行李、包裹规定计价重量

物品名称	计价单位	规定计价重量（kg）	备　注
残疾人用车	辆	25	以包裹托运时，按实际重量计算
自行车	辆	25	
助力自行车	辆	40	含机动自行车
两轮轻便摩托车	辆	50	（1）含轻骑；（2）气缸容量 50 cm^3 以下时
两轮重型摩托车	辆	按气缸容量每 1 cm^3 折合 1 kg 计算	气缸容量超过 50 cm^3 时
警犬、猎犬	头	20	超重时，按实际重量计算

注意

旅客托运的行李、包裹重量在 50 kg 以内，按行李、包裹运价计算，超过 50 kg 时（行李中有残疾人用车时为 75 kg），超出部分按运价加倍。

学以致用

假设将例3-2中“自行车”变为“两轮轻便摩托车”，例3-2中的问题又该如何解决？

3．行李、包裹运费的计算

1 kg 的行李、包裹运价基数是以基本运价率乘以运价里程（初始区段不足起码里程按起码里程计算），其他重量的运价则以 1 kg 的运价基数进行计算，尾数保留至角，角以下四舍五入。具体计算方法如下。

1）确定运价里程

利用《铁路客运运价里程表》查出发、到站之间的运价里程，行李运价里程按实际运送径路计算，即按旅客旅行的客票指定的径路运输。

2）确定 1 kg 行李、包裹的运价基数

根据运价里程在《行李、包裹运价表》中查出该里程所处里程区段上 1 kg 行李或包裹的运价基数。

3）计算其他重量的行李、包裹运价

用查出的 1 kg 运价基数（E）乘以行李、包裹重量得出行李、包裹运费，即：

$$F = Q_{计费}E$$

式中，F——运价；

$Q_{计费}$——行李、包裹计费重量。

例 3-2 已知广州—西安运价里程为 2 116 km，计算广州—西安 30 kg 行李的运费。

【解析】 查《行李、包裹运价表》可知运价里程为 2 116 km 的行李 1 kg 运价基数为 0.930 元，则：

30 kg 行李运费为：$F=30\times0.930=29.70$（元）。

例 3-3 2018 年 3 月 20 日，嘉兴站一残疾旅客持 K×次列车（嘉兴—桂林）嘉兴—桂林的有效车票一张，票号 E×，在嘉兴站托运行李包一件 28 kg，旅行袋一件 20 kg，残疾人用车（重 25 kg）一辆到桂林站。请计算该旅客应付运费多少？

【解析】 该旅客的行李中有残疾人用车，所以每张客票可托运 75 kg 的行李。该旅客行李共重 73 kg，在 75 kg 范围内。嘉兴—桂林 1 541 km，查《行李、包裹运价表》得 1 kg 行李的运价基数为 0.724 元，则：

该旅客需支付行李运费为：$F=73\times0.724=52.852\approx52.90$（元）。

4. 运费计算的规定

（1）行李、包裹的运费按《行李、包裹运价表》和每张票据计算，起码运费为 1 元。

（2）旅客托运行李至比客票到站远的车站时，分别按行李和包裹运价计算，加总核收。不足起码里程时，分别按起码里程计算，不足起码运费时，应核收起码运费。

（3）类别不同的包裹混装为一件时，按其中运价高的计算。

例 3-4 2018 年 4 月 16 日，元氏站。1 名旅客持次日 K×次列车（沙岭子西—邯郸）石家庄—邯郸的有效车票一张，票号 C×，要求托运至郑州站行李卷一件，26 kg。计算运费为多少？

【解析】 这是旅客要求托运行李至比客票到站远的车站的情况，分别按行李和包裹运价计算，加总核收。查《行李、包裹运价表》得，元氏—邯郸 133 km，1 kg 行李的运价基数为 0.079 元；邯郸—郑州 247 km，1 kg 三类包裹的运价基数为 0.375 元。则：

26 kg 行李的运费为：$26\times0.079=2.054\approx2.10$（元）；

26 kg 三类包裹的运费为：$26\times0.372=9.672\approx9.70$（元）；

合计：$2.10+9.70=11.80$（元）。

案例分析——行李托运费 41.90 元

（1）查《行李、包裹运价表》得 2 116 km 的运价里程，1 kg 行李运价为 0.930 元，则：45 kg 的行李的运费为：$F=45\times0.930=41.85\approx41.90$（元）。

（2）与运价里程（1 kg 运价基数）和行李、包裹的重量有关。

任务四　行李、包裹的客运杂费

引导案例——为何多了4元？

广州站一旅客持当日K×次列车（广州 $\xrightarrow{2\ 116\ km}$ 西安）硬座客快有效车票1张，要求托运行李1件（内装生活用品），行李重45 kg，行李托运费41.90元。但在交费时，要求其交45.90元。

请思考：

（1）多交的4.00元是如何而来的？

（2）行李、包裹的客运杂费有哪些？

一、客运杂费的定义及种类

1. 定义

客运杂费是指在铁路运输过程中，除去旅客车票票价、行李包裹运价、特定运价以外，铁路运输企业向旅客、托运人、收货人提供的辅助作业、劳务、物耗以及违反运输规定等所收的费用。

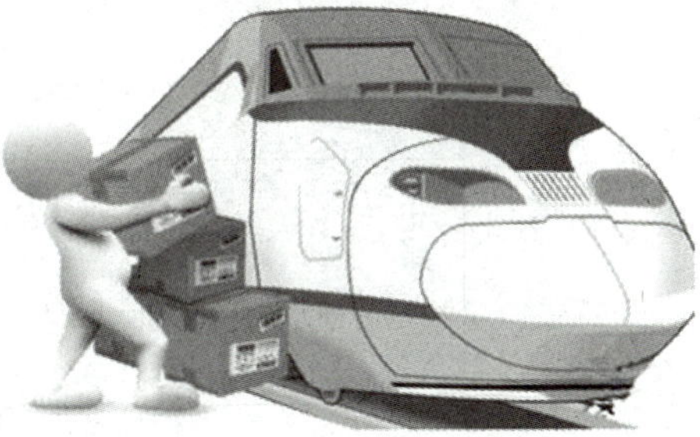

2. 种类

（1）付出劳务所核收的费用：包括搬运费、送票费、接取送达费、手续费、行李包裹变更手续费、查询费和装卸费等。

（2）使用有关单据及其他用品所核收的物耗费用：包括货签费、安全标志费和其他用品等。

（3）违反运输规定所核收的费用：包括各种违章乘车加收的票款及违章运输加倍补收的运费等。

（4）为加强资金与物资管理所核收的费用：包括保价费、保管费和迟交金等。

3. 客运运价杂费收据

铁路运输企业收取客运杂费时须向付款人出具“客运运价杂费收据”，检称“客杂收据”，如图3-3所示。客杂收据的业务范围如下。

××铁路局

客运运价杂费收据

＿＿＿年＿月＿日　　　　（报告用）

<table>
<tr><td rowspan="4">原票据</td><td>种别</td><td>日期</td><td></td><td colspan="4">月　日　时到达、通知、变更</td></tr>
<tr><td rowspan="3"></td><td>号码</td><td></td><td colspan="4">月　日　时　交　付</td></tr>
<tr><td>发站</td><td></td><td colspan="4" rowspan="2">核收保管费　日</td></tr>
<tr><td>到站</td><td></td></tr>
<tr><td colspan="4" rowspan="2">核收区间</td><td colspan="3">核收费用</td><td rowspan="2">款额</td></tr>
<tr><td>种别</td><td>件数</td><td>重量</td></tr>
<tr><td colspan="4" rowspan="6">自＿＿＿＿站
至＿＿＿＿站
经由（　　　）
座别＿＿＿　人数＿＿＿</td><td></td><td></td><td></td><td></td></tr>
<tr><td></td><td></td><td></td><td></td></tr>
<tr><td></td><td></td><td></td><td></td></tr>
<tr><td></td><td></td><td></td><td></td></tr>
<tr><td></td><td></td><td></td><td></td></tr>
<tr><td colspan="3">合　计</td><td></td></tr>
<tr><td>记事</td><td colspan="7"></td></tr>
<tr><td colspan="8">＿＿＿站经办人＿＿＿印</td></tr>
</table>

A000000

图 3-3　客杂收据票样

（1）售票或计划办理包车或旅游专列等产生的停留费、服务费、欠编费、空驶费、变更费等，核收挂运费、行驶费等时。

（2）出站口办理终到旅客补票、携带品超范围处理、代收款等业务时。

（3）行包房办理核收运费差额、变更手续费及保管费等杂费项目时填写。

（4）有些列车在处理旅客携带品超范围时，未带该票据的，应交车站处理。

二、行李、包裹的客运杂费

根据《中华人民共和国铁路法》，由国务院铁路主管部门规定，现行行李、包裹客运杂费的收费项目及收费标准如表 3-7 所示。

表 3-7 行李、包裹客运杂费的收费项目及收费标准

收费项目		计费条件	收费标准	备　注
1	行李、包裹变更手续费	装运前	5 元/票次	
		装运后	10 元/票次	
2	行李、包裹查询费	行李、包裹交付后，旅客或收货人还要求查询时	5 元/票次	
3	行李、包裹装卸费	从行李房收货地点至装上行李车，或从行李车卸下至交付地点，各为一次装卸作业	2 元/件次	超过每件规定重量的，按其超重倍数增收
4	行李、包裹保管费	超过免费保管期限，每日核收	3 元/件	超过每件规定重量的，按其超重倍数增收
5	行李、包裹搬运费	从广场停车地点搬运至行包办理处或从行包交付处搬运至广场停车地点各为一次搬运作业。由汽车搬上、搬下时每搬一次，另计一次搬运作业	1 元/件次	超过每件规定重量的，按其超重倍数增收
6	行李、包裹接取送达费	接取、送达各为一次作业，每 5 km（不足 5 km 按 5 km 计算）核收	5 元/件次	超过每件规定重量的，按其超重倍数增收

注：相关部门每年会根据实际情况定时调改。

例 3-5 2018 年 4 月 26 日上午 8:00，北京站一旅客持当日 K1189 次列车（北京—乌兰浩特，发车时间 16:04）硬卧车票 1 张，由北京去往赤峰。他携带了 3 件行李，分别重 25 kg，32 kg，35 kg，要求办理当日行李、包裹保管业务。请计算其应付保管费为多少？

【解析】 旅客的三件行李均在规定的重量（50 kg）范围内，根据行李、包裹客运杂费的收费标准，行李、包裹的保管费为每日 3 元/件，则：

该旅客应付保管费为：$3\times3=9$(元)。

知识拓展

其他客运杂费项目

除了行李、包裹的客运杂费外，其他客运杂费项目还包括站台票、手续费、退票费等，如表 3-8 所示为其他客运杂费收费项目及收费标准

表 3-8 其他客运杂费收费项目及收费标准

收费项目		计费条件	收费标准	备　注
1	站台票		1 元/张	
2	手续费	列车上补卧铺	5 元/人次	同时发生时按最高标准核收一次手续费
		其他	2 元/人次	

表 3-8（续）

收费项目		计费条件	收费标准	备 注
3	退票费	按每张车票应退票款计算	票面乘车站开车前15日(不含)以上退票的，不收退票费；票面乘车站开车时间前48小时以上，15日以内退票的，按5%核收；票面乘车站开车时间前 24 小时以上、不足48小时退票的，按10%核收；票面乘车站开车时间前不足24小时及特殊情况开车后退票的，按20%核收	尾数以5角为单位，尾数小于 2.5 角的舍去，2.5角及以上且小于7.5角的计为5角，7.5 角及以上的进为1元。最低按2元起收
4	送票费	送到集中取票点	3元/人次	
		送到旅客所在地	5元/人次	
5	货签使用服务费		0.25元/个	
6	安全标志使用服务费		0.20元/个	
7	携带品暂存费	每日核收	3元/件	每件重量以20 kg为限，超重时按其超重倍数增收
8	携带品搬运费	从广场停车地点搬运至站台或从站台搬运至广场停车地点各为一次搬运作业。由火车、汽车搬上、搬下时每搬一次，另计一次搬运作业	2元/件次	每件重量以20 kg为限，超重时按其超重倍数增收
9	运输费用迟交金	旅客、托运人、收货人迟交票款、运费、杂费时，从应收该项费用的次日起至付款日止，按迟交总额比例计收	1%/日	

各铁路局对于合资铁路、地方铁路及特殊运价区段的客运杂费，可根据具体情况，由铁道部授权自定杂费的费种和费率。

提 示

（1）一般旅客乘车免费携带品的重量为 20 kg（儿童旅客为 10 kg，外交人员为 35 kg）；对超过免费重量的物品，其超重部分补收四类包裹运费，超重不足5 kg时，应免收运费。

（2）在列车内或下车站发现旅客携带品违章时，应用“客杂收据”补收运费，在记事栏内注明总件数、重量或外部尺寸、事由等内容。

（3）“客杂收据”的填写方法如下。

① 原票据栏：出站口处理违章乘车需加收款时填写原票据信息；行李房办理补费等手续时填写原票据信息；其他情况需填写原票票据信息时转记。

② 到达、变更等栏目：行李、包裹运输途中产生杂费时填写。

③ 核收区间：按照核收运费区间或补收票价区间填写，按照旅客原票填写座别、人数。

④ 核收费用栏：行李、包裹分别按照各项目填写，补收票价时，可拉通“种别、件数、重量”栏目进行填写。

⑤ 款额栏：不填单位。

⑥ 记事栏：以上项目栏内没有注明或需要特殊说明的内容。

课堂小剧场

（1）情景：模拟在Z××次列车（成都—北京西）上，乘务员发现1名旅客持当日郑州—石家庄的车票，携带背包1件（35 kg），手提包1件8 kg。乘务员报列车长有位旅客携带品超重，列车长将关于旅客免费携带品的相关规定告知该旅客，并要求其补交运费。

（2）人物：旅客1名；乘务员1名；列车长1名。

（3）角色期望：① 旅客尽量形象逼真地表现出开始不认为自己的行李超重的坚定，然后通过与乘务员的沟通和列车长的讲解，最后心甘情愿地缴纳行李超重部分的运费；② 乘务员要检查出行李是否超重，耐心与旅客沟通，并告知列车长事情的原委；③ 列车长应表现出为旅客耐心讲解，业务熟练，补收5.30元的运费，并填写客杂收据。

头脑风暴

上面“课堂小剧场”中，运费“5.30元”如何得来，“客杂收据”应如何填写？

案例分析——为何多了4元？

（1）多交的4.00元为托运行李的装卸费。从行李房收货地点至装上行李车，以及从行李车卸下至交付地点，每次2元/件，所以需要交4.00元的装卸费。

（2）行李、包裹的客运杂费包括：行李、包裹变更手续费，行李、包裹查询费，行李、包裹装卸费，行李、包裹保管费，行李、包裹搬运费和行李、包裹接取送达费。

项目实践演练——办理旅客行、包业务

一、模拟场景

（1）“判断包裹范围”场景：请判断“小学生课本、有国家规定的统一书刊号的著作、自发刊日起5日以内的报纸、凭政府机关证明办理托运的抢险救灾物资、塑料玩具、一级运输包装的放射性同位素、大学英语课本、5包夏装、松花蛋、鲜牛奶、土豆、豆腐干、红薯干”的范围。

（2）“行李运费”场景：2018年4月10日，石家庄站某旅客持当日T×次列车（石家庄—广州）石家庄站—广州站有效车票1张（背面盖有“行”字戳记），票号：B×，要求托运至广州站行李1件（55 kg）。（提示：石家庄—广州 2 013 km）

（3）“行李在中途站”场景：2018年×月×日，旅客持北京西—郑州车票，在北京西站托运行李2件，40千克至武昌站，票号：A×。旅客因故在邯郸站中止旅行要求将该行李运至邯郸站。5日该行李由信阳站返回，当日通知旅客8日领取。（提示：行李行程如图3-4所示）

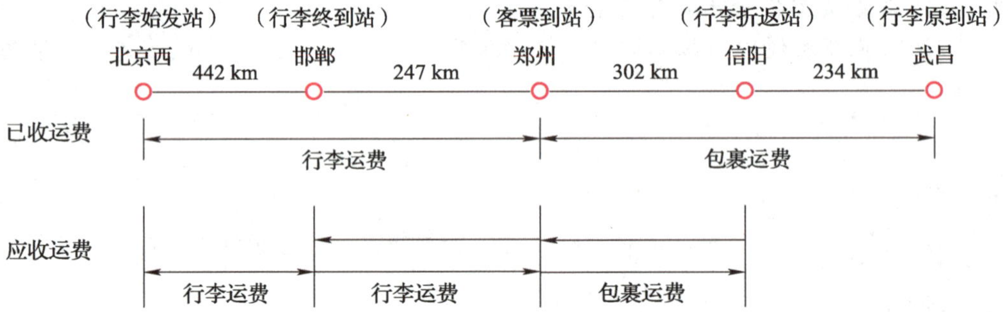

图3-4　行李行程示意图

二、情景规划

（1）由指导老师将学生分组，3～4人为一组，由老师指派场景给各小组，各小组运用所学知识，对“（1）”中物品的范围进行分类；计算“（2）”中行李运费；说明“（3）”中邯郸站应如何处理。

（2）各小组围绕本组场景的主要内容“判断包裹范围”“行李运费”或“行李在中途站”场景，编写剧本。

三、身临其境

请各小组根据自己编写的剧本，分角色表演。

四、综合评估

根据各小组的表现，按表 3-9 所示的标准评分。

表 3-9　任务实践演练评分标准及评分表

内容	分值	教师评分	同学评分	小组自评
问题是否被正确处理	30			
剧本编排是否合理	20			
表演时能否正确处理分到的场景情况	30			
表演是否生动	20			
总平均分				

五、教师点评

活动结束后，老师根据各组同学的表现一一点评，并总结发言。

项目学习效果综合考核

一、填空题

1．办理行李、包裹运输，承运人与托运人之间必须签订______________。

2．行李中不得夹带货币、证券、______________、______________、______________、等贵重物品和国家禁止、限制运输物品、危险品。

3．中、小学生课本，不含各种教学参考书及辅导读物等属于_______类包裹；泡沫塑料及其制品属于_______类包裹。

4．旅客托运行李时，必须提供有效的__________、______________和_____________。

5．行李运输是随着旅客运输的产生而产生的，所以行李运输属于______________的范畴，行李运价的构成要素与普速列车的票价构成要素_______，划分_______。

二、选择题

1．（　　）不属于行李票、包裹票应当载明的内容。

A．运费　　B．托运人昵称

C．承运日期　　D．声明价格

2．（　　）属于承运人的基本权利。

A．行李、包裹灭失、损坏、变质、污染时要求赔偿

B．要求承运人将行李、包裹按期、完好地运至目的地

C．行李、包裹从承运后到交付前，发生遗失、损坏、变质、污染时，负赔偿责任

D．因托运人、收货人的责任给他人或承运人造成损失时，向责任人要求赔偿

3．旅客托运的行李在（　　）以内，按行李运价计算，对超出部分按运价加倍计算。

A．50 kg　　B．55 kg

C．60 kg　　D．70 kg

4．包裹运价率以（　　）包裹运价率为基数，其他各类包裹运价率则按其加成或减成比例计算。

A．一类　　B．二类

C．三类　　D．四类

5．行李、包裹交付后，旅客或收货人还要求查询时，行李、包裹查询费为（　　）。

A．3 元/票次　　B．5 元/票次

C．8 元/票次　　D．10 元/票次

三、综合题

1．简述行李的概念及其相关规定。

2．区分“自发刊日起 5 日以内的报纸”“摩托车”“凭政府机关证明办理托运的抢险救灾物资”“一级运输包装的放射性同位素”“油样箱”“炼乳”“瓜子”各属于哪类包裹。

3．试计算运价里程为 1 630 km，43 kg 的行李和三类包裹各自的运费。

项目四 包车、租车业务

项目导读

我国铁路运输交通发达，运载量大，且又安全舒适。很多团体旅游、单位会议等会选择办理包车、租车业务，以便更加便捷、舒适、安全地出行。那么如何办理铁路包车、租车业务，其费用又是如何计算的呢？

知识目标

- 了解包车、租车业务的含义。
- 了解包车合同和租车合同的内容。
- 掌握包车业务核收各项费用的规定及计算方法。
- 掌握包车变更费用的计算方法。
- 掌握租车费用的计算方法。

技能目标

- 能计算不同情况下包车的费用。
- 能计算不同情况下租车的费用。

素质目标

- 注重学思结合、知行统一。
- 具备认真执行工作任务、严谨对待问题的态度。
- 践行团结协作、分享学习心得的团队精神。

任务一 包车业务

引导案例——自费包车

3月1日，某公司组织团体旅游（可携带家属），共35人，其中1.2～1.5 m儿童5名，在南京站要求包用带空调的餐车、软卧车各一辆（南京站无符合要求的车辆，故从上海站调配定员均为32人的RW51333和CA94622各一辆至南京站），路程单中提出3月15日于南京站挂T66次列车到北京，停留后于3月19日挂K629次列车到兰州，到站后停止使用。

请思考：

包车费用多少？

凡旅客要求单独使用加挂车辆或加开专用列车时，均按包车业务办理。

包车人应与承运人签订包车合同。包车合同应载明：包车人、承运人的名称、地址、联系人姓名、电话；包用车辆的种类、数量、时间；发站和到站站名；包车运输费用；违约责任；双方商定的其他内容。

包用客车、公务车、专用列车、豪华列车签订包车合同时，包车人应预先缴付相当于运输费用20%的定金。如承运人违约时，应双倍返还定金。

办理包车不受加挂列车终到站及往返乘车限制。车票有效期按所提路程单日期计算。

提 示

包车人要求包车或单独使用加挂车辆时，一般应于开车前15日（要求单独使用专用列车时应于开车前30日）与乘车站或其上级主管部门联系，并提交全程路程单，经同意后签订合同、交付定金。

一、包车运输费用的计算

包车或加开专用列车，应根据运行里程（娱乐车、餐车根据使用日数），按下列规定核收运输费用，即票价、运费、使用费、包车停留费、空驶费及其他费用等。此外，包车或加开专用列车的运输费用，在全部运行途中，里程采取通算（由起始站到终点站的全部里程)。

1. 票价

(1)座车(含合造车的座车部分),按座车种别、定员核收全价客票票价。

注意

成人(含享受减价优待的学生、伤残军人)与儿童混乘一辆车,实际乘车人数不足定员时,按定员核收全价客票票价;实际乘车人数超过定员时,对超过人数按实际分别核收相应客票票价。

(2)卧车,按卧车种别、定员核收客票及卧铺票的全价票价。

(3)公务车,按 40 个定员核收软座客票及高级软卧票(上下铺各 1/2)的全价票价。

(4)豪华列车,每辆按 32 个定员核收软座客票及高级软卧票(上下铺各 1/2)的全价票价。

(5)棚车代用客车,按车辆标记载重计算定员(按 1.5 人/t 折算)核收棚车客车票价。

知识拓展

棚车是一种有侧墙、端墙、地板和车顶,在侧墙上开有滑门和通风窗的铁路货车,主要用以装运贵重和怕日晒雨淋的货物。有的在车内安装火炉、烟囱、床板等,必要时可以运送人员。

(6)包用的客车、公务车加挂在普通快车、快速(特快)列车上或加开的专用列车、豪华列车按上述等级速度运行时,都应根据核收客票票价人数核收相应的加快票价。途中发生中转换挂(或开行)不同列车等级时,按首次挂运(或开行)的列车等级核收加快票价。

(7)包用车辆使用空调设备时,还应按核收客票票价的人数核收空调费。娱乐车、餐车的空调费按使用费的 25%计算。

例 4-1　衡水某公司职工 90 人,携带身高不足 1.2 m 儿童 10 人,1.2～1.5 m 儿童 32 人,在衡水站要求包用定员 118 的硬座车一辆(使用空调设备)。根据包车路程单,要求挂 5 月 10 日 K1263 次(石家庄—杭州,新空)到杭州站后停止使用。衡水站没有所需车辆,从石家庄站调来硬座车(车号 YZ373737),使用完毕后回送石家庄站。请计算包车票价。(提示:衡水—杭州 1 247 km,硬座票价 93.50 元,快速票价为 36.00 元,空调票价为 23.00 元)

【解析】 实际乘车人数超过 118 人，票价应按 118 位全价票和 4 名儿童票核收（10 名身高不足 1.2 m 的儿童免费）。衡水—杭州 1 247 km，则：

118 人全价硬座票价为：$93.50\times118=11033.00$ (元)。

4 人半价硬座票价为：$47.00\times4=188.00$ (元)。

118 人全价快速票价为：$36.00\times118=4\,248.00$ (元)。

4 人半价快速票价为：$18.00\times4=72.00$ (元)。

118 人全价空调票价为：$23.00\times118=2\,714.00$ (元)。

4 人半价空调票价为：$11.50\times4=46.00$ (元)。

票价总计：$11033.00+188.00+4\,248.00+72.00+2\,714.00+46.00=18\,301.00$ (元)。

2. 运费

行李车（含合造车的行李车部分），按车辆标记载重核收行李或包裹运费。用棚车代用行李车时，按行李或包裹的实际重量核收行李或包裹运费，起码计费重量按棚车标记载重的 1/3 计算（不足 1 t 的尾数进整为 1 t）。行李、包裹混装时，按其中运价高的核收。

加开专用列车、豪华列车时，隔离车或宿营车不另计费。如用隔离车装运行李、包裹时，应核收包车运费。

提 示

合造车包括餐车、硬座合造车（一节车厢分两个部分，一部分是餐车，一部分是硬座），行李、硬卧合造车等。

3. 使用费

娱乐车、餐车使用费每日每辆 5 000 元，餐车合造车每日每辆 2 500 元（不足 1 日按 1 日核收）。

例 4-2 西安某旅行团 26 人，携带 1.2～1.5 m 的儿童 8 人，1.2 m 以下儿童 6 人，在西安站要求包用定员 32 的软卧车和餐车各 1 辆（均使用空调设备）。根据包车路程单，挂 5 月 30 日始发的 K165 次（西安$\overset{\text{宝、成}}{\overline{\qquad\qquad}}$昆明，新空）到成都站；停留后，挂 6 月 3 日始发的 K1139 次（成都$\overset{\text{内、六}}{\overline{\qquad\qquad}}$昆明，新空）到昆明站；停留后，挂 6 月 7 日始发的 T62 次（昆明$\overset{\text{六、贵、怀、株}}{\overline{\qquad\qquad\qquad}}$北京西，新空）到北京西站后停止使用，包用车辆送回西安站。已知K165次列车，西安站22:18开，次日 14:30 到成都站；K1139次列车，成都站14:52开，次日 13:01 到昆明站；T62 列车，昆明站 21:50 开，第 3 日 11:12 到北京西站。请计算包用餐车的费用。

【解析】 餐车使用时间为 5 月 30—31 日，6 月 3—4 日、7—9 日，共 7 日，则：

餐车使用费为：$5\,000.00\times7=35\,000.00$ (元)。

餐车空调费为：$35\,000.00\times25\%=8\,750.00$ (元)。

合计：$35\,000.00+8\,750.00=43\,750.00$（元）。

学以致用

试计算例 4-2 题目中的包车票价？（答案：40 992.00 元）

4. 包车停留费

包车停留费是指包用人要求在发站、中途站、折返站停留时应付的费用。由于车辆换挂接续列车或铁路指定开车时间所产生的停留时间不收停留费。停留费按日计算，自 0:00 起至 24:00 止为 1 日，不足 12 h 减半核收。停留时间以列车到达时刻至开车时刻为准。

为减少计费标准、简化手续，相关部门根据运输成本将不同车辆予以归类，每一个类别，规定统一的收费标准。现行的包车停留费归类如下。

（1）娱乐车、餐车，每日每辆 5 000 元；餐车合造车，每日每辆 2 500 元。

（2）公务车、高级软卧车，每日每辆 3 300 元。

（3）软座车、软卧车、软硬卧车、硬卧车、软座硬卧合造车，每日每辆 1 800 元。

（4）硬座车、行李车、软硬座合造车、行李邮政车、软座行李合造车、硬座行李合造车，每日每辆 1 400 元。

（5）棚车，每日每辆 139 元。

例 4-3　根据例 4-2 题干，计算包车停留费。

【解析】　餐车分别在成都站和昆明站整日停留各 2 日，共停留 4 日。软卧车分别在成都站和昆明站各停留 3.5 日，共停留 7 日。则：

停留费为：$5\,000.00\times4+1\,800.00\times7=32\,600.00$（元）。

头脑风暴

例 4-3 中，餐车和软卧车是挂在相同列车上的，那为什么会出现在同一地点，停留时间不同的现象呢？（如在成都站，餐车停留了 2 日，而软卧车停留了 3.5 日）

注意

包用娱乐车、餐车，一日内同时发生停留费、使用费时，只收一项整日费用。

5. 空驶费

空驶费是指在包用人指定日期内乘车站没有所需车辆，需从外站向乘车站调送车辆以及使用完毕后将车辆回送至原车辆所在站或单程使用后由到站回送车辆所在站所产生的费用。

对车辆空驶区段（里程按最短径路并采取通算），不分车种，每车每千米核收 3.458 元的空驶费。

注意

棚车不核收空驶费。

例 4-4 根据例 4-2 的题干，计算包车空驶费。

【解析】 空驶区间为北京西$\overset{\text{石、鸣、华}}{\overline{\qquad\qquad}}$西安 1 137 km，则：

空驶费为：$3.458 \times 1137 \times 2 = 7\,863.492 \approx 7\,863.50$ (元)。

6. 其他费用

- **服务费：**包用公务车、豪华列车的服务费，按车票票价的 15%核收。
- **欠编费：**包用专用列车、豪华列车，如列车编成辆数不足 12 辆时，根据实际运行日数，按每日每辆核收欠编费 850 元，当日不足 12 h 的减半核收。

二、包车变更费用的计算

包车人包用的车辆，由于某种原因需要变更时，可以办理包车变更。若包车人在未交付运输费用前取消用车计划，定金不予退还；若已交付运输费用，应按下列规定办理。

1. 包车人在始发站停止使用

包用单位在始发站停止使用时，除退还已收空驶费与已产生的空驶区段往返空驶费差额外，其他费用按下列规定办理。

（1）开车 48 h 以前退还全部费用时，核收票价、使用费、运费 10%的停止使用费。

（2）开车前 6 h 至不足 48 h 时，退还全部费用，核收票价、使用费、运费 20%的停止使用费。

（3）开车前不足 6 h 退还全部费用时，核收票价、使用费、运费 50%的停止使用费。

（4）开车后要求停止使用时，只退还尚未产生的包车停留费。

例 4-5 前述例 4-1 中，用车单位在列车开车前 5 h 提出停止使用。请计算包车变更费用。

【解析】 核收空驶费，石家庄—衡水 122 km，则：

空驶费为：$3.458 \times 122 \times 2 = 843.752 \approx 844.00$ (元)。

停止使用费为：$18\,301.00 \times 50\% = 9\,150.50$ (元)。

合计：$844.00 + 9\,150.50 = 9\,994.50$ (元)。

2. 包车人在始发站延期使用

包用人在始发站延期使用，在开车前 6 h 以前提出时，按规定核收包车停留费；在开车前不足 6 h 提出时，核收票价、使用费、运费 50%延期使用费，并重新办理包车手续。

3. 包车人在中途站延长、缩短使用

包车人在中途站延长使用时，经中途变更站报请铁路局（集团公司）同意后，核收票价、运费、使用费或包车停留费。如果包车人付款有困难，可根据书面要求，由变更站电告发站或到站补收应收费用。

包车人中途缩短使用时，所收费用不退。

注意

如包车中，承运人违约时，应双倍返还定金。

案例分析——自费包车

因南京站没有包车人所需车辆，故从上海站调配定员均为 32 人的 RW51333 和 CA94622 各一辆至南京站。12 月 15 日南京站 T66 次列车 22:07 开，12 月 16 日北京站 T66 次列车 09:52 到，12 月 17—18 日停留，12 月 19 日北京西站 K629 次列车 18:22 开，12 月 20 日兰州站 K629 次列车 20:37 到。

（1）计算空调列车的票价。

南京$\xrightarrow{\text{京、郑}}$兰州 3 044 km，定员 32 人。则：

32 人全价客票票价：$367.50 \times 32 = 11\,760.00$ (元)。

32 人特快票价：$72.00 \times 32 = 2\,304.00$ (元)。

3 人软座客票半价（儿童）：$184.00 \times 3 = 552.00$ (元)。

3 人特快半价（儿童）：$36.00 \times 3 = 108.00$ (元)。

16 人软卧上铺票价：$330.00 \times 16 = 5\,280.00$ (元)。

16 人软卧下铺票价：$367.00 \times 16 = 5\,872.00$ (元)。

32 人空调票价：$45.00 \times 32 = 1\,440.00$ (元)。

3 人空调票半价：$22.50 \times 3 = 67.50$ (元)。

（2）计算餐车费用（15—20 日，共 6 天，其中 17 日、18 日按停留费计算）。

餐车使用费：$5\,000.00 \times 4 = 20\,000.00$ (元)。

餐车空调费：$20\,000.00 \times 25\% = 5\,000.00$ (元)。

（3）计算列车停留费（16—20 日共 4 日）。

软卧车停留费：$1\,800.00 \times 4 = 7\,200.00$（元）。

餐车停留费：$5\,000.00 \times 2 = 10\,000.00$（元）。

（4）计算空驶费。

上海—南京 303 km，兰州—上海 2 185 km，合计 2 489 km，则：

空驶费：$3.458 \times 2\,489 \times 2 = 17\,213.924 \approx 17\,214.00$（元）。

合计：$11\,760.00 + 2\,304.00 + 552.00 + 108.00 + 5\,280.00 + 1\,440.00 + 67.50 + 20\,000.00 + 5\,000.00 + 7\,200.00 + 10\,000.00 + 17\,214.00 = 86\,797.50$（元）。

任务二 租车及挂运和行驶

引导案例——挂运费是多少？

2017 年 12 月 11 日，上海某公司在上海站将其租用的硬卧车（定员 66 人）、硬座车（定员 118 人）、餐车各一辆挂 1462 次（上海—北京）去北京。已知 1462 次列车 12:28 在上海发车，次日 10:40 到北京站。

请思考：

上海站应核收多少运费？

一、租车

租车是指租用人租用铁路车辆自用，出租车辆核收租车费。租用人向承运人租用客运车辆时，租用人应与承运人签订租车合同。

租车合同主要载明：租用人和承运人名称、地址、联系人姓名、电话，租用车辆种类、数量，租用时间和区间，租车费用，违约责任，双方商定的其他事项等，并按包车停留费标准，按日核收租车费。单独租用发电车时，租车费每日每辆 2 100 元。

二、挂运和行驶

企业自备机车车辆或租用车，利用承运人动力挂运或线路运行时，应向承运人提出书面要求，经协商同意并对机车车辆的技术状态检查合格后方能办理，核收挂运费或行驶费。长期挂运或行驶时，承运人应与企业或租用人签订合同。

企业自备客车或租用客车在国家铁路旅客列车或货物列车挂运时，按下列规定核收挂运费。

1. 空车

不分车种，按每轴每千米0.534元核收。

2. 重车

（1）客车，按标记定员票价的80%核收。
（2）行李车，按标记载重及所装行李或包裹品类运费的80%核收。
（3）餐车、娱乐车、发电车，按租车费的80%核收。
（4）企业自备机车、车辆或租用车，利用国家铁路线路运行时，不论空车或重车，均按每0.468元/（轴·km）（含机车轴数）核收行驶费。
（5）铁路机车车辆工厂（包括车辆研究所）新造车或检修车出厂在正式营业线上进行试验时，同样收取挂运费或行驶费。
（6）军运、邮政部门租车和自备车辆挂运及行驶的收费标准，按军运和邮运有关规定办理。

挂运费和行驶费，不足1元的尾数按四舍五入处理。

例 4-6　2017年6月11日，宝钢集团在上海站将自备车硬卧车辆(重车、定员60人)、行李车1辆（空车、4轴）挂1228次（上海—阜新）到济南站。请计算挂运费。（提示：上海—济南968 km，硬座普快卧上、中、下铺的票价分别为125.00元、130.00元、135.00元）

【解析】　上海—济南968 km，则：

80%的60人硬座普快卧（上、中、下铺）重车挂运费：$(125.00\times20+130.00\times20+135.00\times20)\times80\%=6\,240.00$(元)。

4轴行李车空车挂运费：$0.534\times4\times968=2\,067.648\approx2\,068.00$(元)。

合计：$6\,240.00+2\,068.00=8\,308.00$(元)。

例 4-7　上海局于6月9日下达0222号调度命令同意宝钢集团自备机车一台（10轴）牵引硬座车8辆（每节定员108，4轴）、硬卧车4辆（每节定员60，4轴）、行李车一辆（4轴）6月13日从上海站行驶到泰山站。请计算行驶费。

【解析】　上海—泰山895 km，按0.468元/（轴·km）核收行驶费，共62轴，则：

行驶费：$0.468\times62\times895=25\,969.32\approx25\,969.00$(元)。

案例分析——挂运费是多少？

上海—北京1 463 km，则：

80%的118人硬座普快票价：$86.50\times118\times80\%=8\,165.60\approx8\,166.00$(元)。

80%的66人硬座普快卧铺票价：$(174.50\times22+181.50\times22+188.50\times22)\times80\%=9\,583.20\approx9\,583.00$(元)。

1462 次列车上海—北京需要历时 2 日，则：
80%的餐车租车费：$5\,000.00 \times 2 \times 80\% = 8\,000.00$（元）。
合计：$8\,166.00 + 9\,583.00 + 8\,000.00 = 25\,749.00$（元）。

项目实践演练——包车出行

一、模拟场景

（1）“包用硬卧车”场景：北京××公司 54 人，在北京站要求包用定员 66 的硬卧车辆（使用空调设备）。根据包车路程单，挂 6 月 18 日 T17 次（北京$\xrightarrow{\text{京哈线}}$牡丹江，新空）到哈尔滨东站，停留后，挂 6 月 21 日 T262 次（牡丹江$\xrightarrow{\text{京哈、沈大线}}$大连，新空）到大连站后停止使用，包用车辆回送北京站，北京站有 YW714567 车辆符合条件。（提示：T17 次列车，北京站 16:55 开，次日 06:12 到哈尔滨东站；T262 次列车，哈尔滨东站 21:29 开，次日 07:42 到大连站）。

（2）“包用行李车”场景：2017 年 8 月 7 日，成都市杂技团 30 人持 1486 次列车车票（票号 F08657），及四川省文化厅开具的《营业演出许可证》证明，在成都站计划包用行李车 1 辆到太原站，装运演出服装 30 箱，重 1 200 kg；演出道具 25 箱，重 1 125 kg；行李卷 30 件，重 500 kg。经请示铁路局客调同意，批准行李车 1 辆，车号 XL3624，标记载重 17.7 t。

（3）“包车始发站停止使用”场景：以上述“（1）”场景为背景，该公司在 6 月 15 日办理了运输费用的缴纳手续。因某些突发情况，该公司在 6 月 17 日 08:00 提出停止使用。

（4）“包车中途停止使用”场景：北京××公司一行 32 人在北京西站包用了定员 36 的软卧车 RW554321 和带空调餐车 CA865432 各 1 辆，根据包车路程单，挂 6 月 15 日始发的 Z35 次列车（北京西—广州，新空）到广州站，停留后，挂 6 月 19 日始发的 K226 次列车（广州—兰州，新空）到兰州站后停止使用，包用车辆送回北京西站。6 月 17 日，该包车人持该包车代用票在广州站提出停止使用。（提示：Z35 次列车，北京西站 11:49 开，次日 09:11 到广州站；K226 次列车，广州站 20:20 开，第三日 08:30 到兰州站）

（5）“包车延长使用区间”场景：石家庄市××单位 32 人，携带 1.2～1.5 m 的儿童 8 人，1.2 m 以下儿童 4 人，在石家庄北站要求包用定员 36 的软卧车 RW5222221 辆（使用空调设备）。根据包车路程单，挂 6 月 10 日的 T7 次列车（北京西—成都，新空）到西安站，停留后，挂 6 月 15 日始发的 K165 次列车（西安—昆明，新空）到成都站后停止使用，包用车辆回送石家庄北站。6 月 12 日，该单位持包车代用票向西安站提出请求，拟挂 6 月 14 日始发的 K165 次列车（西安—昆明，新空）到成都站，停留后，挂 6 月 19 日的 K165

次列车（西安—昆明，新空）到昆明站后停止使用，包用车辆回送石家庄北站。西安站报请路局统一批准办理包车延长使用区段手续。（提示：T7 次列车石家庄北站 20:03 开，次日 06:21 到西安站；K165 次，西安站 22:10 开，次日 14:13 到成都站，14:57 开，第三日 10:26 到昆明站）

二、情景规划

（1）由指导老师将学生分组，3～4 人为一组，由老师指派场景给各小组，各小组运用所学知识，计算分到场景的包车费用。

（2）各小组围绕本组场景的主要内容“包用硬卧车”“包用行李车”“包车始发站停止使用”“包车中途停止使用”或“包车延长使用区间”场景，编写剧本。

三、身临其境

请各小组根据自己编写的剧本，分角色表演。

四、综合评估

根据各小组的表现，按表 4-1 所示的标准评分。

表 4-1 任务实践演练评分标准及评分表

内容	分值	教师评分	同学评分	小组自评
分到场景的包车费用计算是否正确	30			
剧本编排是否合理	20			
表演时能否正确处理所分场景情况	30			
表演是否生动	20			
总平均分				

五、教师点评

活动结束后，老师根据各组同学的表现一一点评，并总结发言。

项目学习效果综合考核

一、填空题

1. 凡旅客要求单独使用加挂车辆或加开专用列车时，均按______________办理。

2. 包用客车、公务车等列车签订包车合同时，包车人应预先缴付相当于运输费用______的定金。如承运人违约时，应______________。

3. 包车停留费是指包用人要求在__________、___________和__________停留时应付的费用。

4. 租车是指租用人______________自用，出租车辆核收租车费。

5. 单独租用发电车时，租车费每日每辆__________元。

二、选择题

1. 包用车辆使用空调设备时，还应按核收客票票价的人数核收空调费。娱乐车、餐车的空调费按使用费的（　　）计算。

A．10%　　B．15%　　C．20%　　D．25%

2. 用棚车代用行李车时，按行李或包裹的（　　）核收行李或包裹运费，起码计费重量按棚车标记载重的 1/3 计算。

A．实际重量　　B．实际重量的 90%

C．实际重量的 85%　　D．实际重量的 80%

3. 娱乐车、餐车，每日每辆的包车停留费为（　　）元。

A．400　　B．500　　C．5 000　　D．4 000

4. 包用公务车、豪华列车的服务费，按车票票价的（　　）核收。

A．10%　　B．15%　　C．20%　　D．22%

5. 企业自备机车、车辆或租用车，利用国家铁路线路运行时，（　　）按每 0.468 元/（轴 • km）（含机车轴数）核收行驶费。

A．空车　　B．重车

C．空车、重车　　D．以上均不对

三、综合题

1. 简述包车合同应载明的内容。

2. 简述包车变更费用计算的相关规定。

3. 试述租车的概念。

4. 武汉某公司自备硬座空车一辆（4 轴），由武昌站挂运 4 月 30 日 K158 次尾部至郑州站。请问挂运费为多少？

项目五 不符合乘车条件的处理

项目导读

铁路作为重要的交通运输工具，运输客运量很大（据统计，2017年1—11月，铁路客运量累计达28.52亿人）、车站和线路繁杂。因此，在旅客运输过程中，难免会遇到各种有意或无意不符合乘车条件的情况，如误售、误购车票，误乘列车，车票丢失，有意违章乘车，无意违章乘车等情况，对不符合乘车条件的情况应如何处理？

知识目标

- 了解旅客乘车的基本条件。
- 掌握车票有效期的判断方法。
- 了解车票的检验目的及相关规定。
- 掌握违章乘车的处理方法。

技能目标

- 能正确运用规章解决旅客不符合乘车条件的问题。
- 能正确处理各种违章乘车情况。

素质目标

- 具备勇于承担责任的精神。
- 具备对因果关系的判断能力，可以有针对性地解决问题。
- 具备站在乘客角度考虑问题的能力。

任务一 了解旅客乘车的基本条件

引导案例——谁不能乘车？

铁路运输客运量很大，为保证运输安全，铁路运输企业需要甄别每个旅客是否符合乘车条件。

你能判断出以下哪些旅客符合乘车条件，哪些旅客铁路运输企业有权拒绝运送吗？

（1）小强看起来精神面貌良好，但有间歇性精神病。

（2）小文持前日车票，要求乘坐当日的同次列车。

（3）小凡与小亮因进站时发生了小摩擦而大打出手，经工作人员劝阻后，仍未改正。

（4）持有有效卧铺证的小美。

一、旅客乘车的基本条件

1. 旅客正常乘车条件

（1）旅客须按票面载明的日期、车次、席别乘车，并在票面规定的有效期内到达到站。

（2）持通票的旅客中转换乘时，应当办理中转签证手续。旅客也可按车票制定的乘车日期、车次、席别在中途停车站上车，但未乘车区段的车票票价不予退还。乘坐动车组列车的旅客如中途下车，未乘坐区间的车票失效。

（3）对乘坐卧铺的旅客，列车可以收取车票并予集中保管。收取车票时，应当换发卧铺证；旅客下车前，凭卧铺证换回车票。成人带儿童或两名儿童可共用一个卧铺。

（4）除经列车长同意的特殊情况外，持低票价席别车票的旅客不能在高票价席别的车厢停留。

2. 拒绝运送和运输合同的终止

1）拒绝运送

（1）健康状况危及他人的旅客。

为了确保广大旅客的人身健康和安全，对烈性传染病患者、精神病患者等健康状况危及他人安全的旅客，站、车可以不予运送。

提 示

车站发现烈性传染病患者或其他危及他人安全的旅客时，应告知旅客铁路规定并对已购车票按旅客退票的有关规定处理。

列车上发现此类旅客时，列车长需编制客运记录（详见项目八）交车站处理，必要时，应通知铁路防疫部门处理污染现场。车站应退还已收车票票价与已乘区间车票票价的差额，已乘区间不足起码里程时，按起码里程计算，并核收退票费。

（2）无票乘车拒绝补票的旅客。

对无票乘车而又拒绝补票的旅客，列车长可责令其下车并应编制客运记录交县、市所在地车站或三等以上车站处理（其到站近于上述到站时应交到站处理）。车站对列车移交或本站发现的上述人员应追补应收和加收的票款，并核收手续费。

知识加油站

“三等车站”是中国铁路总公司对其所管理的车站等级划分中的一种，具备以下条件中两条及以上的车站即为三等车站。

（1）日均上、下车及换乘旅客 2 000 人以上，并办理到发及中转行包在 100 以上。

（2）日均装卸车在 50 辆以上。

（3）日均办理有调作业车在 500 辆以上。

（4）工矿企业比较集中地区所在地的车站及位于三个方向以上并担当机车更换、列车技术作业的车站，可视具体情况定为三等车站。

2）终止运输合同

对违反国家法律、法规，在站内、列车内寻衅滋事、扰乱公共秩序的旅客，车站、列车均可拒绝其上车或责令其下车，车站工作人员应将站内发现的和列车移交的上述旅客带出站外，情节严重的送交公安部门处理；对未使用至到站的票价不予退还，并在车票背面作相应的记载，运输合同即行终止。

二、车票的有效期

铁路旅客运输合同从售出车票时起成立，至按票面规定运输结束、旅客出站时止，为合同履行完毕。车票作为运输合同，其时效即为有效期间，简称有效期。

扫一扫

车票有效期示例——广深动车

1. 车票有效期的确定

旅客购票后，请按票面载明的乘车日期、车次乘车。

1）直达票

直达票是指从票面发站至到站有明确车次和席位、且不需中转的车票。直达票当日当次有效，中途上（下）车未乘区间失效。

2）通票

通票是指从票面发站至终到站需中转的车票。票面载有从发站至中转站的车次和席别，在中转站换乘时，请在车站售票窗口办理中转签证，持票旅客需在通票有效期截止前乘车至到站。现车站多已取消通票，因此本任务不再详细介绍。

通票按乘车里程计算有效期。1 000 km 为 2 d，超过 1 000 km 的，每增加 1 000 km 增加 1 d，不足 1 000 km 的尾数按 1 d 计算，自指定乘车日起至有效期最后一日的 24:00 止。

提 示

全程在铁路运输企业管内运行的动车组列车车票有效期由企业自定。

例 5-1 计算永康站经由金华西、杭州、芜湖、合肥、阜阳、郑州到兰州火车通票的有效期。

【解析】 查《铁路客运运价里程表》可知，永康$\underline{\text{金、杭、芜、合、阜、郑}}$兰州 2 482 km，则：$2\,482 = 1\,000 + 1\,000 + 482\ (\text{km})$，通票有效期为：$2 + 1 + 1 = 4\ (\text{d})$。

学以致用

请计算衡阳—武昌经由长沙火车通票的有效期。（乘车里程为 548 km）

2. 车票有效期的延长

遇到下列情况时，可适当延长通票的有效期。

（1）因列车满员、晚点、停运等原因，使旅客在规定的有效期内不能到达到站时，车站可视实际需要延长通票的有效期，延长日数从通票有效期终了的次日起计算。

（2）旅客因病中途下车、恢复旅行时，在通票有效期内，出具医疗单位证明或经车站证实时，可按医疗日数延长有效期，但最多不超过 10 d；卧铺票不办理延长，可办理退票手续；同行人同样办理。

注意

（1）由于误售、误购、误乘或坐过站，在原通票有效期不能到达正当到站时，应根据折返站至正当到站间的里程，重新计算通票有效期。

（2）动车组列车只办理改签，不办理有效期延长。

提　示

因列车满员或意外事件列车停止运行，旅客不能按票面指定的日期、车次乘车时，车站应积极为旅客办理签证及通票有效期延长手续。办理时，应在通票背面注明"因××延长有限期×日"并加盖站名戳。旅客如托运行李时，还应在行李票上签注"因××原因改乘×月×日××车次"，加盖站名戳，作为到站提取行李时计算免费保管日数的凭证。

案例分析——谁不能乘车？

根据旅客乘车基本条件的相关规定：符合旅客正常乘车条件的是小美；拒绝运送的有：小强、小文、小凡。

任务二　查验车票及处理违章乘车情况

引导案例——从哪开始补票？

201×年 5 月 9 日，Z××次特快直达空调列车（长沙—上海南）到达上海南站，发现一名旅客无票出站，他自称是株洲站上车（不能判定），目的地为上海。

请思考：

（1）对于上述情况，是从始发站开始补票，还是从株洲站开始补票？

（2）如何正确填写客运运价杂费收据？

一、车票的检验

实行车票实名制管理的车站及列车，乘车人进站乘车时应当出示车票和本人有效身份证件原件。铁路运输企业应当对车票记载的身份信息、乘车人及其有效身份证件原件进行核对，对票、证、人不一致的，按无票处理。

1. 检验车票的目的

（1）维护车站、列车秩序，保护铁路自身的合法权益不受侵害。

（2）保证旅客安全，避免旅客买错票、上错车、下错站。

（3）确认铁路旅客运输合同的实际履行期间的开始。

2. 对检验车票的规定

1）车站验证口、检票口查验

有条件的车站，要在进站口实行全面实名验证，无法在进站口实施验证的车站在检票口实行全面验证。验证与检票分离的车站须要组织对热门车次在检票口进行二次抽验，重点核对本人本次车票。对票、证、人不一致以及乘车日期、车次不符的旅客，拒绝其进站。具体热门车次和抽验时间段由各铁路局自行确定，并进行不定期动态调整。

2）车门查验

普速列车在始发站，由列车员在车门验票的同时实行实名制验证，对票、证、人不一致的拒绝其乘车。遇客流高峰，旅客集中上车来不及查验时，可先允许旅客上车后再补充查验。车站要加强站车配合，维护好站台安全秩序，及时清理票、证、人不一致的乘车人员。

3）列车途中查验

列车严格执行验票制度，普速列车每运行 6 h 全面验票 1 次，运行时间不足 6 h 的列车验票不得少于 1 次，一站直达列车全面查验 1 次（可与车门验票合并）。动车组列车运行时间超过 2 h 的，始发后全面验票 1 次，途中对上车旅客进行验票；运行时间不足 2 h 的组织抽验，具体抽验办法由各局自定，一般抽验比例不少于乘车人数的 20%。验票同时乘警会同列车长严格验证，对票、证、人不一致的，按无票处理。

4）到站查验

到站出站口严格验票，同时根据出站客流情况，组织对到达旅客票、证、人一致性进行抽验，不一致的按无票处理。

提 示

票、证、人不一致情况包括：拒不提供本人有效身份证件原件；查验中票、证、人不一致；使用铁路电子客票，人、证不一致；成年人旅客持儿童票。

二、对违章乘车人员的处理

1. 有意违章情况

无票旅客将入铁路诚信黑名单

对有意违章、不履行义务的旅客和人员，除按规定补票、核收手续费以外，铁路运输企业有权对其身份进行登记，并须加收已乘区间应补票价 50%的票款，具体情况如下。

（1）无票乘车时，补收自乘车站（不能判明时从列车始发站）起至到站止的车票票价。持失效车票乘车按无票处理。实名制车票，票、证、人不一致的，按无票处理。

例 5-2　201×年 4 月 20 日，Z××次列车（北京—吉林，新空）到达沈阳北站，工作人员发现一旅客出站时无票，经确认该旅客乘坐硬卧下铺到站。应如何处理？（提示：北京—沈阳北 703 km，新空调硬座客特快票价为 98.00 元；硬卧下铺票价为 84.00 元；手续费 5.00 元）

扫一扫

无票旅客拒不补票

【解析】　事由为无票，补收原票价，并加收票价 50%的票款，北京—沈阳北 703 km，则：

新空调硬座客特快票价为 98.00 元，硬卧下铺票价为 84.00 元。

应收票价：98.00 + 84.00 = 182.00 (元)。

加收 50%票款：182.00 × 50% = 91.00 (元)。

手续费：2.00 元。

合计：182.00 + 91.00 + 2.00 = 275.00 (元)。

客运运价杂费收据填写样式如图 5-1 所示。

沈阳 铁　路　局　　　　　　丙

客运运价杂费收据

201× 年 4 月 20 日　　　　（报告用）

原票据	种别	日期		月　日　时到达、通知、变更
		号码		月　日　时　交　　付
		发站		核收保管费　　　日
		到站		

核收区间	核收费用			款额
	种别	件数	重量	
自 **北京** 站	应收票价			182.00
至 **沈阳北** 站	加收票价			91.00
经由（　　）	手续费			275.00
座别 **硬**　人数 **壹**				
	合　计			275.0

记事　㊎ **无票，Z××次硬卧下铺到达。**

沈阳北 站经办人 **印**　印

图 5-1　代用票填写样式（无票，北京—沈阳北）

岗位提示

本情况下列车客运员的处理作业步骤如下。
（1）准确判定补票区间。
（2）按列车等级补收票款。
（3）加收票款，核收手续费。
（4）填写客运运价杂费收据。

（2）持用伪造或涂改的车票乘车时，按无票处理并送交公安部门处理。

例 5-3 201×年 8 月 23 日，K××次列车（烟台—佳木斯，新空）到达天津站，出站验票时，发现 1 名旅客持莱阳—天津本次列车硬座票，但乘车日期有明显涂改痕迹。应如何处理？（提示：莱阳—天津 776 km，新空调硬座快速票价为 102.00 元；莱阳—潍坊 209 km，新空调硬座快速票价为 32.50 元；手续费 2.00 元）

扫一扫
伪造车票乘车

【解析】 事由为无票，加收莱阳—潍坊票价 50%的票款，并送交公安部门处理。

莱阳—天津 776 km，新空调硬座快速票价：102.00 元。
莱阳—潍坊 209 km，新空调硬座快速票价：32.50 元。
加收 50%莱阳—潍坊的票款：$32.50\times50\%=16.25\approx16.50$ (元)。
手续费：2.00 元。
合计：$102.00+16.50+2.00=120.50$ (元)。客运运价杂费收据填写样式略。

（3）持站台票上车并在开车 20 mim 后仍不声明时，按无票处理。

例 5-4 201×年 7 月 23 日，D××次列车（运城北—北京西）到达北京西站，发现 1 名旅客持太原站站台票出站。应如何处理？（提示：太原—北京西 505 km，动车组二等座票价为 154.50 元；太原—阳泉北 121 km，动车组二等座票价为 38.00 元；手续费 2.00 元）

【解析】 该旅客持站台票乘车应视为无票，且在此情况下，仍乘车由太原至北京西，因此，应补收太原—北京西的票价，并加收太原—北京西票价 50%的票款，则：

太原—北京西 505 km，动车组二等座票价：154.50 元。
加收太原—北京西 50%票款：$154.50\times50\%=77.50$ (元)。
手续费：2.00 元。
合计：$154.50+77.50+2.00=234.00$ (元)。客运运价杂费收据填写样式略。

（4）持用低等级的车票乘坐高等级列车、铺位、座位时，补收所乘区间的票价差额。

例 5-5 201×年 6 月 18 日，D××次列车（临汾西—北京西，太原 09:27 开）到达阳泉北站，1 名旅客持当日 K××次列车（银川—上海，新空，太原 21:23 开）太原—阳泉北硬座票出站。应如何处理？（提示：太原—阳泉北 121 km，动车组二等座票价为 38.00 元；新空调硬座快速票价为 19.50 元；手续费 2.00 元）

【解析】　该旅客持新空调硬座车票乘坐动车组列车，应补收所乘区间的票价差额，并加收太原—阳泉北票价50%的票款，则：

太原—阳泉北 121 km，动车组二等座票价为 38.00 元，新空调硬座快速票价为 19.50 元。

票价差额：$38.00-19.50=18.50$（元）。

加收 50%票款：$18.50\times50\%=9.50$（元）。

手续费：2.00 元。

合计：$18.50+9.50+2.00=30.00$（元）。客运运价杂费收据填写样式略。

扫一扫

持硬座票强行坐软卧

岗位提示

本情况下列车客运员的处理作业步骤如下。

（1）认真核对票面，确认列车等级。

（2）对等级不符的，按规定补收所收区间的票价差额，并加收应补票价 50%的票款，核收手续费。

（3）填写客运运价杂费收据。

（5）旅客持学生票、残疾军人票等没有规定的减价凭证或不符合减价条件时，按照全价票价补收票价差额。

例 5-6　201×年 8 月 11 日，K××次列车（南宁—北京西）到达北京西站，发现 1 名旅客持当日当次许昌—北京西的硬座学生票 1 张，未能出示学生证。应如何处理？（提示：许昌—北京西 775 km，新空调硬座快速票价为 102.00 元；手续费 2.00 元）

【解析】　该旅客在无法出示学生证的前提下，仍购买学生票，视为减价不符，应按照全价票价补收票价差额，并加收许昌—郑州票价 50%的票款，则：

许昌—北京西 775 km，新空调硬座快速票价为 102.00 元。学生票价为 51.00 元；

票价差额：$102.00-51.00=51.00$（元）。

加收许昌—郑州 50%票款：$14.50\times50\%=7.25\approx7.50$（元）。

手续费：2.00 元。

合计：$51+7.50+2.00=60.50$（元）。客运运价杂费收据填写样式略。

岗位提示

本情况下列车客运员的处理作业步骤如下。
（1）确认旅客身份，判断是否符合减价条件。
（2）对不符合减价条件的，按规定补收票款，并加收票款，核收手续费。
（3）填写客运运价杂费收据。

2. 无意违章情况

属于客观原因造成不符合乘车条件的旅客和人员，只补收票价或票价差额，核收手续费，具体情况如下。

（1）确实因时间仓促来不及买票，经车站发给补票证（见图 5-2）或特殊情况经列车同意上车补票的，只补收车票票价（持旅客乘降所发给的补票证不收手续费）。

补票证

第　　次列车长　　第　　号

旅客因时间仓促来不及买票，请在列车内补票核收手续费。

站名印

年　　月　　日

图 5-2　补票证样式

知识加油站

旅客乘降所是铁路为方便旅客上下车所设置的车站，一般设在区间内旅客乘降地点，不设客运工作人员，不办理行包装卸等客运业务，只办理旅客乘降。乘降所不设售票装置，在乘降所上车需在车上补票（一般不收手续费）。

（2）应买票而未买票的儿童补收儿童票价。身高超过 1.5 m 的儿童使用儿童票乘车时，应补收儿童票价与全价票价的差额。事由为：超高。

例 5-7　201×年 5 月 16 日，石家庄开往上海的 K××次新空调列车到达徐州站，1 名旅客携带 1.53 m 和 1.0 m，0.98 m 儿童各一名出站（持有石家庄—徐州的空调硬座快速车票 1 张，票价 153.00 元，票号 A001693，人数栏除写明全价 1 名，儿童 1 名）。应如何处理？（提示：石家庄—徐州 761 km，新空调硬座快速票价为 102.00 元；手续费 2.00 元）

【解析】　1 名成人旅客可免费携带身高低于 1.2 m 的儿童一名，该旅客携带三名儿童，且有 1 位儿童身高超过 1.5 m，所以应补收取全价票，另外 2 名儿童，1 名免费，另一名应补收儿童票。石家庄$\overset{\text{郑州}}{——}$徐州 761 km，则：

（1）处理儿童超高，补收全价票。

全价新空调硬座快速票价：102.00 元。

半价新空调硬座快速票价：51.00 元。

手续费：2.00 元。

儿童超高补收票价：102.00－51.00＋2.00＝53.00（元）。

（2）免费儿童超过 1 人，补收 1 张儿童票。

半价新空调硬座快速票价：51.00 元。

手续费：2.00 元。

（3）合计：53.00＋51.00＋2.00＝106.00（元）。

客运运价杂费收据填写样式略。

（3）旅客持用低价车票，经车站和列车同意乘坐票价高的座席、卧铺或高等级列车时，只补收乘车区段车票票价差额。

（4）持站台票上车送客未下车但及时声明时，补收至前方下车站的票款。

（5）主动补票或者经车站、列车同意上车补票的。持旅客乘降所发给的补票证，不收手续费。

3. 只核收手续费情况

下列情况只核收手续费，但已使用至到站的除外。

（1）经车站同意，旅客持车票未办理改签而提前乘车的，应在列车上办理补签。

（2）旅客所持车票日期、车次相符但未经车站剪口的，应补剪。

（3）持通票的旅客中转换乘应签证而未签证的，应补签。

知识加油站

“改签”是指旅客变更乘车日期、车次、席（铺）位时，需要办理的签证手续，详细内容请参见项目六。

案例分析——从哪开始补票？

（1）旅客无票应补票，不能判定上车站时，从列车始发站补起，即补收长沙—上海南的票价，并加收长沙—上海南票价 50%的款额，则：

长沙—上海南 1 177 km，新空调硬座特快联合票票价：148.50 元。

加收已乘区间应补票价 50%的票款：148.50×50%≈74.50（元）。

手续费：2.00 元。

合计：148.50＋74.50＋2.00＝225.00（元）。

（2）客运运价杂费收据填写样式如图 5-3 所示。

广州铁路局　　　　丙

客运运价杂费收据

201× 年 5 月 9 日　　　　（报告用）

原票据	种别	日期		月 日 时到达、通知、变更		
		号码		月 日 时 交		付
		发站		核收保管费		日
		到站				
核收区间				核收费用		款额
				种别	件数	重量	
自 长沙 站 至 上海南 站 经由（ ） 座别 硬　人数 壹				应收票价		148.50
				加收票价		74.50
				手续费		2.00
				合计		225.0
记事	㊎ 无票，Z××次到达。					
上海南 站经办人 印 印						

图 5-3　客运运价杂费收据填写样式（无票，长沙—上海南）

任务三 处理旅客乘车的特殊情况

引导案例——旅客误购车票乘车

201×年 4 月 21 日，K214 次（西安—天津，经由郑州、石家庄、德州，新空）列车到达后，有两位自称误购车票的旅客。

（1）刘先生持当日石家庄—沧州新空调硬座快速票，票价 46.50 元，票号 A002201。他声称误购车票，其正当到站为常州站。

（2）赵女士持当日石家庄—常州新空调硬座快速票，票价 158.00 元，票号 A002202。她也声称误购车票，其正当到站为沧州站。

请思考：

德州站该如何处理？

一、误售、误购车票的处理

由于站名相似、口音不同发生误购车票时，车站、列车均应积极主动处理，以使旅客能安全迅速地到达正当目的地。

对误售、误购车票，应按下列规定补收或退还已收票价与正当票的差额，不收手续费或退票费。

（1）在发站，应收回原票，换发新票。

（2）在中途站、原票到站或列车内，应补收票价时，收回原票，换发代用票，补收正当到站票价与已收票价的差额；应退还票价时，车站、列车应编制客运记录交旅客，凭原票和客运记录作为乘车至正当到站要求退还票价差额的凭证，并应以最方便的列车将旅客运送至正当到站，均不收取手续费或退票费。

扫一扫

误购车票

例 5-8　201×年 3 月 18 日德州站，某旅客持当日辛集—沧州硬座普快通票，票价 18.50 元，票号 A015678，自述误购车票，实际到常州，要求乘 K374 次（太原—上海，经由石家庄、德州，新空）至常州站，（辛集—沧州与辛集—常州的径路如图 5-4 所示）。德州站应如何办理？（提示：辛集—沧州 222 km，硬座普快票价为 18.50 元；辛集—常州 1 030 km，硬座普快票价为 65.50 元；德州—常州 921 km，新空调硬座快速票价为 119.00 元，硬座普快票价为 58.00 元）

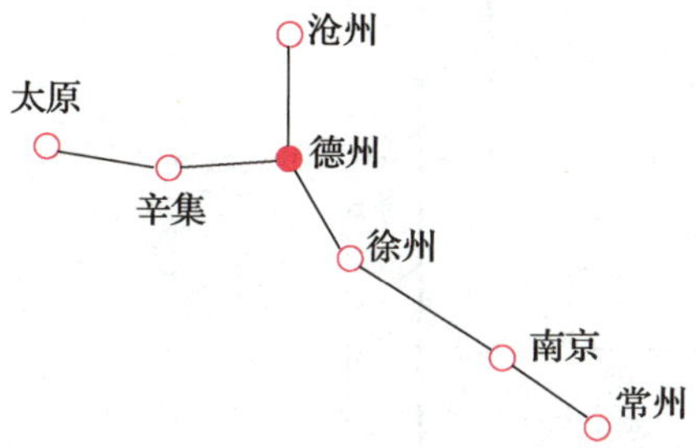

图 5-4　辛集—沧州与辛集—常州的径路示意图

【解析】　事由为误购。由于该旅客已经缴纳了辛集—沧州的硬座普快票价，尚需补交与辛集—常州的硬座普快票价的差价，以及德州—常州新空调硬座快速票价与硬座普快票价差价，则：

（1）已收票价：辛集$\overset{\text{德}}{\text{——}}$沧州 222 km，硬座普快票价为 18.50 元。

应收票价：辛集$\overset{\text{德}}{\text{——}}$常州 1 030 km，硬座普快票价为 65.50 元。

补收辛集—常州的硬座普快差价：$65.50-18.50=47.00$ (元)。

（2）德州—常州 921 km，新空调硬座快速票与硬座普快票差价：$119.00-58.00=61.00$ (元)。

（3）合计补收票价差额：$47.00+61.00=108.00$ (元)。

收回原票，换发代用票。代用票填写式样如图 5-5 所示。

北京 铁路局

A 000000

事由	误购

代 用 票

201×年 3 月18日 乙（旅客）

原票	种 别	日 期	201×年3月18日	座 别	硬
	客快	号 码	A015678	经 由	德
		发 站	辛集	票 价	18.50
		到 站	沧州	记 事	

自 辛集 站至 常州 站	经由 德
	全程 1 030 千米
加收 ／ 至 ／ 间 ／ 票价	／
补收 德州 至 常州 间 票价	108.00

限乘当日第 K374 次列车		客票票价	／
于 当日当次 到达有效		快票价	
座 别	人 数	卧票费	
硬	全 价	壹	手续费	
	半 价	#	／	
	儿 童	#	合 计	108.00

记事	原票收回

（京）______ 段第 ______ 次列车长 ______ （印）

德州 站售票员 印 （印）

注意事项 ① 核收票价与剪断线不符时，按无效处理（不足10元的除外，超过万元的保留最高额）。② 撕角、补贴、涂改即做无效。 A 000000

A 000000

拾元 9 8 7 6 5 4 3 2 1

佰元 9 8 7 6 5 4 3 2 1

仟元 9 8 7 6 5 4 3 2 1

120毫米×185毫米

图 5-5 代用票填写式样（误购）

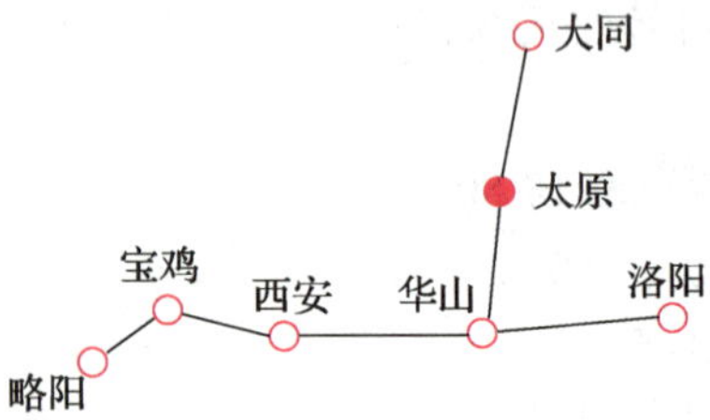

图 5-6 大同—略阳与大同—洛阳的径路示意图

例 5-9 201×年 5 月 3 日，1 名旅客携带 1.53 m 儿童 1 名，持有当日大同经由太原、华山至洛阳的硬座客普快联合票全价、儿童票各 1 张，票号分别为 A662320 和 B883603，在太原站换车时发现误购车票，正当到站为略阳（大同—略阳与大同—洛阳的径路如图 5-6 所示）。太原站应如何办理？（提示：太原站为旅客签证 1485 次列车（空调普快），由太原经西安至略阳，大同—洛阳 1 147 km，硬座普快票价 68.50 元；大同—略阳 1 394 km，81.50 元；手续费 2.00 元）

【解析】 事由为误购，在中途站，应补收票价差额，换发代用票。身高超过 1.5 m 的儿童使用儿童票乘车时，应补收儿童票价与全价票价的差额，核收手续费 2 元。

由于该旅客已经购买了大同—洛阳的全价硬座普快联合票 1 张（68.50 元）和半价硬座普快联合票 1 张（34.50 元），尚需补交与大同—略阳的全价硬座普快联合票 2 张票价的差价，以及太原—略阳的新空调硬座普速票价与硬座普速票价的差价，则：

（1）已收票价：大同—太原—华山—洛阳 1 147 km，全价硬座客普快联合票价为68.50 元，半价硬座客普快联合票价为 34.50 元。

应收票价：大同—太原—华山—西安—宝鸡—略阳 1 394 km，全价硬座客普快联合票 2 张：$81.50 \times 2 = 163.00$（元）。

应补收票价差额：$163.00 - (68.50 + 34.50) = 60.00$（元）。

（2）太原—略阳 1 039 km，空调硬座普速联合票价 – 硬座普速联合票价 $= 118.50 - 65.00 = 53.50$（元）。

（3）手续费：2.00 元。

（4）合计补收票价差额：$60.00 + 53.50 + 2.00 = 115.50$（元）。

收回原票，换发代用票。代用票填写式样如图 5-7 所示。

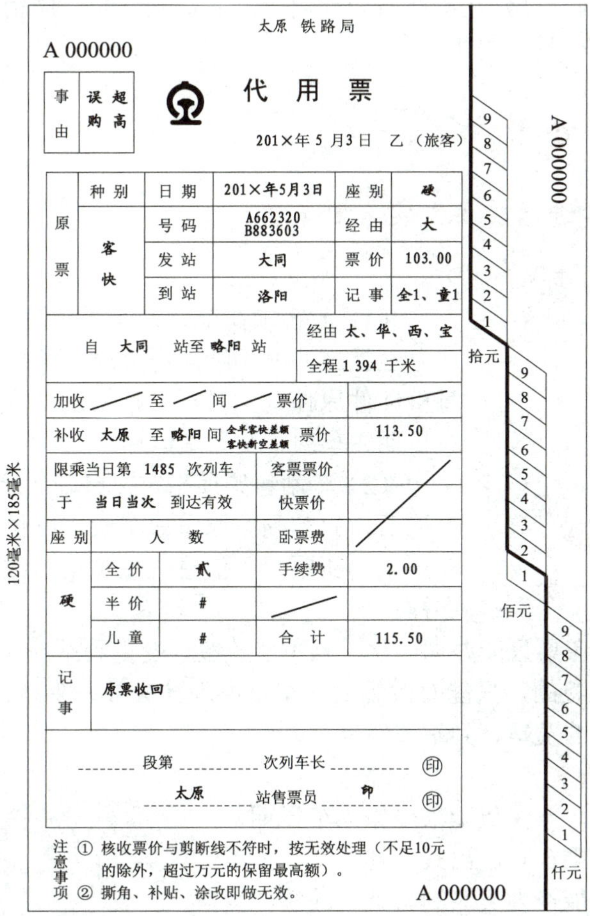
太原　铁路局

A 000000

事由	误购 超高

代　用　票

201×年 5 月3 日　乙（旅客）

原票	种别	日期	201×年5月3日	座别	硬
	客快	号码	A662320 B883603	经由	大
		发站	大同	票价	103.00
		到站	洛阳	记事	全1、童1

自　大同　站至 略阳 站		经由 太、华、西、宝	
		全程 1 394 千米	
加收 ／ 至 ／ 间 ／ 票价		／	
补收 太原 至 略阳 间 全半客快差额 客快新空差额 票价		113.50	
限乘当日第 1485 次列车		客票票价	／
于 当日当次 到达有效		快票价	／
座别	人数	卧票费	／
硬	全价 贰	手续费	2.00
	半价 #	／	
	儿童 #	合计	115.50
记事	原票收回		

______ 段第 ______ 次列车长 ______ 印

太原 站售票员 印 ______ 印

注意事项 ① 核收票价与剪断线不符时，按无效处理（不足10元的除外，超过万元的保留最高额）。② 撕角、补贴、涂改即做无效。

A 000000

图 5-7　代用票填写式样（误购、超高）

学以致用

201×年 5 月 6 日，徐州站 1 名旅客持南京—常州硬座客快票，票价 10.50 元，票号

A108235。他自述误购车票，实际到站为沧州，要求改乘次日 1462 次（上海—北京，空调普快）。徐州站应如何办理？（参考答案：补收票价为 90.50 元）

二、误乘列车的处理

（1）旅客因误乘列车或坐过站需送回时，列车长应编制客运记录交前方停车站。

（2）车站应在客票背面注明“误乘”字样，加盖站名戳，指定最近到车（国际列车除外）免费送回，车站、列车均应告知旅客不得自行中途下车。

（3）误乘或坐过站的旅客，在免费送回区间，不得中途下车。如中途下车，对往返乘车的免费区间，按返程所乘列车等级分别核收往返区间的票价，并核收一次手续费。

（4）由于误乘或坐过站在原票有效期内不能到达到站时，应根据折返站至正当到站间的里程，重新计算车票有效期。

三、丢失车票的处理

1. 旅客在检票进站前丢失实名制车票

1）办理挂失补办手续

扫一扫

实名制火车票丢失怎么办

（1）旅客须在车票票面发站停止售票前，到车站售票厅办理挂失补办手续。办理时，须提供购票时使用的有效身份证件原件，同时提供购票地（取票地）车站名称、乘车日期、车次、发到站信息。

（2）车站售票厅指定窗口确认旅客身份、车票等信息无误后，旅客须按原车票车次、席位、票价重新购买一张新车票。新票票面信息与原车票一致，并加注“挂失补”字样。

（3）“挂失补”车票只能办理一次，且不能改签、变更到站；原车票已经退票的不能挂失；原车票已经改签的，只能对改签后的车票办理挂失补办手续；“挂失补”车票的退票手续应在票面列车的发站、到站或经停站办理。

2）持挂失补票乘车

（1）“挂失补”车票仅限于乘坐原乘车日期、车次和席位的列车。乘车时，出具“挂失补”车票后，原车票失效，不能作为实名制验证、改签、变更到站、退票及乘车的凭证。

（2）持“挂失补”车票的旅客上车后，须主动向列车工作人员声明（乘坐动车组时主动向列车长声明，乘坐普速客车时主动向本车厢列车员声明）。列车应核验“挂失补”车票、购票时所使用的有效身份证件原件与旅客是否一致。到站前，经列车查验未发现原车票被他人使用的，列车长开具客运记录交旅客，与“挂失补”车票一并作为退票的凭证。

3）到站退票

（1）持“挂失补”车票的旅客到站后，须主动向出站口车站工作人员声明，并配合车站工作人员进行查验。

（2）旅客须在到站后 24 h 内办理退票手续。车站售票厅办理时，凭客运记录、“挂失补”车票和购票时所使用的有效身份证件原件退回“挂失补”车票票款，不收退票费，核收 2 元手续费，并收回“挂失补”车票和客运记录。

注意

旅客办理实名车票挂失补办后，又找到原票，且旅客需要办理退票或改签手续时，车站须先办理挂失补车票退票，原票恢复效力，再对原票办理退票或改签。

2. 旅客在出站检票前丢失实名制车票的补办规定

（1）旅客在出站检票前丢失车票的，须主动向车站声明，并配合车站工作人员进行查验。出站口具备车票信息查询条件的，当场核查购票记录；出站口不具备车票信息查询条件的，由车站协助核查购票记录。

（2）经核查，有购票记录，已购车票有效，乘车日期、车次相符，票证人一致，实际乘车区间未超过已购车票乘车区间，并且没有出站检票记录的，办理挂失补办服务，核收 2 元手续费，票面标注“车票丢失”字样。旅客凭该车票和购票时所使用的有效身份证件原件出站。不符合上述条件的，须按规定补票后出站。

课堂小剧场

出站检票

情景：模拟K××列车（武昌—汕头）到达汕头站后，出站口检票（出站口具备车票信息查询条件），在出站时，有 2 名旅客声称车票丢失的。假设经查验旅客 A 有购票记录，且各项条件吻合。旅客 B 有购票记录，但购票的乘车区间为吉安—新干。

角色：出站口检票员 1 名；声称车票在出站时丢失的旅客 A（南昌—汕头）和旅客 B（吉安—汕头）；其他旅客若干。

角色期望：检票员应对出站的旅客进行验票，并处理旅客 A 与 B 丢失车票的情况；旅客 A 应完成与检票员的沟通；旅客 B 应完成与检票员的沟通；其他旅客应正常有序地完成出站检票。

3. 发站不予办理挂失补办手续的情况

铁路部门建立丢失车票旅客信息库，对声称丢失车票的旅客，具有以下情形之一的，发站不予办理挂失补办手续，列车和到站按无票处理，并登记其身份信息。

（1）不能提供购票时所使用的有效身份证件原件的情形。

（2）没有购票记录的情形。

（3）所购原票已经失效、退票或有出站检票记录的情形。

（4）证、人、购票记录不一致的情形。

（5）乘车日期、车次不符的情形。

（6）实际乘车区间超过所购车票乘车区间的情形。

注意

不能判明车票是否丢失时，按无票处理。

嘉言善行

“00后”师傅与“70后”徒弟的春运缘

准备货品、检查设备、整理着装……2020年春运的某日清晨5点40分，孙永梅与李丹丹就到达徐州东站，开始了紧张而忙碌的春运乘务工作。47岁的孙永梅1992年进入铁路系统，工龄甚至大于李丹丹的年龄。但今年春运，“00后”丹丹却成了“70后”孙姐的“小师傅”。

为满足日益增长的旅客出行需求，2019年11月，上海铁路局南京客运段首次面向普速车队招聘高铁乘务员，并把年龄要求放宽到50岁。还有3年就要退休的孙永梅内心跃跃欲试。孙永梅说：“我在普速列车上工作了28个年头，经历过绿皮车与空调车的置换，也亲历过多次铁路提速，但一直未有机会服务高铁，内心十分憧憬。”与家人商量后，孙永梅踏上退休前的高铁“末班车”，成为南京客运段高四车队的一名乘务员。

有别于普速列车，高铁列车上设备先进，操作难度较大。为确保春运期间的服务水平，南京客运段选拔了一批年轻的“动姐”“动哥”，帮助新上岗的乘务员们迅速熟悉业务。今年8月才满20岁的李丹丹便成了孙永梅的“小师傅”。

第一次做老师的李丹丹虽然忐忑，教学时却一点不含糊。从上车后的流程，到交互机的使用，再到补票的注意事项，李丹丹都倾囊相授。工作经验丰富的孙永梅也虚心好学，有不会的就记，有不懂的就问，得了空就把学到的知识反复琢磨，想着尽快掌握业务，不给“小师傅”添麻烦。

“最难学的是补票机，其次是交互机，如果碰到越站加升舱的旅客，两个机器还要一起操作，一不留神就容易出错。”说到这里，孙永梅不禁感慨技术发展之快，“我们只要拿着手持交互机，就能核验旅客的乘车信息，旅客也不用取票，持身份证便能进出站。”

尽管设备操作比不上年轻人，但孙永梅十分擅长与旅客沟通，能熟练处理乘务过程中的各类“难事”。李丹丹回忆，此前车厢中有位精神状况不稳定的旅客时常喧哗，影响他人。“我也是第一次遇到这类情况，只好向孙姐求助。”李丹丹说。孙永梅很有办法，她先是上前安抚这位旅客的情绪，打开他的话匣子后再将其引导到餐车，让周边旅客安心，随后根据应急预案帮助旅客联系好接站人员，等旅客平安下车后才放心离开。“面对不同年龄、不同特点和不同需求的旅客，孙姐总有办法让他们满意，我要向她学习的地方更多。”李丹丹说。

经过一个月的培训，孙永梅很快胜任了新岗位，并做到业务流程“门门清”。春运开启后，她与李丹丹分别服务徐州至温州段、徐州至长沙段的高铁列车，忙碌地穿梭于各自负责的车厢，高质量地完成每趟乘务工作。孙永梅说：“一天下来，运动步数近 2 万步，头挨着枕头就能睡着。但看到旅客们可以享受便捷的高铁服务，我们就觉得都值得了。”

年轻人带领前辈步入新时代，前辈将经验传承给年轻人。正是铁路人的相互扶持、团结奋进，才让旅客服务质量不断得到提升。有这样的前辈和年轻人在岗位上共同发光发热，我国的铁路事业也一定会更美好。

（资料来源：https://www.chinastory.cn/PCzwdbk/detail_v2/20200122/1006000000039761579697815821317632_1.html，有改动）

案例分析——旅客误购车票乘车

引导案例中刘先生和赵女士误购的车票不同，处理方法有所区别。

（1）对于刘先生的情况，德州站应收回原票，换发代用票，补收正当到站票价与已收票价的差额，则：

已收票价：石家庄—沧州 299 km，空调硬座快速票价为 46.50 元。

应收票价：石家庄—常州 1 245 km，空调硬座快速票价为 158.00 元。

补收票价：158.00－46.50＝111.50（元）。

（2）对于赵女士的情况，德州站应编制客运记录交旅客，凭原票和客运记录作为乘车至正当到站要求退还票价差额的凭证，均不收取手续费或退票费，则：

已收票价：石家庄—常州 1 245 km，空调硬座快速票价为 158.00 元。

应收票价：石家庄—沧州 299 km，空调硬座快速票价为 46.50 元。

应退票价：158.00－46.50＝111.50（元）。

项目实践演练

一、模拟场景

（1）“误购车票”场景：201×年×月×日，济南站，1 名旅客持当日保定经徐州、济南到莱阳的硬座客快联合票，票价 54.00 元，票号 A912356。自述误购车票，实际到站为耒阳，要求乘坐次日 K304/1 次列车（连云港东—广州，新空）至耒阳。（提示：保定—耒阳 1 686 km，徐州—耒阳 1 381 km）

（2）“误乘”场景：201×年×月×日，衡水站，1 名旅客持当日太原—石家庄北的空调硬座客快速联合票一张，携带身高 1.2 m 儿童 1 名，声称乘坐 K520 次列车（太原—秦皇岛，新空）坐过站。衡水站指定 K1397 次列车（温州—太原）免费送回。旅客在辛集站中途下车。（提示：太原—石家庄北 225 km，石家庄北—衡水 132 km，衡水—辛集 47 km）

二、情景规划

（1）由指导老师将学生分组，3～4 人为一组，老师指派场景给各小组，各小组运用所学知识，解决分到场景中的车站或列车遇到的问题。

（2）各小组围绕本组场景的主要内容“误购车票”“误乘”，编写剧本。

三、身临其境

请各小组根据自己编写的剧本，分角色表演。

四、综合评估

根据各小组的表现，按表 5-1 所示的标准评分。

表 5-1　任务实践演练评分标准及评分表

内容	分值	教师评分	同学评分	小组自评
解决方案是否合理，计算是否正确	30			
剧本编排是否合理	20			
表演时能否正确处理了问题	30			
表演是否生动	20			
总平均分				

五、教师点评

活动结束后，老师根据各组同学的表现一一点评，并总结发言。

项目学习效果综合考核

一、填空题

1. 为了确保广大旅客的人身健康和安全，对____________________、______________等健康状况危及他人安全的旅客，站、车可以不予运送。

2. 旅客在发站发现误购车票，应________________________。

3. 误乘或坐过站的旅客，在___________区间，不得中途下车。如中途下车，按__________所乘列车等级分别核收__________区间的票价，核收一次手续费。

4. 铁路运输企业应当对车票记载的身份信息、__________及__________________进行核对。

5. 对_____________、不履行义务的旅客和人员，除按规定补票、核收手续费以外，铁路运输企业有权对其身份进行登记，并须加收已乘区间应补票价______的票款。

二、选择题

1. 由于站名相似、口音不同发生误购车票时，在发站，应（　　）。

A. 收回原票，换发新票

B. 补发代用票

C. 补收差价

D. 补收票价时，收回原票，换发代用票

2．检验车票的目的有（　　）。

① 确认铁路旅客运输合同的实际履行期间的开始；② 保证旅客安全，避免旅客买错票、上错车、下错站；③ 维持车站、列车的秩序；④ 维护车站、列车秩序，保护铁路自身的合法权益不受侵害；⑤ 检查票、证、人是否一致

A．①②③④　　　　B．①②④

C．②③⑤　　　　D．①②③④⑤

3．普速列车每运行（　　）全面验票1次。

A．3 h　　　　B．4 h

C．5 h　　　　D．6 h

4．（　　）不属于有意违章乘车。

A．实名制车票，票、证、人不一致的情况

B．持用伪造或涂改的车票乘车的情况

C．持用低等级的车票乘坐高等级列车、铺位、座位的情况

D．身高超过1.5 m的儿童使用儿童票乘车的情况

三、综合题

1．简述铁路部门拒绝运送旅客和终止运输合同的情况。

2．什么情形下，直达票的有效期可能不是当日档次有效。

3．通票有效期延长的情况有哪些？

4．对违章乘车的处理，只核收手续费的情况有哪些？

项目六　签证、变更及退票业务

项目导读

正所谓计划没有变化快，铁路部门常遇到旅客因计划有变或某些突发事件，无法按照原计划出行的情况，因此推出车票改签、变更到站、越站乘车、退票等业务。那么，这些业务的办理地点、办理时间、费用核收都有哪些规定呢？

知识目标

- 掌握车票签证的相关规定。
- 掌握旅行变更的相关规定。
- 掌握退票的相关规定。

技能目标

- 能灵活运用规章正确办理各种变更业务。
- 能根据相关规定正确办理退票业务。

素质目标

- 具备探索、求知的精神。
- 具备独立思考、举一反三的能力。
- 树立以乘客为本、为乘客服务的意识。

任务一 了解车票签证业务

引导案例——车走了，我却没到火车站

小芷打算十一黄金周回家，提前购买了 9 月 30 号 K1015 次列车（昌平北—通辽，昌平北发车时间为 18:47）昌平北—赤峰的硬卧（上）铺票，票价 115.50 元。9 月 30 日当天，因放假期间，路面交通堵塞、拥挤，导致小芷在 18:50 时才到达昌平北站，此时列车已经发车。

请思考：

小芷此时应该怎么办？

改签是指旅客变更乘车日期、车次、席位时需办理的签证手续。改签分为始发改签和中转改签两种。

车票改签

一、始发改签

1. 定义

旅客不能按票面指定的日期、车次乘车时，在车站售票预期内且铁路部门有运输能力的前提下，可以办理一次提前或改晚乘车签证的手续称为始发改签。

办理始发改签业务，铁路部门应收回原车票，换发新车票，并在新车票票面注明“始发改签”字样（特殊情况在开车后改签的注明“开车后改签不予退票”字样），如图 6-1 所示。

图 6-1 始发改签车票票例

提　示

改签只变更乘车日期、车次、席位，不变更发站和到站（同城车站除外）。

2. 办理地点

全国任何一个客运营业站均可办理始发改签，在其签证窗口（或指定窗口）办理改签手续。在中国铁路客户服务中心网站（12306.cn）购票且未换取纸质车票的，可以于不晚于开车前 30 min 登录网站办理改签手续；已经换取纸质车票可在开车前 30 min 以内，到车站售票厅的指定窗口办理。

3. 改签办理时间

（1）开车前 48 h（不含）以上，可改签预售期内的其他列车。

（2）开车前 48 h 以内，可改签开车前的其他列车，也可改签开车后至票面日期当日 24:00 之间的其他列车，不办理票面日期次日及以后的改签。

（3）开车之后，旅客仍可改签当日其他列车，但只能在票面发站办理改签。

（4）团体旅客应不晚于开车前 48 h（不含）以上办理改签手续。

4. 改签费用

改签不需要手续费，旅客可要求变更低于或高于原票等级的列车或铺位座席，票价差额按多退少补处理。发生退款时核收退票费并执行现行退票费标准（详见任务三）。

开车前 48 h～15 d 期间内，改签至距开车 15 d 以上的其他列车，又在距开车 15 d 前退票的，仍核收 5%的退票费。改签后的车票乘车日期在春运期间的，退票时一律按开车时间前不足 24 h 标准核收退票费（票价的 20%）。

知识加油站

原车票使用现金购票的，新车票票价高于原车票时，补收差额；新车票票价低于原车票时，退还差额，对差额部分核收退票费并执行现行退票费标准（均为现金）。

原车票在铁路售票窗口使用银行卡购票，或者在 12306.cn 网站使用在线支付工具购票的，按发卡银行或在线支付工具的相关规定，新车票票价高于原车票时，使用银行卡或在线支付工具支付新车票全额票款，原车票票款在规定时间退回原购票时所使用的银行卡或在线支付工具；新车票票价低于原车票时，退还差额，对差额部分核收退票费并执行现行退票费标准，应退票款在规定时间退回原购票时所使用的银行卡或在线支付工具；新票价等于原票价时，直接办理改签即可，无需重新支付。

例 6-1 2018 年 5 月 6 日上午 9:15，杭州站 1 名旅客持 5 月 7 日 K466 次（宁波—西安，新空，杭州站 16:38 发车）杭州—合肥的硬卧（中）票，票价 119.50 元。他要求改签 5 月 6 日 K466 次硬卧，K466 次列车无硬卧票额，于是便签证当日硬座（×车×号），票价 64.50 元。杭州站应如何办理？

【解析】 旅客在发站办理改签时，改签后的车次票价低于原票价时，退还票价差额，并对差额部分核收退票费，改签时间在 24～48 h 之间，核收差额 10%的退票费。收回原票，换发新票。则：

票价差额：119.50－64.50＝55.00 (元)。

退票费：55.00×10%＝5.50 (元)。

净退：55.00－5.50＝49.50 (元)。

学以致用

若例 6-1 中，旅客持有的是硬座票，要求改签 5 月 6 日的 K466 次硬卧（中）票，有票额，应如何办理？

例 6-2 2018 年×月×日 9:00，保定站 1 名旅客持当日 K××次列车(北京西—邯郸，新空，保定站 13:59 发车）保定—邯郸硬座车票 1 张，要求改乘当日 G××次（北京西—西安北，保定东 10:55 开）二等座去邯郸，有票额。保定站应如何办理？（提示：K××次列车保定—邯郸 296 km，硬座票价 43.50 元；G××次列车保定东—邯郸东 317 km，二等座票价为 145.50 元）

【解析】 原票和新票的票面发、到站均有不同，原则上铁路改签车票不改签发、到站，但原发站保定站和新发站保定东站系同一个城市的两个车站（以下简称“同城车站”），原到站邯郸站和新到站邯郸东站也是同城车站，为方便旅客，应该可以办理同城车站间的改签业务。具体看售改签系统支持情况。

K××次列车，保定—邯郸 296 km，原票票价：硬座车票票价为 43.50 元。

G××次列车，保定东—邯郸东 317 km，新票票价：二等座票价为 145.50 元。

补收票价差额：145.50－43.50＝102.00 (元)。

收回原票，换发新票，票面打印“始发改签”标记和实名信息等。或回收原票，填写代用票，代用票填写式样如图 6-2 所示。

北京　铁路局

A 000000

事由	始发改签

代　用　票

2018 年 ×月×日　乙（旅客）

原票	种 别	日 期	2018年×月×日	座 别	硬
	客快速	号 码	×	经 由	／
		发 站	保定	票 价	43.50
		到 站	邯郸	记 事	1人

自 保定东 站至 邯郸东 站	经由 ／
	全程 317 千米
加收 ／ 至 ／ 间 ／ 票价	／
补收保定(东)至邯郸(东)间动、普票价差	102.00

限乘当日第 G×× 次列车			客票票价	／
于 当日当次 到达有效			快票价	
座 别	人 数		卧票费	
二等	全 价	壹	手续费	
	半 价	#	／	
	儿 童	#	合 计	102.00

记事	"动"，原票收回，×车×号。 实名信息：（略）

㊆________ 段第 __________ 次列车长 __________ ㊞

保定 站售票员 印 ㊞

注意事项　① 核收票价与剪断线不符时，按无效处理（不足10元的除外，超过万元的保留最高额）。
② 撕角、补贴、涂改即做无效。

A 000000

拾元	佰元	仟元
9 8 7 6 5 4 3 2 1	9 8 7 6 5 4 3 2 1	9 8 7 6 5 4 3 2 1

A 000000

120毫米×185毫米

图 6-2　代用票填写式样（始发改签）

5. 其他规定

车票改签后，旅客取消旅行的，可以按规定退票，但开车后改签的车票不予退票；原票已托运行李的，在改签后的新车票背面注明“原票已托运行李”字样并加盖站名戳。

二、中转签证

旅客在中转站换车和中途下车后又恢复旅行时，应办理签证手续。

（1）签证的车次票价高于原票价时，核收票价差额，发售有价签证票。

（2）签证的车次票价低于原票价时，票价差额部分不予退还，计算机只打印“中转签证”字样的签证票，随原票使用。

（3）签证的车次票价与原票价一致时，只打印签证号。

例 6-3 2018 年×月×日，成都站 1 名旅客持当日 K××次列车（昆明—西安，新空）西昌$\overset{成都}{——}$西安的新空调硬座客快票联合票 1 张。在成都站，他要求改签次日 K546 次列车新空调软座客快速卧至西安站，×车×号下有铺位。成都站应如何办理？（提示：成都—西安 842 km，新空调软座票价为 132.00 元；空调软卧（下）票价为 138.00 元）

【解析】 本例题中转硬座签软卧。旅客已购买西昌—西安的新空调硬座客快速票，在成都站改签为软卧，所以应补交成都—西安的新空调软座票价和软卧（下）票价。成都—西安 842 km，则：

已收新空调硬座票价：67.00 元。

应收新空调软座票价：132.00 元。

补收软硬座票价差额：132.00－67.00＝65.00 (元)。

空调软卧（下）票价：138.00 元。

合计：138.00＋65.00＝203.00 (元)。

打印补价、软卧（下）票，区间成都—西安，随原票乘车有效。或收回原票，换发代用票，代用票填写式样略。

案例分析——车走了，我却没到火车站

小芷应尽快到昌平北站售票厅的指定窗口，向工作人员说明原因，办理改签业务。经查询，9 月 30 号昌平北—赤峰还有 K1017 次列车，昌平北发车时间为 21:37（发车时间在当天 24:00 之间），符合原购票列车发车后改签当日其他列车的规定。若经查询列车有运输能力，可改签车票。若无运输能力，小芷的车票只能作废。

任务二　了解旅行变更业务

引导案例——旅客购票后又变更了旅行计划

5月16日12:30，石家庄站一旅客持当日K7738次列车（邯郸—张家口南，新空，石家庄13:10开车）石家庄—张家口南的硬座车票，票价64.50元，票号A297256，要求乘当日K7732次列车（石家庄—张家口南，石家庄21:08开车，新空）软卧到张家口南站，有票额。

请思考：

（1）上述情景可以错后乘车和变更座席吗？若错后2h还可以吗？

（2）如果旅客要求乘17日的K7738次或K7732次，可以办理吗？

一、变更等级

1. 旅客要求变更

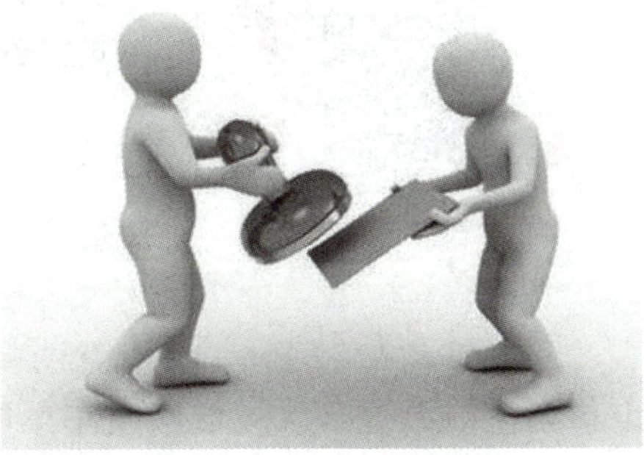

（1）旅客在发站办理改签时，改签后的车次票价高于原票价时，核收票价差额；改签后的车次票价低于原票价时，退还票价差额，对差额部分核收退票费并执行现行退票费标准。

（2）旅客办理中转签证或在列车上办理补签、变更席位时，签证或变更后的车次、席位票价高于原票价时，核收票价差额；签证或变更后的车次、席位票价低于原票价时，票价差额部分不予退还。

2. 因承运人责任发生变更

因承运人责任使旅客不能按票面记载的日期、车次、座别、铺别乘车时，站、车应重新妥善安排。重新安排的列车、座席、铺位高于原票等级时，超过部分票价不予补收；低于原票等级时，应退还票价差额，不收退票费。

应退款时，由列车长编制客运记录，到站退还票价差额。常见的退款情况如下。

（1）已乘区段不足起码里程时，退还全程

票价差额。

（2）变更区段不足起码里程时，按起码里程计算，退还票价差额，均不收退票费。

（3）持加快票的旅客，在换乘车站因铁路责任不能换乘接续快车而改乘低等级列车时，换乘车站也应按规定办理退款。

例 6-4 2018 年×月×日 17:00，德阳站 1 名旅客持当日 1485 次列车（太原—成都，新空普快），德阳—成都的新空调硬座客普快联合票 1 张，票价 10.50 元。列车正点到达德阳站的时间为 17:19，发车时间为 17:27。因列车预报约晚点 2 小时 50 分钟，旅客要求改乘当日 K2618 次列车（兰州—成都，新空，德州站 18:27 开）硬座去到站，有票额。德州站应如何办理？（提示：K2618 次列车，德阳—成都的新空调硬座客快速票票价为 12.50 元）

【解析】 因承运人责任发生变更，车站应重新妥善安排，且重新安排列车的票价高于原票等级时，超过部分票价不予补收。德州—成都 61 km，则：

原票票价：1485 次列车新空调硬座客普快票票价为 10.50 元。

新票票价：K2618 列车新空调硬座客快速票票价为 12.50 元。

因列车晚点造成改签属于承运人责任，依据规定，不收取票价差额。

收回原票，换发新票，票面打印“始发改签”，实名信息等。

二、变更到站

扫一扫

变更业务

自 2015 年 6 月 10 日起，铁路客运部门推出变更到站服务，即：旅客购票后，可根据行程变化，重新选择新的目的地，在车票预售期内变更到站及乘车日期、车次、席位。

变更到站只办理一次。已经办理变更到站的车票，不再办理改签。对已改签车票、团体票及通票暂不提供此项服务。

变更到站需在原车票开车前 48 h 以上办理，旅客可任意选择有余票的列车。已换取纸质车票的旅客需在车站制定售票窗口办理；未换取纸质车票的旅客除可在车站指定的售票窗口办理外，还可以在 12306.cn 网站办理。

变更到站不需要手续费，新车票票价高于原车票的，补收差额；新车票票价低于原车票的，退还差额，对差额部分核收退票费并执行现行退票费标准（详见任务三）。

例 6-5 2018 年 5 月 4 日，上海站，1 名旅客持 5 月 25 日 K××（上海—沈阳北，新空）上海—天津的硬卧（上）票 1 张，票价 280.50 元，要求变更为 D××（上海—北京南）上海—北京的二等座票。D××有票额，票价 426.00 元。上海站应如何办理？

【解析】 变更到站不需要手续费，该旅客只需补交变更前后票价差额即可，上海—天津 1 325 km，上海—北京 1 463 km，则：

变更前票价：K××次列车，上海—天津的硬卧（上）票为 280.50 元。

变更后票价：D××次动车，上海—北京的二等座票为 426.00 元。

变更到站票价差额：426.00－280.50＝145.50（元）。

补收票价差额，收回原票，换发新票。

学以致用

例 6-6 中，若旅客原持有高铁二等坐票由上海去往北京，后变更为普速空调列车的硬卧（上）票，上海站应如何办理？

三、越站乘车

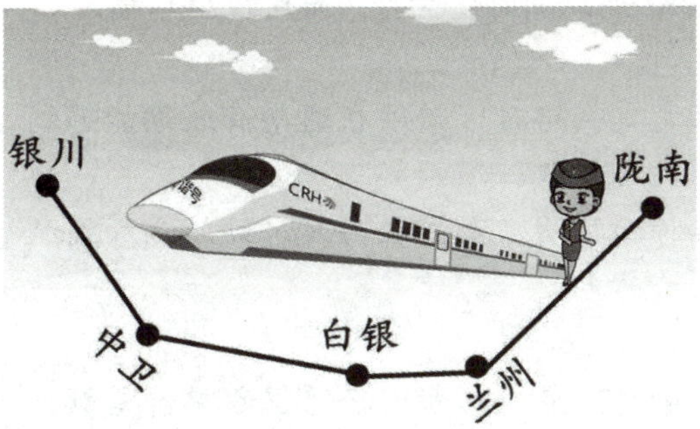

越站乘车是指旅客原票到站即将到达，由于旅行计划的变更，要求超越原票到站至新到站的乘车。

旅客在到站前要求越过到站继续旅行时，在列车有能力的情况下应予以办理。办理时换发代用票，核收越站区间的票价，不足起码里程时，按起码里程计算。

在同一城市内有两个以上的车站，旅客由于不明情况而发生越站乘车时，若票价相同，原票按有效办理；若票价不同，按客票越站乘车办理，只补收客票票价及手续费，不补加快票价、卧铺票价和空调票价。

遇下列情况不能办理越站。

（1）列车严重超员。

（2）乘坐卧铺的旅客买的是给中途站预留的卧铺。

四、旅客分乘

凡两名以上的旅客使用一张代用票，要求分票乘车时，称为旅客分乘。

办理分票乘车时，应收回原票，换发代用票。按分票的张数核收手续费。分乘与旅行变更同时发生时，应先办理分乘，再办理变更，按变更人数核收一次手续费。

五、发生两种以上变更的处理

旅客同时提出变更座别、铺别和越站时，应先办理越站，后办理变更，填发一张代用票，核收一次手续费。发生两种及以上变更的常见情况如下。

（1）越站、变座（或卧）：先越站，再按越站后的里程办理变座（或卧）。

（2）分乘、变座（越站）：先分乘，后变座（越站）。

（3）减价不符、变更：先办理减价不符，后办理变更。

（4）过期、变座（或卧）：先办理过期，后办理变座（或卧）。

（5）减价不符、过期、变更：先办理减价不符至过期站，再处理过期（全价），最后处理变更。

拓展阅读

变更径路

变更径路是指发、到站不变，只改变到达线路，适用于持通票的旅客，现已极少用。当变径、变座同时发生时，先变径后变座；当变径、越站同时发生时，先变径后越站。

变更径路的条件如下。

（1）持通票的旅客在中转站和列车上要求变更径路时，必须在通票有效期能够到达到站时方可办理。

（2）符合使用原票乘车规定时，可在原票背面注明“变更经由××站”，加盖站名戳或列车长名章，凭原票乘车。

变更径路票价的计算方法如下。

（1）办理变径时，原票价低于变径后的票价时，应补收新旧径路里程票价差额，核收手续费。

（2）原票价高于或相等于变更后的径路票价时，持原票乘车有效，差额部分（包括列车等级不符的差额）不予退还。

案例分析——旅客购票后又变更了旅行计划

（1）旅客可以通过改签为 K7732 次列车来错后乘车和变更座席，若错后 2 h，K7738 列车开了之后，仍可改签。

（2）如果旅客要求乘 17 日的 K7738 或 K7732 次列车，不能通过改签，只能通过退票实现错后乘车和变更座席。

任务三 了解退票业务

引导案例——怎么少了 8.50 元？

小诺 4 月 18 日在网上购买了 5 月 4 号 K430 次列车（通化—北京）沈阳北—北京的新空调硬座客快速卧（上）联合票，票价 171.00 元，沈阳北站 01:00 发车。在 5 月 1 号上午 10:00，小诺接到临时任务而无法出行，只能退票，但他不想支付退票费，于是将票改签为 5 月 20 号，然后再退票，操作后系统退回 162.50 元。

请思考：

（1）为什么会少 8.50 元？

（2）若小诺不改签，系统会退回多少钱？

一、旅客责任退票

扫一扫

旅客退票规定

由于旅客责任本身的原因，发生退票时，按下列规定办理。

1. 退票的时间、地点

根据《铁路旅客运输规程》及铁路互联网售票办法等要求，办理旅客退票手续的时间、地点如表 6-1 所示。

表 6-1 退票的时间与地点

退票时间	不晚于开车前 30 min	开车前 30 min 内	开车后 2 h 内	超过开车后 2 h
退票地点	可在全国联网任意车站办理退票业务（网购未取票时也可在网站办理）	可在全国联网任意车站办理退票业务	只能在票面发站或购票地车站由站长同意后办理退票业务	只能在发站改签当日 24 点前有票额的列车，不能办理退票业务

头脑风暴

什么情况下，旅客可以在开车 2 h 内办理退票业务。

2. 退票费用核收规定

退票费的核收规定如表 6-2 所示。

表 6-2 退票费的核收规定

时间	票面乘车站开车前 15 日（不含）以上（退票时间＞15 日）	票面乘车站开车时间前 48 h 以上，15 日以内（15 日≥退票时间≥48 h）	票面乘车站开车时间前 24 h 以上、不足 48 h（48 h＞退票时间≥24 h）	票面乘车站开车时间前不足 24 h（24 h＞退票时间）	特殊情况开车后 2 h 内
退票费	不收退票费	按应退票价 5%计算	按应退票价 10%计算	按应退票价 20%计算	按应退票价 20%计算
注意： （1）退票费尾数处理：尾数以 5 角为单位，尾数小于 2.5 角的舍去，2.5 角以上且小于 7.5 角的计为 5 角，7.5 角以上的进为 1 元； （2）退票费最低按 2 元收取					

3. 其他规定

（1）对于已经取出纸质车票的旅客办理退票手续时，凭车票和购票时所使用的有效身份证原件办理；若无法出示证件原件，应到铁路公安制证口办理临时身份证明后，办理退票手续。

（2）团体旅客必须在开车 48 h 以前办理。

（3）旅客开始旅行后不能退票，但如因伤、病不能继续旅行时，经车站、列车证实，可退还已收票价与已乘区间票价差额。已乘区间不足起码里程时，按起码里程计算；同行人同样办理。

（4）办理车票改签或变更到站时，新车票票价低于原车票的，退还差额，对差额部分核收退票费。

（5）代售点不能办理退票手续。

（6）退还带有㊔字戳迹的车票时，应先办理行李变更手续。

（7）开车后改签的车票不退。站台票售出不退。

提 示

市郊票、定额票的退票办法由铁路运输企业自定。必要时，铁路运输企业可以临时调整退票办法。

例 6-6 2018 年 5 月 18 日上午 9:00，北京站 1 名旅客持 5 月 19 日 T××次列车（北京—杭州，新空特快，16:54 发车）北京—杭州的新空调硬座客快速卧（上）联合票 1 张，票价 328.00 元。他持自己的有效身份证，要求退票。北京站应如何处理？

【解析】 开车前 24 h 以上、不足 48 h 的，退票时核收票价 10%的退票费。

退票费：$328.00\times10\%=32.80\approx33.00$ (元)。

净退票额：$328.00-33.00=295.00$ (元)。

例 6-7 2018 年 5 月 19 日，T252 次（天津—广州，新空）运行到石家庄站，列车长编制客运记录交下一病重旅客，该旅客持 5 月 18 日天津—长沙的新空调硬座客快速卧（下）联合票，票价 367.00 元，票号 A234559，旅客要求退票。石家庄站应如何处理？（提示：天津—石家庄 419 km，新空调硬座客快速卧（下）联合票票价为 117.00 元）

【解析】 开车后，该旅客因病要求退票，石家庄站应退还已收票价与已乘区间（天津—石家庄）票价的差额，并核收应退额 20%的退票费。

已收票价：367.00 元。

已乘区间票价：天津—石家庄 419 km，新空调硬座客快速卧（下）联合票票价为 117.00 元。

应退额：$367.00-117.50=249.50$ (元)。

退票费：249.50×20%＝49.90≈50.00(元)。

净退票额：249.50－50.00＝199.50(元)。

收回原票及客运记录，填写退票报销凭证，退票报销凭证式样如图 6-3 所示。

北京铁路局

退票报销凭证A　　No. 120245

2018 年 5 月 19 日

原票	天津　站至　长沙　　站
已乘区间	天津　站至 石家庄　站
已乘区间票价	壹 佰 壹 拾 柒 元 伍 角
退票费	伍 拾 元 零 角
共计	壹 佰 陆 拾 柒 元 伍 角

（无经办人名章无效）　　经办人 ㊞ 印

图 6-3　退票报销凭证填写式样

二、铁路责任退票

因列车晚点、超员、车辆故障途中甩车、行车事故等铁路责任造成旅客退票时，无论在发站、中途站还是到站，均应积极办理，不得互相推诿，继续给旅客造成困难。同时产生补收费用时不补收。退票时按下列规定办理，不收退票费。

（1）在发站，退还全部票价。

（2）在中途列车上，应由列车长编制客运记录至到站退还已收票价与已乘区间票价差额。

（3）在中途站，退还已收票价与已乘区间票价差额，已乘区间不足起码里程时，退还全部票价。

（4）空调列车因空调设备故障在运行过程中不能修复时，应退还未使用区间的空调票价，未使用区段不足起码里程，按起码里程计算。

例 6-8　2018 年 5 月 19 日，T252 次（天津—广州，新空）运行到石家庄站，4 号硬卧车厢因燃油需要甩下，1 名旅客持当日天津—漯河的新空调硬座特快卧（上）联合票（票价 200.00 元，票号 A102336）和 T252 次列车长编制的 04 号客运记录，在石家庄站要求退票。石家庄站如何办理？（提示：天津—石家庄 423 km，新空调硬座特快卧（上）票价为 92.50 元）

【解析】　已收票价：200.00 元。

已乘区间票价：天津—石家庄 423 km，新空调硬座特快卧（上）票价：92.50 元。

应退票价：200.00－92.50＝107.50 (元)。

填写退票报销凭证，退票报销凭证式样略。

例 6-9 2018 年 5 月 20 日，石家庄站 1 名旅客持 1 张 5 月 20 日信阳—石家庄的新空调软座客快速卧(下)联合票(票价 275.00 元，票号 A325316)和一份 T××次(广州—大连，新空)列车长编制的×号客运记录，注明该旅客所乘软卧车厢因故障中途甩下，自安阳站该旅客改乘软座至到站，乘客要求退票。石家庄站该如何办理？（提示：信阳—安阳 489 km；安阳—石家庄 225 km，起码里程为 400 km 的软卧下铺票价为 75.00 元）

【解析】 应退未使用卧铺区间的卧铺票价。

已使用区间：信阳—安阳 489 km。

未使用区间：安阳—石家庄 225 km。

未使用区间不足起码里程时，按起码里程计价退还。卧铺票的起码里程为 400 km，软卧下铺票价为 75.00 元。

净退款：75.00 元。

填写退票报销凭证，退票报销凭证式样略。

嘉言善行

执着坚守书写巾帼担当

2020 年春节前夕，正值春运高峰，一场突如其来的新冠肺炎疫情阻断了万家团聚的步伐，也打乱了正常的春运节奏。面对来势汹汹的疫情，在交通运输抗疫战场上，始终有一个不算高大却十分干练的女子的身影一路逆行，用执着和坚守书写出不让须眉的巾帼担当。她就是汉川盛达客运公司的副总经理、客运中心站站长黄锦华，一名优秀的共产党员。

为阻断病毒传播途径，汉川市疫情防控指挥部连续发布指令，1 月 22 日实行客运站进出站旅客全覆盖体温检测；1 月 23 日零时起停发武汉客运班线；1 月 24 日零时起停运全部客运班线。三天三道指令都在深夜紧急下达，作为一站之长的黄锦华并没有慌乱、退缩，而是随令而动、忙而不乱。

为保证旅客全覆盖体温检测，她星夜联系隔离器材供应商，在进出站口设置检查通道，并使站内秩序维护、场地车辆消毒、防疫物资保障等各项工作也应声到位。为停运所有客运班线，她和同事们通宵达旦逐个传达指令给经营业主、驾驶员，连夜用微信群、公众号、短信等发布停运通告，并停止窗口、网络售票。24 日早上 7 时，客运中心站准时摁下了“暂停键”，昔日的车水马龙戛然而止。

紧张的三天三夜，每天仅休息两三个小时，年过五十的黄锦华没叫一句苦，没喊一声累，始终坚守在疫情防控第一线。客运班线全部停运后，已售出的近千张网络预售票如何处理成为重要难题。“疫情特殊时期，旅客利益为重，全额免费退票，不设退票期限，一经核时即时退款。”她与公司领导果断做出决策，并迅速与网络售票平台协调退票、退款事宜，退票工作全面展开。面对旅客不能出行的责问和无奈，退票窗口旁，询问电话中，她总在最前线耐心解释，细心安慰，争取旅客的理解和配合。

“目前已退车票 927 张，退款 39 962 元，没有发生一起旅客投诉！”听到这样的成绩，黄锦华疲惫的脸上露出了舒心的笑容。2 月 27 日，一名车票遗失一个多月还成功退票的旅客给她发来一个“感谢红包”，让她心中十分感动。但她没有收“红包”，而是真诚地说：“为旅客提供优质服务是我们应尽的职责，只要旅客的利益不受损害，我们累点也值！”

客运中心站关闭后，公司考虑到黄锦华的母亲因脊椎摔伤卧病在床，需要人照顾，没有安排她值守，让她在家待命。但看着忙碌的同事们，她执意回到了工作岗位。深明事理的母亲没有半点怨言：“她是一名党员，还是人民选出的代表，这么危难的时候，她肯定不会甩手不管的，我理解她，我绝不拖她的后腿。”

黄锦华始终坚守在一线，不胜不退，用自己的实际行动诠释了一名优秀的党员和铁路工作者敢于担当、不畏艰险的精神，是当之无愧的巾帼英雄。

（资料来源：https://www.chinastory.cn/PCzwdbk/detail_v2/20200529/1006000000039761590744017942430918_1.html，有改动）

案例分析——怎么少了 8.50 元？

（1）铁路部门规定，票面乘车站开车前 15 d（不含）以上，不收取退票费，但在开车前 48 h 至 15 d 期间内，改签或变更到站至距开车 15 d 以上的其他列车，又在距开车 15 d 前退票的，仍核收票价的 5%的退票费。根据规定，小诺虽然改签至开车 15 d 以上的列车，但随后退票，所以仍需支付票价 5%的退票费，即 $171.00\times5\%=8.55\approx8.50$ 元。

（2）若小诺不改签，他的退票时间为距乘车站开车时间前 48 h 以上，15 d 以内，核收票价 5%的退票费，同样是 8.50 元。

项目实践演练——计划有变

一、模拟场景

（1）“始发改签”场景：2018 年×月×日，兰州站 1 名旅客持当日 T6601 次列车（兰州—嘉峪关，新空）兰州—嘉峪关的新空调硬座客特快联合票，票价 102.00 元，票号 A972549，要求改签次日同次列车的新空调软座客特快联合票，有票额。

（2）“变更到站”场景：2018 年 5 月 21 日，北京西站 1 名旅客持 6 月 18 日 K××（北京西—贵阳，新空）北京西—重庆西的新空调硬座客快速联合票 1 张，票价 224.00 元，要求变更为 G××（北京西—重庆北）北京西—涪陵北的二等座票，票价 740.50 元。G×× 有票额。

（3）“旅客责任退票”场景：2018 年×月×日 21:15，中卫站，1 名旅客持当日 K1087 次列车（银川—西安，新空）银川—西安新空调硬卧（中、下）票 2 张，列车长编客运记录 1 份（注明：1 名旅客因病需下车治疗，另 1 名旅客为同行人），要求退票。

二、情景规划

（1）由指导老师将学生分组，3～4 人为一组，由老师指派场景给各小组，各小组运用所学知识，处理分到场景的业务。

（2）各小组围绕本组场景的主要内容“始发改签”“变更到站”和“旅客责任退票”，编写剧本。

三、身临其境

请各小组根据自己编写的剧本，分角色表演。

四、综合评估

根据各小组的表现，按表 6-3 所示的标准评分。

表 6-3　任务实践演练评分标准及评分表

内容	分值	教师评分	同学评分	小组自评
题目是否计算正确	30			
剧本编排是否合理	20			
表演时能否正确处理分到的业务情况	30			
表演是否生动	20			
总平均分				

五、教师点评

活动结束后，老师根据各组同学的表现一一点评，并总结发言。

项目学习效果综合考核

一、填空题

1. 改签不需要手续费，旅客可要求变更低于或高于原票等级的列车或铺位座席，票价差额按____________处理。发生退款时核收____________。

2. 旅客办理中转签证或在列车上办理补签、变更席位时，签证或变更后的车次、席位票价高于原票价时，____________________；签证或变更后的车次、席位票价低于原票价时，__________________。

3. 变更到站可办理_________次。已经办理变更到站的车票，不再办理_______。对_____________、_____________和_____________暂不提供变更到站服务。

4. 分乘与旅行变更同时发生时，应先办理_______，再办理________，按变更人数核收____次手续费。

二、选择题

1. 以下可以办理越站乘车的情况是（　　）。

   A. 列车严重超员

   B. 列车有运载能力

   C. 乘坐的回转车，途中需要甩车

   D. 乘坐卧铺的旅客买的是给中途站预留的卧铺

2．旅客同时提出越站、变座，则应先办理（　　）。

A．越站　　B．变座

C．变径　　D．无先后顺序

3．以下哪种情况不收退票费？（　　）

A．票面乘车站开车时间前不足 24 h

B．票面乘车站开车时间前 24 h 以上、不足 48 h

C．票面乘车站开车时间前 48 h 以上，15 日以内

D．票面乘车站开车前 15 日（不含）以上

4．以下情况不属于铁路责任退票的是（　　）。

A．列车晚点　　B．行车事故

C．旅客取消旅行　　D．车辆故障途中甩车

5．以下哪种情况肯定不能办理改签？（　　）

A．距离开车前 48 h（不含）以上的车票

B．距离开车前 24 h 以内的车票

C．距离票面发车日期还有 15 d，办理过变更到站的车票

D．票面列车已经发车的车票

三、简答题

1．简述“始发改签”费用的核收标准。

2．旅客同时提出变更座别、铺别和越站时，应先办理越站，后办理变更，填发一张代用票，核收一次手续费。请列举出至少 5 种发生两种及以上变更的情况，并说明办理的先后顺序。

3．简要说明旅客责任退票的时间及地点。

项目七 旅客携带品的处理

项目导读

旅客在旅行过程中，可以将一些随身物品带上车，但是，为了维护良好的车站、列车公共秩序，方便旅客进出站、上下车，对旅客携带品在重量、外部尺寸、品类方面有所限制。那么，这些限制具体有哪些规定？对于违章、遗失携带物品应如何处理呢？

知识目标

- 掌握旅客携带品的范围。
- 掌握旅客违章携带物品的处理规定。
- 掌握旅客携带品的暂存及处理遗失物品的规定。

技能目标

- 能正确处理旅客违章携带物品。
- 能正确处置旅客遗留携带物品。

素质目标

- 具备防患于未然、生命高于一切的意识。
- 树立以乘客为本、为乘客服务的意识。
- 树立遵章守纪的意识。

任务一 了解旅客携带品的范围

引导案例——旅客乘车携带物品超范围

×年×月×日，北京西站组织 T58 次（郑州—北京西）列车旅客出站时，发现一旅客持当日本次列车车票，携带手提包 2 件共重 19 kg，其中 1 件 10 kg（内装鞭炮 10 包），纸箱 1 件（机器零件，长 60 cm，宽 54 cm，高 50 cm）重 9 kg。

请思考：

该旅客携带品中，哪些物品超出了规定范围？

为方便旅客旅行生活，旅客可将旅行中所需的零小物品带入乘坐的列车内，并由旅客自行看管、搬运，这些物品称为旅客携带品。

提 示

旅客携带品应放在行李架上、席位下面或大件行李存放处，并放置平稳牢固，不得影响旅客乘坐和通行，且由旅客自行看管、搬运，一旦丢失和损坏，铁路一般不负赔偿责任。

为了维护站车秩序、确保运输安全，铁路部门对旅客携带品规定了以下明确范围。

扫一扫

旅客携带品规定

一、重量的规定

旅客携带品免费重量：儿童（包括免费儿童）10 kg，外交人员（持有外交护照者）35 kg，运输期间的新、老兵 35 kg，其他旅客 20 kg。

每一件不可分拆的旅客携带品的最大重量不得超过 20 kg。

二、外部尺寸的规定

每件旅客携带品的外部尺寸，长、宽、高之和不得超过 160 cm，杆状物品不得超过 200 cm。乘坐动车组列车时，每件携带品长、宽、高之和不得超过 130 cm。

注意

残疾人旅行时代步的折叠式轮椅可免费携带并不计入上述范围。

三、物品类别的规定

1. 不能带入车站和列车的物品

下列物品不准带进车站和列车内。

（1）国家禁止或限制运输的物品。

（2）法律、法规、规章中规定的危险品、弹药和承运人不能判明性质的化工产品。

（3）动物（导盲犬除外）及妨碍公共卫生（包括有恶臭等异味）的物品。

（4）能够损坏或污染车辆的物品。

（5）重量或规格超过规定范围的物品。

扫一扫

旅客禁止携带物品

2. 能带入车站、列车的限量携带品

在保证安全和卫生的条件下，为方便旅客的旅行生活，可限量携带下列物品。

（1）普通打火机 2 个，安全火柴 2 小盒。

（2）不超过 20 mL 的指甲油、去光剂、染发剂；不超过 120 mL 的冷烫精、摩丝、发胶、杀虫剂、空气清新剂等自喷压力容器。

（3）军人、武警、公安人员、民兵、射击运动员等人员携带枪支子弹时，需按照国家法律法规有关规定办理，并严格执行枪弹分离等有关枪支管理的规定。

课堂演练

由老师制作旅客携带物品的媒体文件（图片或视频），课堂上播放，请同学们回答：哪些物品能带进车站、列车？哪些能限量带入，哪些禁止带入？

四、携带导盲犬进站乘车的规定

扫一扫

旅客可携带导盲犬进站乘车

自 2015 年 5 月 1 日起，视力残疾旅客可以携带导盲犬进站乘车，并按以下流程办理。

（1）为维护良好的站车秩序，要求旅客主动配合铁路工作人员做好以下工作。

① 在进站、乘车时，应主动出示下列证件：购票时所使用的有效身份证件、残疾人证、导盲犬工作证（载有导盲犬使用者信息，盖有公安部门或残疾人联合会公章，或带有国际导盲犬联盟标识“IGDF”）、动物健康免疫证明。

② 进站时，应与其他旅客一样，携带导盲犬接受安全检查。

③ 进入车站、列车前，应为导盲犬系上牵引链，佩戴导盲鞍。

（2）为保障旅客出行安全，有下列情形之一的，需与具备照看导盲犬能力的成年人同行。

① 乘坐同一趟列车时间超过 12 h 的情形。

② 购买联程票时，每段接续时间在 2 h 以内，且全程时间超过 12 h 的情形。

在车站及乘车期间，旅客或同行成年人负责照看导盲犬及照顾导盲犬吃、喝、排泄，请勿影响站车环境卫生。在不阻塞通道、车门等前提下，导盲犬宜在旅客座席附近或铺位下陪伴，请勿让其占用席位或任意跑动。

在发生危及旅客人身安全和铁路运营秩序的特殊情况下，携带导盲犬的旅客与其他旅客一样，需共同遵守铁路和公安部门的有关规定，接受铁路工作人员的组织和引导。

案例分析——旅客乘车携带物品超范围

该旅客携带的 2 件物品均超出了规定范围。其中 1 件内装鞭炮，属于危险品；另一件箱内零件外部尺寸之和为 164 cm，超出了规定的 4 cm。

嘉言善行

绿皮车上的“流动菜市场”

在风驰电掣、一日千里的高铁时代，云岭大地上仍开行着一批价格实惠、站站停靠的绿皮车，它们日复一日地穿行于群山之间，不仅是沿线群众出行的“便民车”，更是农副产品外销的首选交通工具。

昆明往返红果的 5652/5651 次列车，就是这样的绿皮车。该列车行程 261 km，途经 16 个站，串联起沿线多个盛产蔬菜水果的乡镇，全程票价 36.5 元，相邻车站间最低票价仅 6 元。初秋时节，农户们挑着新鲜的蔬菜水果、提着刚采到的野生菌，乘绿皮车到各个集市进行销售，小小的车厢犹如一个“流动菜市场”，促成着一单又一单的生意，承载起一户又一户的致富梦。

2021 年 8 月，云南又进入了“下一场雨，长一茬菌”的时节。昆明往返红果的 5652/5651 次绿皮车上，也迎来了一批又一批为此美味而前后奔忙的人。

8 月的一天，清晨 6 时，天还未亮，列车长周学党便换上制服，拖上乘务箱，开始了今天的值乘任务。与此同时，旅客吴从芳和她的老友们，从城区不同方向踏上了最早一班开往昆明火车站的公交车。而菜农菊姐还在村后大山的树林间穿梭，背篓里的“宝贝”也越来越多。不久后，他们会在 5652 次列车上碰面。

首先踏上 5652 次列车的是“捡菌子”的旅客吴从芳，她和老友们的装备看似简单，却是在竹林间寻找美味的好工具。紧随其后的是“讲菌子”的列车长周学党，他的乘务箱里塞满了雨衣、一次性口罩、小手电等，像个杂货铺的小管家。其实，周学党是一名高铁动车组列车长，每次完成值乘任务的第二天，他都会在“慢火车”上当一名志愿者，给“捡菌子”的老乡们科普野生菌防中毒知识。

7 时 30 分，5652 次列车在蒙蒙细雨中驶出昆明站。周学党一边和叔叔阿姨们打着招呼，一边将大家的“寻鲜”工具归置整齐。窗外的雨淅淅沥沥，周学党也开始“絮絮叨叨”地叮嘱大家爬山的时候一定要抓牢踩稳，又反复讲解可食用野生菌的种类、模样等。8 时 43 分，列车来到了小新街站，周学党将大家送下车，并再次叮嘱：“5651 次回来的时候我要检查的，‘超纲’的菌子一律不准上车哈！”

“捡菌子”的旅客刚下车，“卖菌子”的菌农随即上车。周学党招呼着大家从 5 号车厢上车，因为这个车厢专门设置了农副产品摆放区，通道比其他车厢宽一倍，可方便菌农们在这里分装菌子。菌农陈兴菊背着竹篓，双手各提一个竹筐，走在人群最前面。他本是常年乘坐此列车往返于小新街和曲靖间的菜农，往常都是挑着应季的蔬菜水果去售卖，每年只有这个季节才会上山采菌。“就是趁着这几个月，能把娃儿的学费给攒够。”说起正在读高中的两个孩子，他满脸幸福。

5652 次列车途经的福照铺、吴官田、马龙等站，也有众多的菌农和菜农乘车，他们要前往曲靖火车站旁的商业街菜市场。每次停车到站，周学党都会招呼着老乡们上车，帮他们搬运东西。他常说：“班组职工大部分都是老师傅了，这些体力活我来就行！”车厢里，上了年纪的菜农们对手机支付不熟悉，周学党便帮大家把微信收款二维码设置成手机桌面；进出站要出示健康码，他便定期帮大家更新。列车快到曲靖站时，要下车的杨婆婆拉住了周学党，从背篓里掏出一盘杨梅，说这是家里果树的最后一茬儿，一定要给他尝尝。周学党尝了一颗，笑眯眯地说：“甜得很。”他收下了这份“礼物”，却在帮杨婆婆扶背篓上肩的时候，悄悄在篮子里塞了十元钱。

这样的绿皮车承载了沿途老百姓对生活的希望，是他们心中难以割舍、名副其实的“便民车”。但更让他们难以割舍的，是列车上热心温暖、亲如家人的铁路人。

（资料来源：https://www.chinastory.cn/PCzwdbk/detail_v2/20210820/1006000000039761629426846592686171_1.html，https://m.thepaper.cn/baijiahao_14152747，有改动）

任务二 处理旅客违章携带物品

引导案例——携带品超重

2018年×月×日，K××次列车（周口—广州）到达广州站，组织旅客出站时，发现1名旅客持长沙—广州的硬座车票，携带背包1件19 kg，手提包1件10 kg。

请思考：

（1）该旅客是否违章携带物品？

（2）广州站应如何处理？

一、在进站时的处理

在旅客进站时，发现其携带品（包括几人同时携带1件超重或超大物品）超过免费重量或规定的外部尺寸时，车站应动员旅客办理托运手续。

例7-1 2018年×月×日，北京站检票进站时，发现1名旅客携带行李箱1件（重15 kg，尺寸为48 cm×30 cm×69 cm），1件大提包（重12 kg）。北京站应如何处理？

【解析】 该旅客携带品超过20 kg的免费重量，北京站不准其带入两件行李进站，并动员旅客将其中的行李箱或大提包办理行李托运业务。

二、在列车内或出站时的处理

旅客欲携带危险品进站乘车

若在列车内或出站时发现旅客携带品违章，应按下列规定办理。

（1）对超过免费重量的物品，其超重部分补收四类包裹运费，超重不足5 kg时，应免收运费。

（2）对不可分拆的整件超重、超大物品及动物，按该件全部重量补收自上车站至下车站四类包裹运费。

（3）对危险品或国家禁止、限制运输的物品，妨碍公共卫生的物品，损坏或污染车辆的物品，按该件全部重量加倍补收上车站至下车站四类包裹运费。危险品交最近前方停车站处理，必要时移交公安部门处理。对有必要就地销毁的危险品应就地销毁，使之不能危害旅客，同时，承运人不承担任何赔偿责任。没收危险品时，应向被没收人出具书面证明。

（4）如旅客携带的超重、超大物品价值低于运费时，可按物品本身价值的 50%核收运费。

（5）补收运费时，最远不得超过本次列车的始发站和终点站。

（6）对违章携带的物品补收运费时，一律填写“客运运价杂费收据”（简称“客杂收据”），注明日期、发到站、车次、事由、件数、重量（或外部尺寸）等内容。具体处理过程中，应本着实事求是的态度，区别不同的违章情况，妥善处理。

畅所欲言

你有没有在车站、车上被查出或看到其他旅客携带品不符合规定（如超重、超大，或是危险品等）的经历，与大家分享畅谈。

提　示

对已经带入车内的猫、狗、猴等宠物，应安排在列车通过台（车厢两端上下车的部位）由旅客自己照看，宠物发生意外或伤害其他旅客时，由携带者负责。

例 7-2 2018 年×月×日，K××次列车（石家庄—牡丹江，新空）徐水站开车后查票时，发现 1 名旅客持用当日当次石家庄—长春硬座票，携带提包 1 个（15 kg），纸箱 1 个（内装书籍 15 kg）。K××次列车应如何处理？（提示：石家庄—长春 1 349 km）

【解析】 旅客携带品共重 30 kg，超重 10 kg，应补收四类包裹运费。查《铁路行李、包裹运价表》可得，运价里程为 1 349 km 的四类包裹运价基数为 2.166 元，则：

运费：$2.166\times10=21.66\approx21.70$(元)。

填写客杂收据，如图 7-1 所示。

北京铁路局　　　丙

客运运价杂费收据

2018年×月×日　　　（报告用）

原票据：种别　日期　号码　发站　到站

月　日　时到达、通知、变更

月　日　时　交　付

核收保管费　日

核收区间：

自　石家庄　站

至　长春　站

经由（　　）

座别　硬　　人数　壹

核收费用 种别	件数	重量	款额
四类包裹	2	10	21.70
合计			21.70

记事：实重30 kg，超重10 kg。

K××次列车长　站经办人　印　印

A000000

图 7-1　客杂收据填写式样（一）

例 7-3　2018 年×月×日，K××次列车（湛江—北京西，新空）郑州开车后查票发现 1 名旅客持衡阳—石家庄硬座车票 1 张，携带竹书架一个（重 13 kg，长 75 cm、宽 29 cm、高 115 cm）。K××次列车应如何处理？（提示：衡阳—石家庄 1 496 km）

【解析】　竹书架尺寸超范围，且不可分拆，对不可分拆的整件超大物品，按该件全部重量补收上车站至下车站四类包裹运费。

衡阳—石家庄 1 496 km，查《铁路行李、包裹运价表》可得，运价里程为 1 496 km 的四类包裹运价基数为 2.373 元，则：

运费：$2.373 \times 13 = 30.849 \approx 30.80$ (元)。

填写客杂收据，如图 7-2 所示。

南宁铁路局 丙

客运运价杂费收据

2018年×月×日 （报告用）

原票据	种别	日期		月 日 时到达、通知、变更	
		号码		月 日 时 交 付	
		发站		核收保管费 日	
		到站			
核收区间			核收费用		款额
			种别	件数	重量
自 衡阳 站 至 石家庄 站 经由（ ） 座别 硬 人数 壹			四类包裹	1	13	30.80
			合计			30.80
记事	携带竹书架一个（重13 kg，长75 cm、宽29 cm、高115 cm），超大				
K××次列车长 站经办人 印 印					

A000000

图 7-2 客杂收据填写式样（二）

例 7-4 2018 年×月×日，K××次列车（上海—石家庄，新空）运行到商丘站前，发现 1 名旅客持当日开封—石家庄的硬座车票 1 张，携带手提包 1 件 6 kg，内装鞭炮 0.5 kg，泡沫 1 捆 3 kg，长 120 cm、宽 30 cm、高 30 cm；背包 1 件 25 kg。K××次列车应如何处理？（提示：开封—石家庄 480 km）

【解析】 超重 5 kg、超大 3 kg 按四类包裹处理（共计 8 kg）；危险品 6 kg 属于四类包裹，并收取双倍运费。

开封—石家庄 480 km，查《铁路行李、包裹运价表》可得，运价里程为 480 km 的四类包裹运价基数为 0.865 元，则：

8 kg 四类包裹运费：$0.865\times8=6.92$(元)。

6 kg 加倍四类包裹运费：$0.865\times6\times2=10.38$(元)。

合计运费：$6.92+10.38=17.30$(元)。

危险品没收，出具收据，并交前方最近停车站处理。填写客杂收据，如图 7-3 所示。

北 京 铁 路 局　　　　丙

客运运价杂费收据

2018年×月×日　　　　（报告用）

<table>
<tr><td rowspan="4">原票据</td><td>种别</td><td>日期</td><td></td><td colspan="4">月 日 时到达、通知、变更</td></tr>
<tr><td rowspan="3"></td><td>号码</td><td></td><td colspan="4">月 日 时 交 付</td></tr>
<tr><td>发站</td><td></td><td colspan="4" rowspan="2">核收保管费 日</td></tr>
<tr><td>到站</td><td></td></tr>
<tr><td colspan="4" rowspan="2">核收区间</td><td colspan="3">核 收 费 用</td><td rowspan="2">款额</td></tr>
<tr><td>种别</td><td>件数</td><td>重量</td></tr>
<tr><td colspan="4" rowspan="6">自 开封 站
至 石家庄 站
经由（　　）
座别 硬　　人数 壹</td><td>四类包裹</td><td>2</td><td>8</td><td>6.92</td></tr>
<tr><td>加倍四类</td><td>1</td><td>6</td><td>10.38</td></tr>
<tr><td></td><td></td><td></td><td></td></tr>
<tr><td></td><td></td><td></td><td></td></tr>
<tr><td></td><td></td><td></td><td></td></tr>
<tr><td colspan="3">合 计</td><td>17.30</td></tr>
<tr><td>记事</td><td colspan="7">携带手提包1件6 kg，内装鞭炮0.5 kg，泡沫1捆3 kg，长120 cm、宽30 cm、高30 cm，超大，背包1件25 kg，超重5 kg。</td></tr>
<tr><td colspan="8">K××次列车长 站经办人 印 印</td></tr>
</table>

A000000

图 7-3　客杂收据填写式样（三）

例 7-5　2018 年×月×日，Z××次列车（乌鲁木齐—北京，新空特直）1 名旅客持当日乌鲁木齐经中卫、太原到石家庄北的硬座车票 1 张，携带哈密瓜两箱 40 kg（乌鲁木齐哈密瓜当地市价 1.00 元/kg）。列车应如何处理？（提示：Z××次列车乌鲁木齐—石家庄北 2 822 km）

【解析】　超重 20 kg 的哈密瓜为四类包裹，乌鲁木齐—石家庄北 2 822 km，查《铁路行李、包裹运价表》可得，四类包裹运价基数为 4.174 元，则：

20 kg 四类包裹运费：$4.174\times20=83.48\approx83.50$ (元)。

20 kg 哈密瓜实际价值：$1.00\times20=20.00$ (元)。

超重哈密瓜实际价值低于运费，按其实际价值的 50%核收运费。

应收运费为：$20.00\times50\%=10.00$ (元)。

填写客杂收据，如图 7-4 所示。

北京铁路局　　　　丙

客运运价杂费收据

2018年×月×日　　　　（报告用）

<table>
<tr><td rowspan="4">原票据</td><td>种别</td><td>日期</td><td></td><td colspan="4">月　日　时到达、通知、变更</td></tr>
<tr><td rowspan="3"></td><td>号码</td><td></td><td colspan="4">月　日　时　交　付</td></tr>
<tr><td>发站</td><td></td><td colspan="4" rowspan="2">核收保管费　日</td></tr>
<tr><td>到站</td><td></td></tr>
<tr><td colspan="4" rowspan="2">核收区间</td><td colspan="3">核　收　费　用</td><td rowspan="2">款额</td></tr>
<tr><td>种别</td><td>件数</td><td>重量</td></tr>
<tr><td colspan="4" rowspan="6">自 乌鲁木齐 站
至 石家庄北 站
经由（　　）
座别 硬　　人数 壹</td><td>四类包裹</td><td>2</td><td>20</td><td>10.00</td></tr>
<tr><td></td><td></td><td></td><td></td></tr>
<tr><td></td><td></td><td></td><td></td></tr>
<tr><td></td><td></td><td></td><td></td></tr>
<tr><td></td><td></td><td></td><td></td></tr>
<tr><td colspan="3">合　计</td><td>10.00</td></tr>
<tr><td>记事</td><td colspan="7">旅客携带哈密瓜两箱40 kg，超重20 kg，应收运费83.50元，实收运费10.00元，按当地市场价1.00元/kg的50%核收。</td></tr>
<tr><td colspan="8">Z××次列车长 站经办人 印　印</td></tr>
</table>

A000000

图 7-4　客杂收据填写式样（四）

案例分析——携带品超重

（1）该旅客携带品共重：19+10=29(kg)，超出旅客免费携带品的重量范围 20 kg，属于违章携带。

（2）广州站应对超重部分补收四类包裹运费。

长沙—广州 707 km，查《铁路行李、包裹运价表》可得四类包裹的运价基数为 1.234 元，则：

运费：1.243×9=11.187≈11.20(元)。

填写客杂收据，如图 7-5 所示。

广州 铁路（集团）局　　丙

客运运价杂费收据

2018年×月×日　　（报告用）

原票据	种别	日期		月　日　时到达、通知、变更
		号码		月　日　时　交　付
		发站		核收保管费　日
		到站		

核收区间	核收费用 种别	件数	重量	款额
自 长沙 站 至 广州 站 经由（　） 座别 硬　人数 壹	四类包裹	2	9	11.20
	合计			11.20

记事	携带背包1件19 kg，手提包1件10 kg，超重9 kg。

K××次列车长 站经办人 印　印

A000000

图 7-5　客杂收据填写式样（五）

任务三　暂存旅客携带品及处理遗失物品

引导案例——郝先生的幸运

2018 年×月×日，家住上海，在郑州经商的某公司总经理郝先生在郑州东站送妻子和孩子回家时，不慎将手提包丢失。包中有公司的核心技术资料和与合作方的合同，如果无法找回，将会带来很大的隐患和经济损失，万分着急的郝先生重回郑州东站，与工作人员沟通后，幸运地找回了丢失的手提包。

请思考：

（1）车站发现旅客遗失的物品时，应如何处理？

（2）车站应如何帮郝先生办理失主认领失物业务？

一、旅客携带品的暂存

为了方便旅客，三等及其以上车站应设携带品暂存处。相关规定如下。

（1）暂存处应公布收费标准和注意事项。

（2）暂存物品需包装良好，箱袋必须加锁，包装不良的，不予存放。

（3）办理暂存手续时，必须填写暂存票，注明品名、包装、日期、件数等。

（4）提取时还应注明提取日期、寄存日数和核收款额，并在暂存票乙票上加盖戳记后交给旅客。

（5）暂存票应按顺号装订，保管1年。

提　示

车站开展携带品搬运服务业务时，可核收搬运费。

拓展阅读

火车站等级

为衡量车站客货运量和技术作业量大小，以及在政治上、经济上和铁路网上的地位，将火车站划分为不同等级，称为车站等级。车站按业务量、地理条件分为特、一、二、三、四、五等站。

二、遗失物品的处理

铁路应尽可能地将旅客遗失物品归还原主，并严格执行旅客遗失物品的转送、保管及交接制度。具体规定如下。

（1）对旅客遗失物品应设法归还失主。如旅客已经下车，应编制客运记录，详细注明品名、件数等移交下车站，不能判明旅客下车站时，移交列车终点站。

（2）车站应设专人管理旅客的遗失物品，并建立旅客遗失物品登记簿。对列车移交和自站发现的遗失物品在登记簿上详细登记，注明日期、地点、移交车次、品名、包装及物品内容、数量、重量、交物人、经办人、处理结果等内容。

扫一扫

旅客遗失物品

（3）客流量较大的车站应设置旅客遗失物品招领处，对遗失物品应妥善保管，正确交付。失主来领取时，应查验身份证，核对时间、地点、车次、品名、件数、重量等，确认无误后，由失主签收，并登记身份证。

（4）遗失物品需要通过铁路向失主所在站转送时，内附清单、物品加封，填写客运记录和行李、包裹交接证，交列车行李员签收。对于物品重量不超过 5 kg 的免费转送；超过 5 kg 时，到站应按品类和实际重量补收运费。

（5）遗失物品中若有危险品、国家禁止或限制运输的物品、机要文件等，相关人员应立即将其移交公安机关或有关部门处理，不办理转送。

注意

（1）拾到现金应开具客杂收据上交，并在登记簿上注明收据号码，当失主来领取时，开具退款证明书办理退款。

（2）鲜活易腐物品和食品不负责保管和转送。

囧途笑谈

你有没有过在旅行中遗失物品的囧历，请在课堂上与大家分享。

课堂小剧场

失物招领

情景：某旅客在当地火车站丢失了 1 手提包，内有钱包（内含 516 元现金）1 个、档案袋 1 个、相机 1 架。

角色：当地火车站遗失物品管理工作人员 1 名；丢失手提包的旅客 1 名。

角色期望：工作人员对旅客遗失的物品做好妥善保管及登记，协助旅客找回丢失的物品；旅客应配合工作人员的询问、检查工作。

案例分析——郝先生的幸运

（1）车站应设专人管理旅客的遗失物品，对发现的遗失物品在登记簿上详细登记，注明日期、地点、品名、包装及物品内容、数量、重量等内容，尽可能地将旅客遗失物品归还原主。

（2）郝先生来领取时，应查验其身份证，核对时间、地点、车次、品名、件数，确认无误后，由郝先生签收，并登记身份证。

项目实践演练——处理违章携带品

一、模拟场景

（1）“携带品超重”场景：2018 年×月×日，K××次列车（呼和浩特—北京西，新空）1 名旅客持当日当次呼和浩特—北京西的硬座车票 1 张，携带牛肉干两箱 40 kg。列车应如何处理？（提示：呼和浩特—北京西 653 km）

（2）“携带品整件超大”场景：2018 年×月×日，K××次列车（石家庄—上海，新空）邯郸站开车后查票时，发现 1 名旅客持用当日当次石家庄—上海硬座车票 1 张，携带竹书架 1 个，长 70 cm、宽 30 cm、高 120 cm，重 14 kg。（提示：K××次列车石家庄—上海 1 406 km）

（3）“携带危险品”场景：2018 年×月×日，K××次列车（乌鲁木齐—齐齐哈尔，新空）至衡水站前查票时，发现 1 名旅客持用当日当次石家庄北—哈尔滨的硬座车票 1 张，携带提包 1 个（15 kg），内装汽油 2 kg；纸箱 1 个，内装书籍 15 kg。（提示：K××次列车石家庄北—哈尔滨 1 660 km）

（4）“携带价值较低物品”场景：2018 年×月×日，K××次列车（乌鲁木齐—齐齐哈尔，新空）至衡水站前查票时，发现 1 名旅客持用当日当次石家庄北—长春的硬座车票 1 张，携带 40 kg 赵县梨（当地价格 1.2 元/kg）。（提示：K××次列车石家庄北—长春 1 414 km）

二、情景规划

（1）由指导老师将学生分组，3～4 人为一组，由老师指派场景给各小组，各小组运用所学知识，判断场景中旅客携带品是否违规，若违规，请给出正确的处理方法。

（2）各小组围绕本组场景的主要内容“携带品超重”“携带品整件超大”“携带危险品”或“携带价值较低物品”，编写剧本。

提　示

处理违章携带物品的操作方法如下。

（1）正确检斤。

（2）发现违章携带物品超重、超大或携带动物时，按规定补收运费。
（3）确认携带物品品名，发现危险品及其他违禁物品时，按规定补收和加收运费。
（4）物品价值低于运费时，按物品价值的 50%核收运费。
（5）补收运费时，不得超过本次列车的始发和终点站。
（6）在处理过程中，应本着实事求是的态度，区别不同的违章情况，妥善处理。
（7）填写客运运价杂费收据。

三、身临其境

请各小组根据自己编写的剧本，分角色表演。

四、综合评估

根据各小组的表现，按表 7-1 所示的标准评分。

表 7-1　任务实践演练评分标准及评分表

内容	分值	教师评分	同学评分	小组自评
题目是否计算正确	30			
剧本编排是否合理	20			
表演时能否正确处理分到的场景情况	30			
表演是否生动	20			
总平均分				

五、教师点评

活动结束后，老师根据各组同学的表现一一点评，并总结发言。

项目学习效果综合考核

一、填空题

1．旅客携带品免费重量：儿童（包括免费儿童）__________，外交人员（持有外交护照者）__________，运输期间的新、老兵__________，其他旅客__________。

2．在保证安全和卫生的条件下，为方便旅客的旅行生活，旅客可携带普通打火机__________，安全火柴______________。

3．对不可分拆的整件超重、超大物品及动物，按该件______________补收自上车站至下车站包裹________运费。

4．三等及其以上车站应设____________________，以便旅客携带行李出行。

5．车站对列车移交和自站发现的遗失物品在登记簿上详细登记，注明日期、_________、_______________、________________、包装及物品内容、_______________、_______________、_______________、经办人、处理结果等内容。

二、选择题

1．每一件不可分拆的旅客携带品的最大重量不得超过（　　）。

A．15 kg　　B．20 kg　　C．25 kg　　D．30 kg

2．下列物品允许旅客带入车站和列车的是（　　）。

A．春节回家的小李为孩子买的 1 小盒摔炮

B．小丽为妈妈买的染发剂，规格为 30 mL

C．具有强烈腐蚀性的硫酸，规格为 500 mL

D．小郭为家里买的杀虫剂，规格为 100 mL

3．列车上发现旅客违章携带品，以下哪种情况免收运费？（　　）

A．小利的行李箱重 24 kg

B．小张携带的竹书架，重 10 kg，长 70 cm、宽 39 cm、高 115 cm

C．小王携带 2 箱苹果，每箱重 15 kg

D．小采携带的手提包，重 15 kg，内装 2 kg 汽油

4．火车站为方便旅客，常设携带品暂存处，以下不予存放的物品是（　　）。

A．尺寸超范围的书架　　B．1 箱包装良好的桔子，重 25 kg

C．没有锁的箱袋　　D．上锁的行李箱，重 10 kg

5．遗失物品需要通过铁路向失主所在站转送时，交（　　）签收。

A．失主本人　　B．列车行李员

C．车站行李员　　D．失主委托人

三、简答题

1．列举不能带入车站和列车的物品（至少说出 4 条）。

2．列举能带入车站、列车的限量携带品（至少说出 2 条）。

3．简述导盲犬进站乘车的办理流程。

4．简述车站旅客遗失物品管理人员对列车移交和本站发现的遗失物品的处理流程。

项目八 客运安全管理

项目导读

随着社会的发展和时代的进步，人们对人身安全越来越重视，生命与健康是无价的。在铁路工作中，安全是生命线，是旅客运输最为重要的一环。安全、稳定地运输，可以为铁路发展、提高客运服务质量以及开展营销活动奠定良好的基础。

知识目标

- 了解站车安全、动车组安全秩序及管理方法。
- 掌握消防基本知识。
- 掌握职工安全、票据现金安全、危险品查处相关规定。
- 掌握客运记录的范围及编制规定。
- 掌握车站电报的拍发范围及相关规定。
- 掌握旅客人身伤害事故处理的相关规定。

技能目标

- 能保障客运安全。
- 能保障现金安全。
- 能编制客运记录。
- 能拍发电报。
- 能处理旅客人身伤害事故。

素质目标

- 具备防患于未然、生命高于一切的意识。
- 具备严格遵守标准规范的意识。
- 增强安全操作、团队协作的意识。

任务一 了解客运运输安全

引导案例——旅客列车火灾事故的反思

8月25日15时43分，原哈尔滨铁路局长滨线，583次旅客列车运行至蔡家沟站，机后12～14位车辆发生火灾，被迫在蔡家沟站内停车灭火。造成旅客轻伤1人，客车报废3辆，影响下行线行车47分钟，直接经济损失20.5万元，构成重大行车事故。

请思考：

如何才能提高运输服务质量，确保运输安全呢？

一、站车安全

为搞好站、车秩序，客运人员必须经常向旅客宣传铁路安全旅行常识，加强防火、防爆，禁止携带危险品的安全宣传工作。认真履行岗位职责，严格按标准作业，具体如下。

（1）车站应有秩序地组织旅客进出站、上下车，随时清理站内闲杂人员，严禁旅客钻车和横越股道，除指定车站作业的小型限速（10 km/h）机动车外，其他车辆严禁进入站台。

（2）车站建筑物及站、车一切为旅客服务的设备，应经常保持良好状态。

① 站台面、车辆乘降台应及时清除积水、积冰，夜间应有良好的照明。

② 对于消防设备应定期检查，节、假日之前要全面检查设备。

③ 站台严禁堆放路料、杂物，严禁停放车辆。

（3）客运人员在接班前要充分休息，以保持精力充沛。严禁在接班前和工作中饮酒。

二、动车组运输安全

（1）动车组应当接入固定站台并停于固定位置。站台上应以颜色区别车型并标出车门位置。

（2）站、车有关工种应当紧密配合，组织旅客按照车厢号在标明车门位置处排队等候，有序乘降。

（3）当站台邻靠正线，一侧有动车组通过时，站台另一侧应当停止组织旅客乘降或设防护栏进行防护。当一个站台两侧同时有动车组邻站台通过且没有防护措施时，除有人身安全防护措施的车站工作人员外，站台上不得再有候车旅客、其他工作人员和可移动物品。

（4）有动车组停靠或通过的车站，应当对跨线候车室窗户或天桥进行封闭管理并有“禁止抛物”等相应的安全提示。没有立体跨线设备的车站，平过道应当有专人管理。旅客或作业车辆须通过平过道时应当有人引导。

（5）列车注水口处设有加锁式挡板门的动车组，上水人员在给列车注水结束后，应当锁闭挡板门并进行再确认。

三、消防知识

1. 火灾及灭火措施

1）燃烧的定义及必要条件

燃烧的定义

根据《消防词汇 第 1 部分：通用术语》（GB/T 5907.1—2014），燃烧是指可燃物与氧化剂作用发生的放热反应，通常伴有火焰、发光和（或）烟气的现象。燃烧应具备 3 个特征，即化学反应、放热和发光。

燃烧的发生和发展，必须具备 3 个必要条件（通常称为燃烧三要素），即可燃物、助燃物（氧化剂）和温度（引火源）。当燃烧发生时，上述 3 个条件必须同时具备。如果有一个条件不具备，那么燃烧就不会发生或者停止发生，燃烧的 3 个必要条件可用“燃烧三角形”来表示，如图 8-1 所示。

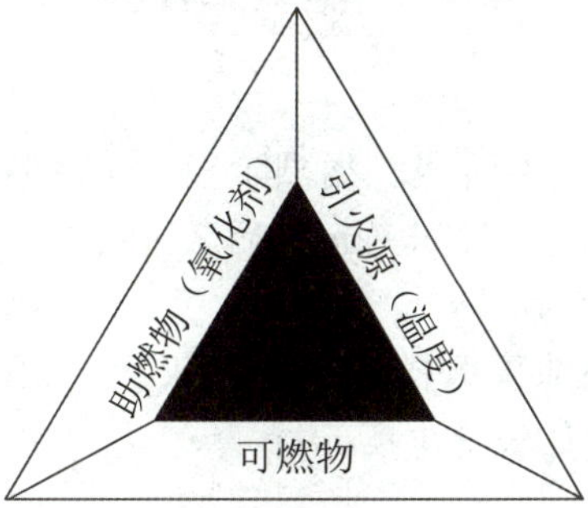

图 8-1 燃烧三角形

2）火灾的定义

根据《消防词汇 第 1 部分：通用术语》（GB/T 5907.1—2014），火灾是指在时间或空间上失去控制的燃烧。

3）火灾的分类

按照国家标准《火灾分类》（GB/T 4968－2008）的规定，火灾分为 A，B，C，D，E，

F共6大类。

- **A类火灾：**固体物质火灾。可燃固体物质通常具有有机物性质，一般在燃烧时能产生灼热的余烬。可燃固体物质是火灾中最常见的燃烧对象，如木材、干草、煤炭、棉、毛、麻、纸张等。
- **B类火灾：**液体物质或可熔化的固体物质火灾。常见的可燃液体物质有煤油、柴油、原油、甲醇、乙醇等，常见的可融化的固体物质有沥青、石蜡等。
- **C类火灾：**气体火灾。如煤气、天然气、甲烷、乙烷、丙烷、乙炔、氢气火灾等。
- **D类火灾：**金属火灾。常见的可燃金属有锂、钠、钾、钙、镁、铝、铝镁合金等。
- **E类火灾：**带电火灾，即物体带电燃烧的火灾。如变压器等设备的电气火灾。
- **F类火灾：**烹饪器具内的烹饪物（如动植物油脂）火灾。

按照国务院493号令《生产安全事故报告和调查处理条例》的规定，按一次火灾事故所造成的人员伤亡和直接经济损失，将火灾等级划分为4类。

- **特别重大火灾：**造成30人以上死亡，或者100人以上重伤，或者1亿元以上直接经济损失的火灾事故。
- **重大火灾：**造成10人以上30人以下死亡，或者50人以上100人以下重伤，或者5 000万元以上1亿元以下直接经济损失的火灾事故。
- **较大火灾：**造成3人以上10人以下死亡，或者10人以上50人以下重伤，或者1 000万元以上5 000万元以下直接经济损失的火灾事故。
- **一般火灾：**造成3人以下死亡，或者10人以下重伤，或者1 000万元以下直接经济损失的火灾事故。

注意

上述“以上”包括本数，“以下”不包括本数。

4）火灾阶段

火灾燃烧分为初始阶段、发展阶段、猛烈阶段、下降阶段和熄灭阶段五个阶段。燃烧在初始阶段时是最佳的扑救阶段，时间为起火后3～5 min。

5）灭火的基本原理和措施

火灾发生后应科学、准确地采取措施，快速灭火，最大限度地减少火灾危害。灭火的措施、基本原理及具体举措如表8-1所示。

表8-1 灭火的措施、基本原理及具体举措

防火措施	基本原理	具体举措
隔离灭火	消除助燃物	（1）对着火空间充灌惰性气体、水蒸气 （2）用湿棉被、湿麻袋等捂盖着火物 （3）封闭着火空间 （4）向着火物上喷射二氧化碳、干粉、泡沫、喷雾水等

表 8-1（续）

防火措施	基本原理	具体举措
冷却灭火	降低燃烧物的温度	（1）用直流水喷射着火物 （2）不间断地向着火物附近的未燃烧物喷水降温
窒息灭火	隔离火源与着火物	（1）用沙土等堵截流散的燃烧液体 （2）将未着火物质搬迁转移至安全处 （3）拆除毗连的可燃建（构）筑物 （4）用难燃或不燃物体遮盖受火势威胁的可燃物质 （5）关闭燃烧气体（液体）阀门以切断气体（液体）来源
化学抑制灭火	中断燃烧链反应	往着火物上喷射阻燃气体、干粉等灭火剂至覆盖火焰以中断燃烧链反应

2. 灭火器材

1）灭火器

灭火器是由人操作的能在其自身内部压力作用下，将所充装的灭火剂喷出实施灭火的器具。

扫一扫

干粉灭火器使用方法

灭火器根据充装的灭火剂类型不同，可分为水基型灭火器、干粉灭火器、二氧化碳灭火器和洁净气体灭火器等，如图 8-2 所示。

（a）水基型灭火器　（b）干粉灭火器　（c）二氧化碳灭火器　（d）洁净气体灭火器

图 8-2　各种类型灭火器

灭火器的灭火范围如表 8-2 所示。

表 8-2　灭火器的灭火范围

灭火器类型	灭火范围
清水灭火器	主要用于扑救 A 类火灾

表 8-2（续）

灭火器类型	灭火范围
泡沫灭火器	主要用于扑救 B 类火灾，也可用于扑救 A 类火灾，抗溶泡沫灭火器还可以扑救水溶性易燃、可燃液体火灾 不适用于扑救带电设备火灾、C 类火灾和 D 类火灾
干粉灭火器	碳酸氢钠干粉灭火器用于扑救液体、气体火灾，以及电气设备火灾
	磷酸铵盐干粉灭火器应用范围较广，除了可以扑救固体、液体、气体火灾外，还可以扑救电气设备火灾
二氧化碳灭火器	用于扑救液体、气体火灾，以及电气设备火灾
洁净气体灭火器	主要用于扑救可燃固体的表面火灾、可熔固体火灾、可燃液体及灭火前能切断气源的可燃气体火灾，还可扑救带电设备火灾

2）消火栓

室内消火栓也是常用的灭火器具，通常安装在消火栓箱内，由消防水带、消防水枪和栓阀等组成，如图 8-3 所示。

（a）外形

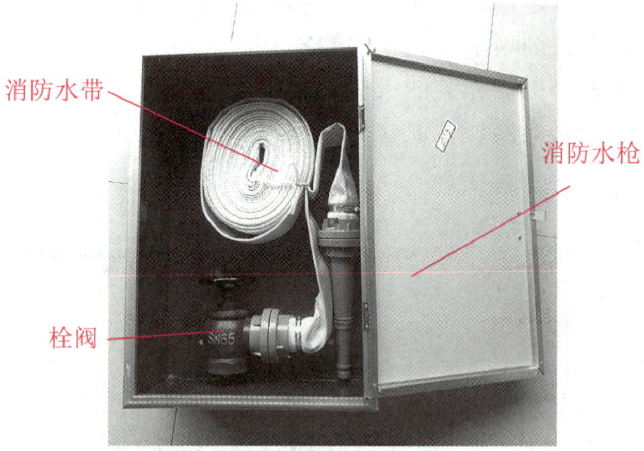

（b）内部结构

图 8-3　消火栓箱

室内消火栓的使用方法如下。

（1）发生火灾时，应迅速打开消火栓箱门，紧急时可将玻璃门击碎。

（2）按下箱内控制按钮，启动消防水泵。

（3）取出水枪，拉出水带，同时把水带接口一端与消火栓接口连接，另一端与水枪连接，在地面上拉直水带。

（4）将室内栓手轮顺开启方向旋开，同时双手紧握水枪，喷水灭火。

灭火完毕后，关闭室内栓及所有阀门，将水带冲洗干净，置于阴凉干燥处晾干后，按原水带安置方式置于栓箱内。将已破碎的控制按钮玻璃清理干净，换上同等规格的玻璃片。检查栓箱内所配置的消防器材是否齐全、完好，如有损坏应及时修复或配齐。

3）消火破拆工具

常用的消防破拆工具有铁锹、消防钩、消防斧等，主要是在灭火时用于开启门窗、破拆建筑结构和清理火场、开辟消防通道，以便进行灭火、救火、疏散物资或阻止火势。

3. 电气火灾

电气火灾一般是指由于电气线路、用电设备、器具以及供配电设备因故障产生高温、电弧、电火花，以及电热器具引燃本体或其他可燃物而造成的火灾，通常也包括由雷电和静电引起的火灾。为了抑制电气火源的产生而采取的各种技术措施和安全管理措施，统称为电气防火。

导致电气火灾的起因很多，主要包括短路、过载、接触不良、接地故障、烘烤与摩擦、静电、雷电等。

扑救电气火灾时，应先断电，再救火。注意不能用水，因为水能导电，用水灭火有可能触电伤人或造成短路。

4. 初期火灾处置常识

1）火灾报警

发生火灾时，及时报警对迅速扑灭火灾、降低火灾危害和减少火灾损失具有极为重要的作用，是及时扑灭火灾的前提。

报告火警主要指发生火灾后，应立即拨打火警电话“119”。报告火警时，必须讲清发生火灾场所的详细地址，说明火灾的大概情况，并说明本人姓名、性别、年龄、联系电话和单位等基本信息。

扫一扫

火灾报警

2）安全疏散

对于公众聚集的场所，一旦发生火灾，若疏散不力，很容易造成人员群死群伤的严重后果。因此，对于铁路相关场所发生的火灾，第一要务是疏散。《消防法》中规定人员密集场所发生火灾，该场所的现场工作人员应当立即组织、引导在场人员疏散。

四、职工人身安全

1. 通过线路或在线路行走时的安全

（1）通过线路时，应走天桥、地道或平交道，并严格执行“一停、二看、三通过”的制度，严禁钻爬车底、跨越车钩或扒乘机车车辆。

（2）顺线路行走时应走路肩，不走轨心、轨面和轨枕头，并随时警觉前后列车。禁止在运行中的机车、车辆前抢越线路。小型机动车通过平过道时必须有人引导。严禁在钢轨上、轨枕头、车底下、道心、车端部、站台边站立、坐卧、避风、雨、雪或乘凉。

（3）列车乘务员赴站及返段必须一班同行，走固定的线路，要注意站台上或通道上的积雪及脚下障碍物，以防滑倒，不要在运行的机车车辆中间行走。出乘、到达须横越线

路时，必须设安全防护人员。

（4）横越有机车、车辆停留的线路时，必须先确认机车、车辆暂不移动，然后在距该机车、车辆 10 m 以外绕行。穿越车辆空档时，首先确认车辆暂无移动后，再从两车组之间空档处迅速穿越，穿越两车组间空档的间距不得小于 10 m，并要注意脚下有无障碍物及邻线机车、车辆动态。

2. 电气化铁路安全

1）电气化铁路区段接触网工作电压

接触网最高工作电压为 27.5 kV，瞬时最大值为 29 kV；最低工作电压为 20 kV，非正常情况下，不得低于 19 kV。

2）与牵引供电设备带电部分的距离

为保证人身安全，除专业人员执行有关规定外，其他人员（包括所携带的物件）与牵引供电设备带电部分的距离，不得少于 2 000 mm。

在设有接触网的线路上，严禁攀登车顶及在装载货物的车辆上作业；如确需作业时，须在指定的线路上，将接触网停电接地后，方准进行。

3）客运人员在电气化区段

（1）严禁登上机车、车辆的车顶或翻越车顶通过线路。

（2）严禁登上车顶击打餐车、茶炉、燃煤锅炉的烟筒，也不能用长竿去接触车顶任何部位。

（3）严禁用水冲刷车皮，上水时注意先插胶管后开水阀。

五、票据现金安全

1. 铁路客运票据管理

1）客运票据管理要求

铁路客运票据应实行集中统一管理，建立严格的客货票据管理制度，确保客货票据的安全。

2）票据库安全管理要求

（1）各营业站应设置客货票据库，二等以上车站配备管账员和管库员，实行票、账分管制度。业务量小的车站由车站站长或站长指定人员，负责监控客货运输票据请领、保管等工作。

（2）票据库钥匙必须由客货票据库管理人员专人保管，不准挂放公用。遇特殊情况时，可临时加挂双锁，由车站收入负责人指定二人各保管其中一套钥匙，共同开柜取票。

（3）票据库必须建立严格的出入库制度，有关人员需进入客货票据库时，必须由客货票据库管理人员陪同并执行登记制度。

（4）票据库必须配备专用的票柜、票架，并有防火、防盗、防湿、防虫蛀、防鼠咬等设施，有条件的要设置自动报警装置，并定期（每季）检查安全设备状况和防范措施执行情况。

（5）票据库内不准存放与客货运输票据无关的其他物品，严禁烟火和无关人员进入。

（6）未使用票据与使用过的票据实行分库（分区）保管。票据入库、出库，均要建立清点、登记、签收制度，及时登账，做到账实相符。

（7）客货票据库应建立严格的保管、交接和清查制度，客货票据库管理人员应定期对库内客户票据馆进行清查，确保账实相符。

3）客货票据使用安全

（1）保险箱（柜）除票据、资金外，不准存放其他物品。

（2）过夜或临时离岗时的客货票据均应全部存入保险柜并按规定锁闭。

（3）客货票据的交接必须当面清点并有完备的互相签认记录，严禁信用交接。因交接不清发生的问题其责任由接收入负责。

2. 铁路运输进款现金安全管理

1）运输进款管理基本要求

运输进款必须实行账款分管制度，不得由一人办理运输进款的收存、汇缴和运输收入报表编报的全过程业务。日均现金收入在 5 000 元及以上或日均总汇款在 10 万元及以上的营业单位应设专职人员负责运输进款的核对、解缴、上汇工作。专职负责运输进款的人员不得直接对外办理客货运输及收付款业务。

2）运输进款现金安全

（1）运输进款存放地点必须配备安全设备和防范措施，严禁无关人员进入。定期（每季）检查安全设备和防范措施的执行情况，及时排除安全隐患。

（2）营业单位必须按规定配备存放运输进款的专用保险柜，并指定专人负责管理，保险柜内不得存放其他与运输收入进款现金无关的物品。

（3）营业窗口的运输收入进款结账必须执行先封包交款后结账的规定，未办理运输收入进款交款手续前，不允许办理结账工作。结账发现短少款时，由责任人当时赔补，不准以溢收款或找零款顶数滚欠；发生溢收款时，当日列账上缴，待查明后处理，严禁保留账外现金。

（4）运输收入进款必须坚持专户管理的原则，严禁通过运输收入专户套取现金，发生退款时，按原收款结算方式办理。运输收入专户内不得办理与运输收入无关的经济业务及运输收入进款动支范围以外的其他收付款业务。

（5）各种银行票据的购买、保管、领用、注销等由专人负责管理，并专设登记簿进行记录，防止空白银行结算票据的遗失和被盗用。

（6）各营业站必须尽量压缩过夜现金，确保现金安全，当日进款应在次日 12:00 前送存银行。过夜或临时离岗时现金应全部存入保险柜，存放运输进款的处所应安排人员值班。

（7）运输收入资金向银行送存时，原则上实行银行上门服务，确无条件而自行送存的，从存款地点到送款机动车辆、送款途中及从送款机动车辆到银行，必须由公安人员全程护送；没有公安人员的车站，由单位负责人指派专人专车护送，日均现金收入在 1 万元及以上时，必须使用机动车辆送存银行；金额在 10 万元及以上时，应有公安干警、保卫干部携带枪支或警械护送，以防被抢、被盗事件发生。

实行银行上门服务的交款单位，必须与银行签订协议，明确双方的业务操作流程与交接要求、责任与义务、付费标准与费用承担等，所签协议上报铁路局收入管理部门备案。

（8）各营业站应按规定及时足额向铁路局运输收入专户汇缴运输收入资金。资金在途时间控制在规定天数以内。

（9）营业窗口的找零备用金由单位财务部门提供，不得使用运输进款滚欠。

六、危险品的查处

铁路部门应在车站和旅客列车，以广播、图形标志、电子显示、文字提示等各种方式，向铁路旅客、货主宣传运输安全方面的法律法规，对危险品的品名和限量携带物品的品名、数量应进行公布。前文已提及，危险品是指具有易燃、易爆、毒害、腐蚀、放射性的物品和传染病病原体及枪支、管制器具等可能危害公共安全的物品。常见的有：汽油、煤油、酒精、油漆、鞭炮、拉炮、发令纸、雷管、炸药、导火索、匕首、三棱刀等。

1. 危险品的检查方法

（1）实施运输安全检查的站、车工作人员应统一着装，佩戴规定的标志。

（2）实施人工检查时，一般应由旅客自己打开行李包裹或携带物品，必要时可由检查人员进行重点开包查验，但应尽量保持旅客物品完好。因检查不慎损坏物品时，应当按有关规定，经安检领导小组认定并区分责任后进行赔偿，应由安检部门赔偿的，在事故损失性费用中列支。

旅客或托运人申明所携物品不宜接受公开检查的，安检人员应根据实际情况，在适当场合检查。

旅客或托运人无正当理由拒绝检查时，携带或托运物品疑似为危险物品，但受客观条件限制又无法认定其性质的，旅客或托运人又不能提供该物品性质和可以经旅客列车运输的检测证明时，在车站应拒绝其进站或运输；在列车上应终止其旅行或托运，由列车长编客运记录，交前方停车站处理。

2. 查出危险品的处理方法

站车检查出危险品时，按下列规定处理。

（1）对危险品应依法予以收缴或扣押，但进站、托运前查出少量的危险品，可由旅客、托运人选择交送站亲友带回或放弃该物品。

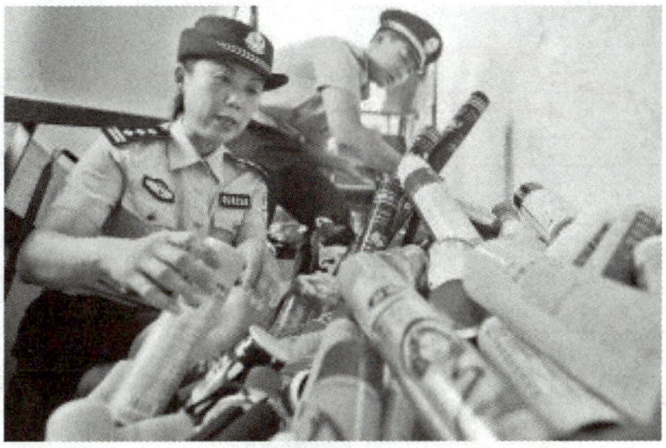

（2）对携带、托运、寄存数量较大的危险品，由公安机关登记、保管、处理。

（3）对未列入管制范围内的可能危害公共安全的器具，一般不进行罚没，应劝携带者交送行人员带回或办理托运；特殊情况下，公安派出所可代为保管，并出具保管单据，限定 30 日内取回，逾期视为主动放弃，由公安派出所按无主物品处理。

（4）对违反规定携带危险品进站上车或在车站寄存危险品或违反规定托运危险品的，应依照有关法律法规给予处罚；情节严重，构成犯罪的，应依法追究刑事责任。

（5）旅客进站上车时主动交出其携带的危险品的，可以从轻、减轻或不予处罚。

（6）对收缴危险品或予以处罚的，安全检查人员应向当事人告知有关权利。

（7）列车查出的危险品由值乘公安人员妥善保管，移交最近前方停车站公安派出所处理；不设公安派出所的车站，则由列车长编制客运记录，移交车站。对发令纸、鞭炮类的危险品，应立即浸水处理。对携带危险品进站上车，造成事故时，按国家有关规定处理。

案例分析——旅客列车火灾事故的反思

事故的直接原因是 13 号车厢厕所内暖气防护罩处的扫帚被遗留的火种点燃后，引燃夹层内暖气管的防寒毡、木衬板、防寒泡沫等蔓延成灾的。间接原因是扑救中未能及时使用紧急制动阀，延误列车分解使事故损失扩大。

上述事故告诉我们：列车工作人员的责任心和基本工作技能是保证安全运输的重要因素。如果我们的工作人员及时发现火种并及时扑灭，就没有后来的火灾；如果发现着火后及时、熟练地使用紧急制动阀，就不会扩大损失导致三辆客车报废……

所以，为了给广大旅客提供高质量的运输服务，客运人员在熟悉自身岗位职责、服务技能的同时，必须熟练掌握防火灭火知识、应对紧急事件的能力、列车设施设备的使用等。使得客运服务的群体始终处于良好的工作状态，特别要强化安全第一的思想，确保运输安全。

任务二 编制铁路客运记录与拍发电报

引导案例——转运后，行李逾期到达

2018年6月8日，太原站，旅客王×持6月7日济南—太原行李票，票号×××，行李1件，重33 kg，并出示6月8日太原—大同硬座车票，票号×××，要求将行李转运至新到站大同站。当时行李未到，也未逾期（应6月9日到达）。太原站按规定办完转运手续后，行李于6月12日逾期到达太原站。

请思考：

办理转运后，行李逾期到达，太原站应如何处理？

一、铁路客运记录

1．铁路客运记录的含义

铁路客运记录（简称客运记录）是指在旅客或行李、包裹运输过程中，因特殊情况，承运人与旅客、托运人、收货人之间需记载某种事项，或车站与列车之间办理业务交接的文字凭证。

2．铁路客运记录的编制规定

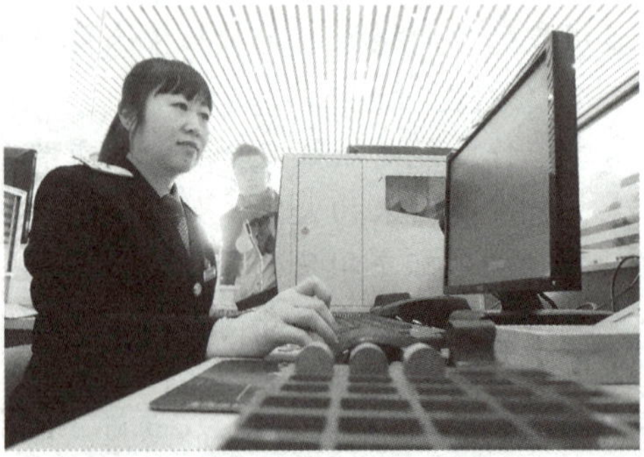

客运记录作为处理旅客或行李、包裹运输过程中具体业务事项的原始依据，和铁路站、车之间办理交接事项的文字凭证（参考图8-4），编制时，应注意以下几点。

（1）目的明确，内容完整。记录事由应简要说明编制客运记录的目的；记录内容措词应简明扼要、条理清楚、层次分明、述事完整。旅客及同行人要注明姓名、性别、年龄、住址、身份证号码等内容。所附票据要注明票种、票号、发到站等项目。所附携带品清单要注明物品名称、数量等，数字应采用大写，表述伤害状态及程度要尽量准确等。

（2）实事求是，描述准确。记录内容做到具体、准确，如实反映情况，不凭空猜想、主观臆测，不能出现含糊不清或似是而非的言辞。

（3）书写清楚，项目齐全。字迹清楚，不潦不草，不写自造简化字。记录的编号、移交的车站或派出所名称、编制记录的单位及编制人印章等项目应填写齐全，不漏项。

（4）顺序编号，按期保管。编制的客运记录应有顺序编号，一般一式两份，一份交接收人，另一份由接收人签字后铁路部门留存。旅客在列车上办理“挂失补”的，列车长需开客运记录一式三份，一份交旅客，一份上交车站，一份留存。对留存页应装订成册，妥善保管以备存查（一般存期为 1 年）。

3. 编制铁路客运记录的范围

以下情况车站需编制客运记录。

（1）发生误售、误购车票，在中途站、原票到站应退还票价时。

例 8-1 2018 年×月×日，常州站组织 K233 次列车（石家庄—上海）旅客出站时，1 名旅客持 9 月 24 日 K233 次列车（石家庄—常州）的硬座车票，票号×××，声称误购车票，实际到站为沧州。常州站应如何处理？

【解析】 常州车站根据旅客的正当到站，安排旅客乘坐列车 K188 免费送回。车站编制客运记录，将旅客交给免费送回的列车。车站应告知旅客不得自行中途下车。如中途下车，对往返乘车的免费区间，按返程所乘列车等级分别核收往返区间的票价，核收一次手续费。

客运记录填写式样如图 8-4 所示。

北 京 铁 路 局　　　　客统—1

客 运 记 录　　　　第　×　号

记录事由：误购

沧州站：

2018年×月×日，旅客持9月24日K233石家庄经郑州到常州的硬座车票，票号×××，声称误购车票，实际到站为沧州站。本站指定其乘坐K188次列车返回你站，请按章退换票价差额。

当日当次有效。

注：
1. 站、车需要编记录时均适用。
2. 本记录不能作为乘车凭证。

常州 站/段 编制人员　印　（印）
站/段 签收人员　（印）
2018年×月×日

图 8-4　客运记录填写式样（误购）

（2）将旅客遗失物品向查找站转送时。

例 8-2 2018 年×月×日，石家庄站候车室发现遗留提包 1 件，内有手机 1 部、灰色大衣 1 件及身份证 1 张，××，男，身份证号：×××（18 位）。次日联系到失主，失主要求铁路转送到保定站。石家庄站应如何处理？

【解析】 石家庄站应安排 K××次列车将遗留物品转送至保定站，并编制客运记录，对物品进行逐一清点，内附清单，物品加封，并注明品名件数，连同遗失物品交列车长转旅客所在站处理。

客运记录填写式样如图 8-5 所示。

北 京 铁 路 局　　　　客统—1

客运记录

第 × 号

记录事由：转交遗失物品
K××次列车：
2018年×月×日，我站在候车室发现遗留提包1件，内有手机1部、灰色大衣1件及身份证1张，
××，男，身份证号×××(18位)。已与失主取得联系，旅客要求转运到保定站领取，现编客运记
录交你车，请按章处理。
注： 1. 站、车需要编记录时均适用。 2. 本记录不能作为乘车凭证。 石家庄 站段 编制人员 印 (印) 站段 签收人员 (印) 2018年×月×日

图 8-5　客运记录填写式样（车站移交遗失物品）

（3）旅客在车站发生意外伤害时。

（4）行李、包裹票货分离，需补送行李、包裹或票据时。

扫一扫

旅客在车站发生意外

例 8-3 2018 年×月×日，K××次列车（清河城—北京）到达衡水站，应卸行包 86 件，实卸 87 件，其中行李皮箱 1 件，33 kg，有货无票。衡水站应如何处理？

【解析】 行李、包裹遇货签脱落，票、货分离，误装误卸造成误运时，应及时处理，查清到站，编制记录转送正当到站。

衡水站经与列车联系得知，此皮箱的运输区段为清河城—深州，行李票已交深州站，衡水站将无票行李补送深州站。

客运记录填写式样如图 8-6 所示。

北 京 铁 路 局　　客统—1

客运记录

第　×　号

记录事由：补送无票行李	
深州站：	
我站将2018年×月×日，K××次列车交下的清河城—深州行李皮箱1件，33 kg，现编客运记录	
至你站，请按章处理。	
注： 1. 站、车需要编记录时均适用。 2. 本记录不能作为乘车凭证。	衡水 站段 编制人员　印　(印) 站段 签收人员　(印) 2018年×月×日

图 8-6　客运记录填写式样（补送无票行李）

（5）行李、包裹票货分离，部分按时到达交付，部分逾期时。

（6）在中途站、原票到站处理因误售、误购车票而误托运行李时。

（7）行李、包裹装运后，旅客或托运人要求运回发站取消托运时。

例 8-4 2018年×月×日，旅客王×从北京托运仪器2件至杭州，共重48 kg，票号×××，当日北京—杭州 T31 次列车装出。三日后，旅客到北京站要求返回发站取消托运。北京站应如何处理？

【解析】 收回包裹票，编制客运记录交托运人作为货物返回后的领取凭证。此外还需拍发电报（详见后文）通知杭州站返送。

客运记录填写式样如图 8-7 所示。

北 京 铁 路 局　　客统—1

客运记录

第　×　号

记录事由：取消托运	
K××次列车：	
2018年×月×日，旅客王×从北京托运仪器2件至杭州，共重48 kg，票号×××，现有托运人	
要求返回发站取消托运，原票已收回，凭次记录领取。	
注： 1. 站、车需要编记录时均适用。 2. 本记录不能作为乘车凭证。	北京 站段 编制人员　印　(印) 站段 签收人员　(印) 2018年×月×日

图 8-7　客运记录填写式样（车站交列车，取消托运）

（8）行包所在站接到行包变更运输的电报时。

例 8-5 2018年×月10日，邢台站接到保定站发第×号电报，要求将本月8日保定站承运，本月9日到达邢台站的行李1件，20 kg，行李票号×××，运回发站取消托运。邢台站应如何处理？

【解析】 邢台站接到电报后编制客运记录，注明应收保管费日数，改正货签上的发、到站站名，连同行李运回发站。

客运记录填写式样如图8-8所示。

北 京 铁 路 局　　　　客统—1

客运记录

第 × 号

记录事由：取消托运

保定站：

2018年×月10日，我站接到贵站发第×号电报，要求将5月8日贵站承运，5月9日到达我站的行李1件，20 kg，行李票号×××运回发站取消托运。该行李在我站保管2天，保管费6.00元。请按章处理。

注：
1. 站、车需要编记录时均适用。
2. 本记录不能作为乘车凭证。

邢台 站段 编制人员 印 (印)

站段 签收人员 (印)

2018年×月10日

图8-8　客运记录填写式样（车站交车站，取消托运）

（9）车站发现伪报品名的行李、包裹损坏其他行李、包裹时。

（10）线路中断，列车停止运行后，鲜活包裹在途中被阻，托运人要求被阻站处理时。

例 8-6 2018年×月8日，南同蒲线因水害线路中断，导致部分列车停止运行。7日石家庄发临汾韭菜5箱，共重300 kg，包裹票号×××。该包裹在太原站被阻，经与发站石家庄联系，征求托运人的意见，同意在被阻站处理。太原站应如何处理？

【解析】 太原站应将物品（5箱韭菜）予以处理，将处理所得款额填写“客杂收据”上交，并编制客运记录，附处理单据寄送发站。

客运记录填写式样如图8-9所示。

太 原 铁 路 局　　　　客统—1

客运记录

第　×　号

记录事由：线路中断，鲜活包裹在被阻站变卖

石家庄站：

2018年×月8日，因水害线路中断，根据你站要求，将被阻我站的6月7日石家庄发至临汾韭菜5箱（共重300 kg，包裹票号×××）在我站变卖处理（当地价格2.00元/kg），所得变卖款600元扣除卸车费10.00元，剩余590.00元，我站以客杂A000001号上缴。现编记录随处理票据、运输报单寄你站，请按章处理。

注：
1. 站、车需要编记录时均适用。
2. 本记录不能作为乘车凭证。

太原 站段 编制人员　印　(印)

站段 签收人员　(印)

2018年×月8日

图 8-9　客运记录填写式样（线路中断，鲜活包裹在被阻站变卖）

提　示

鲜活包裹因线路中断在运输途中被阻，卸车站应及时与发站联系，征求托运人处理意见，托运人要求铁路处理时，卸车站应处理，处理所得款填“客杂收据”上交，在记事栏内注明情况，附处理单据寄送发站。发站凭记录和单据填写“退款证明书”退还已收运费与发站至处理站间运费差额和物品处理所得款。记录、处理单据及收回的包裹票随“退款证明书”报告页上报。

（11）在发站或中途站，行李、包裹发生事故或需要说明物品现状时。

（12）行李未到，办理转运手续后，逾期到达时。

二、铁路电报

1. 铁路电报的含义及等级

1）含义

铁路电报是铁路部门之间处理铁路生产紧急业务的通信工具，是办理紧急事务的公文表现形式。

2）等级

铁路电报的等级按电报的性质和急缓程度分为以下六种。

（1）特急电报（T）：非常紧急的命令、指示，处理重大事故、大事故、人身伤亡事故、重大灾害及敌情的电报。

（2）急报（J）：铁路总公司、铁路局、工程局的紧急命令、指示，时间紧迫的会议通知，列车改点，变更到站和收货人，车辆甩挂，超限货物运行，行车设备施工、停用、开通，限速的电报，国际公务电报及其他时间紧迫的电报。

（3）限时电报（X）：限定时间到达的电报。根据需要与可能，由用户与电报所商定，在附注栏内填记送交收电单位的时间，如限时 8:30 分，应写“XS8:30”。

（4）列车电报（L）：处理列车业务，必须在列车到达以前或在列车到达当时送交用户的电报。

（5）银行汇款电报（K）：银行办理铁路汇款业务，按急报处理。

（6）普通电报（P）：除上述五类以外的电报。

2. 发报权限、范围及内容限制

1）发报权限

铁路总公司电务文件规定：下列铁路单位和单位负责人（包括同级政工部门）有权拍发电报。

（1）铁路总公司、局及其他所属单位（包括铁路总公司内各局、司、院各处及同级单位）。

（2）基层单位的站、段等，及同级单位和铁路总公司、铁路局的驻在单位。

（3）出差和执行各项列车乘务工作的负责人员。

（4）与运输有直接关系的基层单位所属部门需要拍发电报时，需获铁路局批准后，才可拍发。

2）发报范围

拍发电报只限向全路有线电报通信网能够通达的范围内，具体如下。

（1）铁路总公司（包括所属各局级单位）及直属单位发报范围不限。

（2）铁路总公司所属单位可发至全路各同级单位，但不得发全路各站段。

（3）其他单位只能发至本局和外局的有关单位。

（4）基层单位不得向所属车间、工区、班组拍发电报。特殊情况需要拍发时，由铁路局批准。

（5）拍发给路外单位和铁路出差、乘务人员的电报，必须指定能够代其负责收转的铁路单位，但不得指定电报所。

3）电报内容限制

拍发电报时，电文涉及的事项必须是工作范围的内容。如遇下列情况，不得拍发电报。

（1）处理个人私事的电报。

（2）已经有文电的重复通知。

（3）挑战书、应战书、倡议书、感谢信的电报。

（4）由于工作不协调，互相申告（执行列车乘务工作的负责人，在列车运行中向上级领导汇报列车运行中发生的问题不在此限）的电报。

（5）报捷、祝贺、吊唁（铁路局及处以上单位或其负责人不在此限）的电报。

（6）推销产品、书刊及广告类的电报。

注意

执行列车乘务工作的负责人，在同一区段内，不得重复拍发同一内容的电报。

4）使用铁路电报的注意事项

（1）拍发电报必须使用铁路电报纸。

（2）编拟电报稿应使用规定的文字、符号、记号（即汉字及标点符号，汉语拼音字母，阿拉伯数字，规定有电报符号的记号和能用标准电码本译成四码的记号和字母），收电单位要明确，电文要通顺，文字力求简练，标点符号完整，字体清晰，并在原稿上填写拟稿人姓名和电话号码。

（3）电报稿左上角应有收抄报单位，右下角有发报单位本部门电报编号、日期，并应加盖公章、名章或签字。

3. 车站电报拍发范围

以下几种情况下车站需拍发电报。

（1）发站发现少收票款时。

（2）到站发现少收票款时。

例 8-7　2018 年×月 8 日，丹东站接到唐山站发（201×）第 060 号电报，要求查找×月 8 日唐山—丹东硬座代用票，票号 A006006，车票少收票款 60.00 元。×月 9 日 K××次列车到达丹东站，检票时发现了该代用票，向旅客说明了情况，并用“客运运价杂费收据”补收了票价。丹东站应如何回复唐山站？

【解析】　丹东站应发电报通知唐山站，铁路电报填写式样如图 8-10 所示。

铁路电报

电报统一1

发报所	电报号码	等级	词数	日	时分	附　注
主送：唐山站						
抄送：沈阳局收入稽查处、北京局收入稽查处						
2018年×月9日，K××次列车旅客出站时，出站口发现贵站发（201×）第060号电报所说少收款代用票，经与持票旅客说明，已于当日用“客杂”补收了少收的60.00元票款，客杂K003156号。						
特电告知。						
丹东站（2018）第×号						
丹东站（印）						
2018年×月9日						

图 8-10　铁路电报填写式样（少收票款）

提　示

到站发现旅客持用的代用票少收票款时，不论有无委托，均应主动填写“客杂收据”，向旅客补收差额。并将补收日期、金额及客运杂费收据号码告知发站。

（3）线路中断列车停止运行后，向上级汇报时。

（4）因发生意外伤害，招致旅客重伤或死亡时。

例 8-8 2018年×月×日，K××次列车（大原—北京）于23:45到达原平站，进入三站台4股道。下车旅客刘K××（女，34岁，原平×厂职工），持忻州—原平硬座车票（票号×××），她横越线路到二站台时，摔倒在1股道钢轨上，前额磕破流血不止，已昏迷。旅客携带的红色皮质挎包，内有现金800元，工作证1个。原平站应如何处理？

【解析】　原平站应立即会同公安人员检查旅客伤害程度，及时采取抢救措施，检查旅客所持车票和随身携带品，详细做成记录。在对受伤旅客简单包扎处置后，及时将其护送至当地医院抢救。旅客伤害事故发生后，应立即向上级主管部门及有关路局主管部门拍发事故速报，铁路速报填写式样如图8-11所示。（注意：条件允许时，应先电话汇报事故概况）

铁路电报

电报统一1

发报所	电报号码	等级	词数	日	时分	附 注
主送：太原铁路局客运处、客调、原平公安局						
抄送：北京路局客运处、客调						
2018年×月×日K××次列车（太原—北京）于23:45到达原平站，进入三站台4股道。下车旅客刘K××（女，34岁，原平×厂职工），持忻州—原平硬座票（票号×××），她横越线路到二站台时，摔倒在1股道钢轨上，前额磕破流血不止，已昏迷。我站已将旅客护送当地医院救治。						
特电告知。						
原平站（2018）第××号						
原平站（印）						
2018年×月×日						

图 8-11 铁路电报填写式样（发生意外伤害）

（5）发生票货分离、票货不符，需查找下落时。

（6）发生票货分离，顶件运输，需声明纠正时。

（7）行李、包裹装运后，托运人要求运回发站取消托运时。

（8）行李、包裹装运后，托运人要求变更到站时。

（9）中途站发现行李、包裹中有国家禁止或限制运输的物品或危险品时。

例 8-9 2018 年×月×日，青岛×厂张×自青岛北托运原料 3 件至太原，共 90 kg（每件重 30 kg），票号×××。18 日 K××次列车在石家庄北站查验时发现其中 1 件内有黄磷 5 kg。石家庄北站应如何处理？

【解析】 石家庄北站应停止运送，拍发电报通知青岛站转告托运人来石家庄北站处理，电报抄太原站，并双倍补收 1 件 30 kg 四类包裹运费。

铁路电报填写式样如图 8-12 所示。

铁路电报

电报统一1

发报所	电报号码	等级	词数	日	时分	附　注
主送：青岛站						
抄送：太原站，太原、石家庄局客运处、公安处						
2018年×月×日，青岛北站托运原料3件至太原站，共90 kg（每件重30 kg），票号×××。托运人：青岛×厂张×。18日我站查验时发现其中1件内有黄磷5 kg。先将该货物扣留在我站，请速通知托运人来我站处理。						
特电告知。						
石家庄北站行包（2018）第×号						
石家庄北站（印）						
2018年×月×日						

图 8-12　铁路电报填写式样（中途站发现行包中有危险品）

提　示

在中途站停止运送，拍发电报通知有关部门和托运人处理，已收运费不退，按四类包裹另行补收运输区段的运费及保管费。必要时还应交有关部门按国家有关规定处理。

（10）到站发现伪报一般货物品名时。

（11）到站发现重量不符，补收运费差额后，通知发站和主管铁路局时。

（12）到站发现重量不符，退还运费差额后，通知发站和主管铁路局时。

（13）站、车对装卸的行李、包裹，因故未办理交接手续时。

（14）到站查询逾期未到的行李、包裹时。

例 8-10　2018年×月18日，旅客方×持×月15日昆明—南京行李票，票号×××，行李（皮箱）1件，30 kg，在南京站要求提取行李，但行李至今未到。南京站应如何处理？

【解析】　南京站应向昆明站拍发铁路电报告之情况，铁路速报填写式样如图 8-13 所示。

铁路电报

电报统一1

发报所	电报号码	等级	词数	日	时分	附　　注
主送：昆明站						
抄送：昆明、上海局客运处						
201×年×月18日，旅客方×持×月15日昆明—南京行李票，票号×××，行李(皮箱)1件，30 kg，在我站要求提取行李，但行李至今未到，望按章查找行李补运我站。						
特电告知。						
南京站（201×）×号，						
南京站（印）						
201×年×月18日						

图 8-13　铁路电报填写式样（到站查询逾期行李）

（15）车站对查询逾期行李、包裹电报的复电。

例 8-11　2018 年×月 18 日，昆明站收到南京站行（2018）第×号电报，查询×月 15 日昆明发南京皮箱 1 件，30 kg，行李票号×××。经昆明站查找核对，该行李已于承运当日由 K156 次列车正确装出，列车行李员张×签收。昆明站应如何回复南京站？

【解析】　发站收到查询电报后，应立即查找核对，如已装出，应将装车日期、车次发电报回复到站，并抄知接受的列车主管段。

铁路电报填写式样如图 8-14 所示。

铁路电报

电报统一1

发报所	电报号码	等级	词数	日	时分	附　　注
主送：南京站						
抄送：昆明、上海局客运处，昆明客运段						
201×年×月18日，贵站行（201×）第×号电报收悉，经核对，×月15日昆明发南京行（皮箱）1件，30 kg，行李票号×××，该行李已于承运当日由K156次列车正确装出，列车行李员张×签收。						
特电告知。						
昆明站（201×）×号，						
昆明站行包房（印）						
201×年×月18日						

图 8-14　铁路电报填写式样（发站回复查询逾期行李）

（16）发站向到站通报笨重货件装运及要求组织卸车时。

（17）列车长出乘前，必须带足所需的客票票据。遇特殊情况在中途站或折返站借票时，列车长应与车站办理借票手续，出借票据的车站应发电报向双方铁路局收入部门及有关客运段报告借票情况时。

案例分析——转运后，行李逾期到达

行李未到，当时又未超过运到期限，王×需继续旅行并凭新购车票办理转运新到站的手续，若行李逾期到达原到站，车站应编制客运记录，随同运输报单一并送交新到站。客运记录填写式样如图 8-15 所示。

太原铁路局　　　　客统—1

客运记录

第　×　号

记录事由：行李未到，办理转运手续后，逾期到达

大同站：

2018年6月8日，在太原站，旅客王×持6月8日太原—大同硬座客票，票号×××，要求将6月7日济南—太原行李1件（33 kg，行李票票号×××）转运至你站，当时行李未到，我站已于6月12日按章办理行李逾期到站，现编客运记录随处理票据、运输报单寄于你站，请按章处理。

注：
1. 站、车需要编记录时均适用。
2. 本记录不能作为乘车凭证。

太原 站/段 编制人员　印　（印）
站/段 签收人员　（印）
2018年6月8日

图 8-15　客运记录填写式样（行李未到，办理转运手续后，逾期到达）

任务三　旅客人身伤害事故处理

引导案例——旅客意外受伤处理

5 月 11 日，嫩江站组织 K5018 次旅客上车完毕，车站广播室已经广播停止检票，客运员王×未按规定停止检票，继续放行一名旅客进站，该旅客匆忙赶到二站台，列车已经关门、启动，旅客强行扒车，被列车摔下，造成脚关节扭伤。受伤旅客张×，女，

35 岁，家住嫩江×小区×栋×室，持 5 月 11 日嫩江站至哈尔滨全价客快票一张，票号 A0000××，身份证号码××…×，携带背包一个，5 月 16 日，旅客伤愈出院，医药费 4 000 元，事故处理费 200 元，嫩江站如何处理？

请思考：

嫩江站如何处理？

旅客发生急病或意外伤害时，车站、列车工作人员均应本着对人民生命健康高度负责的精神，采取有利于抢救的措施，尽力予以救助。事故发生后，事故发生单位和事故处理单位应当本着实事求是、依法办理的原则，积极负责地处理事故。

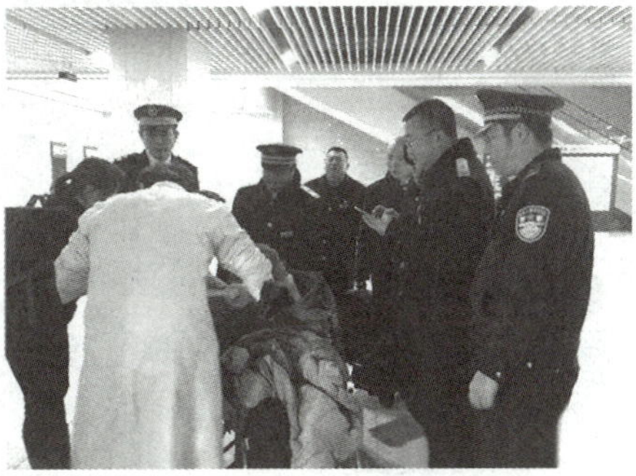

一、旅客人身伤害事故的种类与等级

1. 旅客人身伤害种类

（1）死亡。

（2）重伤：肢体残废、容貌毁损、视觉、听觉丧失及器官功能丧失，具体参照司法部颁发的《人体重伤鉴定标准》。

（3）轻伤：伤害程度不及重伤者。

受伤旅客治疗费用在 200 元以下者，不列事故。

2. 旅客人身伤害事故事故等级

（1）特别重大伤亡事故：指一次造成 30 人以上死亡的事故。

（2）特大伤亡事故：指一次造成 10 至 29 人死亡的事故。

（3）重大事故：指一次造成 3 至 9 人死亡的事故。

（4）一般伤亡事故：指一次造成 1 至 2 人死亡的事故。

（5）重伤事故：指有重伤没有死亡的事故。

（6）轻伤事故：指只有轻伤没有重伤和死亡的事故。

二、旅客伤亡现场处理

（1）在站内或旅客列车上发生旅客人身伤害时，站车工作人员应当到现场查看旅客伤害情况，报告列车长、站长组织救护稳定人员情绪，维护现场秩序。

（2）列车上发生的旅客伤害需交车站处理时，应移交前方县、市所在地车站或当地具备公共医疗条件的停车站；需要提前报告运行所在铁路局客运调度时，由客运调度通知车站做好救护准备工作。

注意

如旅客不同意下车救治处理时应当由旅客出具拒绝下车治疗的书面声明，并按规定收集两份及以上的证人证言。

（3）列车因旅客伤害严重需要紧急停车处理或发生 3 人以上疑似食物中毒的，应当立即报告运行所在铁路局客运调度。客运调度员接到报告后立即根据列车长提出的要求，通知有关车站及值班主任（列车调度员）。需要紧急停车处理的，列车长还应报告本铁路局客运处。

（4）列车发现旅客在区间坠车时，应当立即停车处理，并通知就近车站或将受伤旅客移交就近车站。列车在区间停车需要防护时，按有关规定处理。

不具备停车条件或者延迟发现的，列车长应当报告运行所在铁路局客运调度，客运调度员接到报告后立即通知值班主任，值班主任通知相关列车调度员和铁路公安局指挥中心，由列车调度员和铁路公安局指挥中心分别通知临近车站及车站铁路公安派出所派人寻找。列车运行至前方停车站时，列车长应拍发电报，向发生地和列车担当铁路局主管部门报告。

（5）车站对本站发生的及列车移交的伤害旅客，应当及时联系当地医疗急救机构或送就近医院抢救。

发生医疗费用时，应当根据对责任的初步判断，属于旅客自身责任或第三人责任的，由旅客或第三人支付医疗费用。

暂不能区分责任或者责任人不明、无力承担的，经处理站站长或者车务段段长批准，可用站进款垫付。动用站进款时，填写或补填“运输进款动支凭证”（财收—29），10 天内由核算站或车务段财务拨款归还。

（6）受伤旅客经现场抢救无效死亡，或对站内、区间发现的旅客尸体，经医疗部门或公安机关确认死亡，公安机关现场勘查结束后，车站应当转送殡仪馆（在此之前，车站应将尸体转移至适当地点并派人看守），并尽快通知其家属。尸体存放原则上不超过 10 天。

死者身份不清且在地（市）级以上报刊登寻人启事后 10 天仍无人认领的，应当根据铁路公安机关书面意见处理尸体；系不法侵害所致的，应当根据铁路公安机关书面意见并商死者家属意见处理尸体。

对死者的车票衣物随身携带物品等应当妥善保管，并于善后处理时一并转交其继承人；死者身份不明或者家属拒绝到站处理的，按无法交付的物品处理。

外国人在铁路站车死亡的按照《关于转发〈民政部、外交部、公安部关于外国人在华死亡后处理程序有关问题的实施意见〉的通知》（公法〔2008〕25 号）处理。

（7）发生旅客人身伤害，需要保护现场时，应当及时采取措施保护现场，禁止与救援、调查无关的人员进入。必要时，可请求地方政府协助。

（8）发生旅客人身伤害后，列车长、站长及铁路公安人员应当及时组织现场查验，全面搜集、梳理相关证据资料检查旅客所持车票的票种、票号、发到站、车次、有效期及有效身份证件信息等，描绘现场旅客定位图，收集不少于两份同行人或见证人的证言及查验记录、现场照片、录像等其他相关证据，形成比较完整的证据链，能够证明发生的过程和原因，初步明确性质，并妥善保管。

旅客和第三人能够说明事件发生经过或责任的，应当由其出具书面材料并签字确认。

证人应当具有完全民事行为能力，证人证言中应当记录证人的姓名、性别、年龄、地址、联系方式、有效身份证件信息等内容。有医务工作人员参加救治时，应当由其出具参与救治工作的证言。

证人、证言应当真实，能够反应发生的时间、地点、过程、原因和结果。

涉及违法犯罪的旅客人身伤害或死亡的，由铁路公安机关组织现场勘查。

（9）列车向车站移交伤害旅客时，列车应当编制客运记录和旅客携带物品的清单一式两份，一份由列车存查，一份连同车票、证明材料、相关证人及其联系方式等资料一并移交。客运记录应载明日期、车次、旅客姓名、性别、年龄、国籍、民族、职业、单位、有效身份证件号码、联系方式、住址、车票种类、号码、发站、到站、车厢、席位、受伤地点、受伤原因、受伤部位、处理简况以及证据材料清单等内容。因时间来不及证明上述内容时，可在客运记录中简要记明日期、车次、下交原因，并必须在 3 天内向处理单位补交有关材料。特殊情况来不及编制客运记录时，列车长或其指定的专人应随同伤害旅客下车办理交接。涉及第三人时，应将第三人同时交站处理。

对已经控制的违法、犯罪嫌疑人，应当及时移交车站公安派出所。列车向车站移交伤害旅客时，车站不得拒绝接收。

（10）旅客在法定时限内索赔且能证明伤害是在铁路旅客运输过程中发生的，受理单位应及时通知发生单位，并本着方便旅客的原则，移交旅客就医所在地车站或旅客发、到站处理，被移交站应当受理。发生单位应当在 10 天内搜集并向处理单位移交相关证据材料。

三、事故通报

1. 事故速报

（1）站、车发生旅客伤害事故时，可立即用电话向所在单位与上级主管部门报告概况，如果发生重伤以上旅客人身伤害时，应在第一时间以短信方式向所属铁路局主管部门报告，随后向有关铁路局主管部门拍发事故速报，并逐级向上级主管部门报告。

（2）事故速报的填写事项如下。

① 事故种类。

② 发生日期、时间、车次。

③ 发生地点、车站、区间里程。

④ 伤亡旅客姓名、性别、国籍、民族、年龄、职业、单位、住址、有效身份证号码、

联系方式。

⑤ 车票种类、发到站、票号、车厢、席位等情况。

⑥ 发生经过、旅客伤亡及现场处理简况。

（3）在站内或区间发现旅客坠车时，应迅速通报有关列车。有关列车接到通报时，应立即调查情况，收集旁证和旅客携带品并在 3 天内向处理站移交。

（4）发生事故造成旅客伤亡人数较多时，应通报地方政府和医院，请求协助抢救。

2. 报警

对下列情形造成的旅客人身伤害应当立即向公安机关报警。

（1）杀人、抢劫、抢夺、强奸、爆炸、纵火、绑架、结伙斗殴、寻衅滋事、故意伤害、击打列车、故意损毁、移动站车设备等违法犯罪行为。

（2）因散布谣言，谎报险情、疫情、警情、扬言放火、爆炸、投放危险物质、或者非法阻拦行车、堵塞通道，引起公共秩序混乱。

（3）火灾、爆炸、中毒等治安灾害事故。

（4）精神病人肇事肇祸、醉酒滋事行为。

（5）自然灾害。

（6）铁路设备、设施故障造成的事故。

发生旅客人身伤害及携带品损失且有下列情形之一的，应当及时通知铁路公安机关。

（1）应当控制、约束违法犯罪嫌疑人和扣押相关涉案物品的。

（2）应当保护现场、维持秩序、协同救助的。

（3）应当由铁路公安机关介入调查，获取证据，查明原因的。

（4）引发治安纠纷或者酿成群体性事件并影响车站秩序，应当及时处置的。

（5）造成旅客死亡的。

四、事故善后处理

1. 成立事故处理工作组

（1）发生旅客伤害事故，应成立事故处理工作组。事故处理工作组由以下单位和人员组成。

① 事故处理站（车务段）或其上级主管部门。

② 事故责任单位或发生单位及其上级主管部门。

③ 事故处理站公安派出所。

④ 与事故处理有关的单位或人员。

（2）事故处理工作组组长一般情况下由事故处理站（车务段）的站长（段长）担任；发生重大及以上伤亡事故时，事故发生地所属铁路局局长为组长。

（3）事故处理工作组组长单位负责如下工作。

① 办理受伤旅客就医、食宿等事宜。

② 收集事故有关资料，建立案卷。案卷中应有：客运记录、旁证材料、受伤旅客提供材料、车票、医院证明、现场照片或图示、寻人启事、公安部门现场勘测笔录、鉴定结论和处理尸体意见等。

③ 查实受害人身份，通知受害人家属或发寻人启事。

④ 召开事故分析会，分析事故原因，确定责任单位。

⑤ 处理死亡旅客遗体。

⑥ 与旅客或其继承人、代理人协商办理赔付。

⑦ 其他与事故处理有关的事宜。

（4）事故发生后，应当及时召开事故分析会，铁路局应派员参加重大及以上伤亡事故分析会。应由政府安全监管部门调查处理的旅客伤害事故，按照国家有关规定办理。

2. 旅客伤害责任划分

铁路旅客人身伤害事故责任分为旅客自身责任、第三人责任、铁路运输企业责任及其他。

（1）旅客违反铁路安全规定，不听从铁路工作人员引导、劝阻等违法违章行为或其他自身原因造成的伤害，属于旅客自身责任。

（2）由于铁路运输企业人员的职务行为和设施设备的原因，给旅客造成的伤害，属于铁路运输企业责任。

（3）由于旅客和铁路运输企业合同双方以外的人给旅客造成的伤害，属第三人责任。

（4）非上述三种责任造成的伤害，属于其他。

3. 铁路责任伤害的划分

铁路运输企业责任分为客运部门责任和行车等其他部门责任。客运部门责任分为车站责任和列车责任。

1）车站责任

（1）旅客持票进站后或下车后出站前，因车站组织不当造成人身伤害的。

（2）车站引导标识缺失或不准确，误导旅客造成旅客人身伤害的。

（3）车站设施设备不良造成旅客人身伤害的。

（4）车站在规定停止检票后继续检票放行或检票放行时间不足，致使旅客抢上列车造成伤害的。

（5）车站组织不当造成旅客上车时发生人身伤害的。

（6）因车站客运工作人员违章作业、过失造成旅客人身伤害的。

（7）事故处理工作组有理由认定属于车站责任的。

2）列车责任

（1）车门漏锁致使旅客坠车造成人身伤害的。

（2）列车工作人员过错，致使旅客误下车、背门下车，在不办理乘降的车站（包括区间停车）下车、列车运行中开启车门造成人身伤害的。

（3）列车组织不当或列车工作人员违反作业标准，致使旅客乘降时造成人身伤害的。

（4）列车客运工作人员对设备管理不善造成旅客人身伤害的。

（5）列车客运工作人员违章作业、过失造成旅客人身伤害的。

（6）有理由认定属于列车责任的。

事故处理工作组认为两个以上单位都负有责任时，可列两个以上的责任单位。

3）其他部门责任

铁路运输企业的其他部门责任造成旅客伤害的由其他部门负责。

4. 其他单位责任

对事故责任划分有争议时，事故处理工作组应将调查报告、事故案卷、处理意见等有关资料报事故发生和事故处理单位共同的上级客运主管部门或其授权的客运主管部门裁决。

5. 事故责任划分特殊处理

对事故责任划分有争议时，事故处理工作组应将调查报告、事故案卷、处理意见等有关资料报事故发生和事故处理单位共同的上级客运主管部门或其授权的客运主管部门裁决。

发现对事故定性不准确、处理不符合规定时，上级客运主管部门可以责令重新审查或纠正。

事故处理完毕后，事故处理工作组应开具“铁路旅客及携带品损失定责通知书”如表 8-3 所示，寄送事故责任单位并抄知其上级客运主管部门。

表 8-3 铁路旅客及携带品损失定责通知书

______铁路局：

______站（段）：

关于______年______月______日发生______旅客人身伤害（携带品损失），经调查处理工作组研究，列______站（段）______责任。

特此通知。

××安全监管办公室（公章）

______年______月______日

注：本通知一式四份，一份交善后处理工作组，一份处理站（段）留存，寄送责任单位及其上级主管部门各一份。

五、旅客携带品损失的处理

（1）由于铁路运输企业过错造成旅客自带行李损失时，铁路运输企业应当承担赔偿责任。但赔偿最高不超过国务院规定的赔偿限额。

（2）铁路运输企业对旅客的货币、金银、珠宝、有价证券或者其他贵重物品所发生灭失、损坏不负赔偿责任。

（3）办理旅客自带行李损失赔偿时，由旅客或其继承人、代理人向铁路运输企业提出可确认的证据。处理时使用“铁路旅客人身伤害及携带品损失最终处理协议书”。

六、事故结案赔偿

1. 结案工作的开展

（1）发生旅客轻伤且经旅客或第三人同意现场调解、责任明确的，可由车站会同公安派出所、发生单位、旅客、第三人等共同进行现场处理并结案。

（2）受伤旅客临床治疗结束或死亡旅客遗体处理完毕，工作组应当根据铁路监管部门（铁路安全监督管理办公室）对责任确定情况，核实各项费用及授权委托书、亲属关系证明及有关证明后，涉及铁路运输企业责任的尽快按有关法律规定与旅客或其继承人、办理人协商办理赔付。

（3）在铁路运输过程中发生旅客携带品损失时旅客或其继承人、代理人应当向铁路运输企业提出可确认的证据，铁路运输企业经确认后，商谈赔偿了结。

2. 赔偿款额的确定

（1）医疗费用应根据实际产生或后续治疗需要，凭治疗医院单据或建议核定。旅客需转院治疗时，应与处理单位协商一致，并经治疗医院同意。

（2）残疾赔偿金应根据有关鉴定机构出具的旅客人体损伤残疾程度鉴定意见，或者根据旅客受伤程度比照有关人体损伤残疾程度鉴定标准所对应的残疾等级，按照有关标准计算。责任旅客伤害经救治无效死亡的，应根据有关法律按照规定标准计算死亡赔偿金。

（3）在铁路旅客运送期间发生旅客携带品损失时，承运人有过错的，应当承担损害赔偿责任，旅客出具发票（或其他有效证明）证明购买价格时已扣除物品合理折旧、损耗后的净值赔偿或以处理单位所在地物价部门或价格评估机构确定的物品价值赔偿。

（4）处理旅客人身伤害的其他费用：包括现场勘验费、看尸抬尸埋尸费、验尸费、寻人启事费以及善后处理直接有关的交通费、护送费、住宿费、救济费等。所有发生的费用均须有发票、收据等列明金额的书面证明材料方能进行支付。

3. 办理赔付与清算

（1）办理赔付时，编制“铁路旅客人身伤害及携带品损失最终处理协议书”，经各方确认、签字或加盖处理单位公章后，将赔偿金依据法定顺位支付给旅客或其继承人、代理人，旅客或其继承人、代理人出具收据交处理单位。

（2）根据责任确定情况，处理旅客人身伤害所发生的赔偿金及其他费用，由责任单位承担；无法确定责任单位的，由发生单位承担。

（3）需向责任单位或发生单位转账时，由处理单位所属铁路局财务部门开具“转账通知书”（会凭 7），连同“铁路旅客人身伤害及携带品损失最终处理协议书”转送责任单位或发生单位所属铁路局财务部门。

责任单位或发生单位所属铁路局财务部门应当在收到“转账通知书”等材料次日起 30 日内将费用转拨至处理单位所属铁路局；超过 30 日的，每超过 1 日，按应付费用的 0.5% 支付滞纳金。

旅客人身伤害是旅客自身原因或第三方造成时，铁路运输企业在垫付相关费用后，可向旅客或第三方追偿。

七、事故调查报告与统计

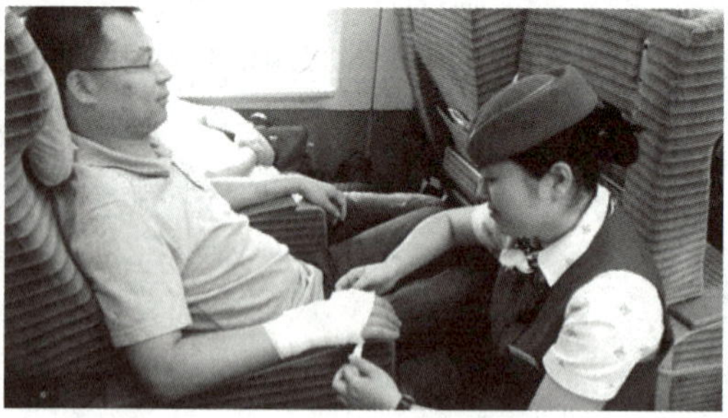

（1）旅客人身伤害处理完毕后，处理单位和发生单位应在 3 日内逐级向所属铁路局客运主管部门报送“调查处理报告”。

（2）铁路局应当在每月 20 日前汇总本局上月处理的旅客人身伤害情况，按要求填写“铁路旅客人身伤害统计表”和“安全情况报告”，报铁路总公司运输局。

（3）案卷一案一卷，由处理单位保管，保存期为 5 年。

嘉言善行

致敬风雪中坚守的铁路人

2021 年 11 月，冬日如约而至，呼啸的北风毫不吝啬地吹至祖国大地，雪花像棉絮一样在空中飞舞，飘落在祖国河山。11 月 7 日，黑龙江省迎来降雪，14 个站点的降雪量达暴雪级别。截至 8 日 8 时，黑河、伊春、齐齐哈尔等 9 地最大积雪深度达 17 cm。

雪情就是命令，防雪就是责任。铁路是人民出行的重要交通工具，为确保铁路运输的绝对安全，相关铁路部门闻雪而动，迅速启动应急机制，调配 1 万余名应急值守人员提前备勤到位，并调集上千台大功率风力除雪机、除雪车辆等设备，进行各个铁路站区的应急除雪工作，对所有站场道岔、股道及线路、桥梁、隧道端口处的积雪进行清除。与此同时，哈铁集团公司加强了恶劣天气应急机制建设，提前与地方各级气象部门建立有效的天气预报信息联系机制，坚持

24 h 应急值守，及时掌握铁路区域性恶劣天气情况，做好铁路沿线风速、雪深监测，及时发布预警信息，为应急除雪提供监测依据。铁路部门全力以赴，只为让旅客出行无忧，用行动诠释了责任与坚守。

风雪无情，人间有爱。铁路人用暖心服务温暖民心。降雪期间，相关铁路部门严格做好漠河、乌伊岭、鹤北等方向运行的公益“慢火车”的供暖、供水工作，做好车门、车厢连接处和乘降梯的除冰防滑，为林区、垦区出行的旅客提供便捷的乘车服务。同时，他们还加大抢险救灾力度及煤炭、粮食等重点物资运输组织力度，提前做好了抢装、抢卸准备。

天无情，但人有情，铁路人用行动践行着为人民服务的宗旨。无论是防汛救灾、抗击疫情，还是防雪除冰，铁路人始终坚守在第一线，用为人民服务的赤诚之心在千里铁道上筑起安全防线，保证了国家经济大动脉的安全运行，这些风雪中坚守的铁路人值得人民的致敬。

（资料来源：https://www.chnrailway.com/html/20211109/1948602.shtml，有改动）

案例分析——旅客意外受伤处理

处理程序如下。

（1）嫩江站站长（或客运主任）、客运值班员立即会同公安人员检查旅客伤害情况。

（2）对受伤旅客简单包扎后，客运值班员开具客运记录（见图 8-16），并派车站工作人员将旅客送嫩江中心医院抢救治疗。

哈尔滨铁路局　　客统—1

客运记录

第 × 号

记录事由：

嫩江中心医院：

兹介绍我站客运员李×同志前往联系旅客张×，女，35岁，受伤抢救治疗一事，所需医药费由我站垫付，请接洽。

注：
1. 站、车需要编记录时均适用。
2. 本记录不能作为乘车凭证。

嫩江 站/段 编制人员　印　(印)
站/段 签收人员　(印)
2018年5月11日

图 8-16　客运记录填写样式（旅客受伤）

（3）嫩江站客运主任应会同公安人员勘查现场，检查旅客所持车票的票种、票号、发到站、车次、有效期及加剪情况；随身携带品详细做成清单，收集不少于两份的同行人或见证人的证言材料（物证和旁证），并保管好证据材料。

（4）客运值班员尽快编制伤亡事故速报，向所属局、客调、公安处及所属齐齐哈尔车务段拍发事故速报。

（5）通知受伤害旅客家属。

（6）受伤害旅客治疗结束，向事故处理站提出书面要求并出具治疗医院的发票和治疗期间的详细清单，作为事故处理站办理赔偿、确定给付赔偿金数额的依据。

（7）事故处理站召集事故处理委员会开会，协商处理方案，拿出处理意见，经铁路局同意后编制“铁路旅客人身伤害事故最终处理协议书”一式五份，参加会议各方对协议书所载内容无异议后签字生效。

（8）“铁路旅客人身伤害事故最终处理协议书”原则上应由旅客本人签字确认，并加盖手印。如旅客无法到场签字确认时，可出具授权书，由其指定的亲属或代理人签字确认。对于死亡旅客，应由其直系亲属进行处理签字确认。车站在签订协议书时，事故处理负责人必须在协议书上签字。在处理列车移交事故时，协议书“协议人”栏中必须注明列车单位全称，并要求列车单位代表签字确认。

（9）责任事故。因铁路设备或作业人员的职务行为导致的事故为责任事故。

项目实践——处理各类客运状况

一、模拟场景

（1）“旅客站内受伤”场景：3 月 10 日，某次列车于 23 点 10 分到达某站进入二站台 3 股道。车站组织下车旅客经过平交道口出站时，旅客未按车站的组织和引导出站，而是顺线路行走，被 1 股道通过的货物列车撞伤造成旅客伤害，旅客王信义、男、62 岁，持有该次车票，其左小腿及左臂轧断。

（2）“列车移交无人照看的精神病患者”场景：K82 次列车在漯河开车，在×号车发现 1 名旅客精神病突然发作，通过核实，发病旅客无人陪同，持有广州—西安硬座车票 1 张，票号×××。

二、情景规划

（1）由指导老师将学生分组，3～4 人为一组，由老师指派场景给各小组。

（2）各小组围绕本组场景的主要内容“旅客站内受伤”和“列车移交无人照看的精

神病患者”，编写剧本。

三、身临其境

请各小组根据自己编写的剧本，分角色表演。

四、综合评估

根据各小组的表现，按表 8-4 所示的标准评分。最终分数最高的小组获胜。

表 8-4　任务实践演练评分标准及评分表

内容	分值	教师评分	同学评分	小组自评
剧本编排是否合理	30			
表演时能否最大限度保障行车安全	40			
表演是否生动	30			
总平均分				

五、教师点评

活动结束后，老师根据各组同学的表现加以一一点评，并总结发言。

项目学习效果综合考核

一、填空题

1. 造成 10 人以上 30 人以下死亡，或者 50 人以上 100 人以下重伤，或者 5 000 万元以上 1 亿元以下直接经济损失的火灾事故称为____________。

2. 要求铁路职工通过线路时，应走天桥、地道或平过道，并严格执行____________的制度，严禁____________、跨越车钩或____________。

3. 横越有机车、车辆停留的线路时，必须先确认机车、车辆____________，然后在距该机车、车辆____________绕行。

4. 乘务员在上下车时，要______________________，不飞乘飞降，列车运行中严禁______________，______________及清扫垃圾。

二、选择题

1．以下无发报权限的是（　　）。

A．铁路总公司　　B．休假的列车乘务工作人员

C．基层单位站　　D．出差负责人员

2．在列车上发生因承运人责任使旅客不能按票面记载的日期、车次、座别、铺别乘车时，列车应如何处理？（　　）

A．重新妥善安排，退还票价差额，不收退票费，列车长编制客运记录

B．列车长编制客运记录，交由车站处理

C．退还旅客票价

D．列车无须处理，交给车站即可

3．对无票乘车而又拒绝补票的人，列车长应（　　）。

A．让其乘车到站，但记录其信誉不良

B．让其乘车到站，而后交由公安机关

C．可责令其下车并记录其信誉不良

D．可责令其下车并应编制客运记录交相应车站处理

三、简答题

1．铁路电报的等级是如何划分的？

2．客运记录的含义是什么？有哪些编制要求？

3．旅客人身伤害事故按其程度分为哪几种？如何界定？

项目九 铁路运输组织与班组管理

项目导读

为了满足人们出行需求，不断提高客运服务质量，同时，为了更加合理地使用技术设备、组织旅客运输，必须编制铁路旅客运输计划，还要掌握班组管理的相关技能。

知识目标

- 了解旅客运输组织的原则。
- 了解旅客计划运输相关知识。
- 了解接列车运行图。
- 掌握接发列车作业步骤。
- 了解班组管理相关规定。

技能目标

- 能完成接发列车作业。
- 能管理好班组。

素质目标

- 践行执着专注、科学严谨、精益求精、追求卓越的工匠精神。
- 养成脚踏实地、认真负责、求真务实、团结协作的工作作风。
- 树立协调全局、积极进取的意识。

任务一 了解铁路客运组织

引导案例——雪灾降临，多名旅客滞留车站

3月5日，辽宁、吉林两省遭遇特大雪灾，部分铁路线路毁阻，导致5日部分列车停运，多辆列车晚点，约有2 000名旅客滞留齐齐哈尔火车站。

请思考：

齐齐哈尔站应如何组织乘降？

一、旅客运输组织的原则

旅客运输组织的原则有以下三点。

（1）旅客运输组织工作要从方便旅客出发，全面安排，按照长短途列车分工、换乘优先、保证重点的原则，合理、经济地使用运输能力，均衡地组织运输。站、车应协调、配合，发生问题应本着以站保车的原则积极处理。站、车发生纠纷，在责任、原因不明时，站、车双方均不得以任何理由阻碍开车，造成列车晚点。

（2）要本着“以人为本、旅客至上”的原则，周到热情地为旅客服务，对旅客旅行中发生的困难应千方百计予以解决。

（3）在旅客运输计划的安排上，原则上应先保证重点旅客及时乘车，如老、幼、病、残、孕及有特殊情况的旅客。另外也要安排好一般旅客和团体旅客的乘车。贯彻大站兼顾小站，始发站兼顾中间站的方针，通过售票和签证组织工作，有计划地分配和使用票额，组织长途旅客乘坐长途车，短途旅客乘坐短途车，达到合理使用运输能力，均衡地组织运输的目的。

二、旅客计划运输

1. 旅客运输计划

旅客运输计划是铁路运输计划的主要内容之一，它不仅是确定旅客列车对数和客运机车车辆需要数的基础，也是确定客运设备、客运机车车辆修造计划以及客运运营支出计划的重要依据，同时还是铁路旅客运输组织工作的前提，从而保证旅客安全、迅速、准确、便利、舒适地旅行。

1）旅客运输计划的种类

旅客运输计划，根据执行期间的不同，可分为长远计划、年度计划和日常计划三种。

（1）长远计划。

长远计划一般为5年、10年或更长时期的规划，它是铁路旅客运输的发展计划，通常根据国民经济计划期间（如五年计划）进行编制，主要是规定旅客运输的发展方向、技术政策、速度、重量及有关的主要指标。

（2）年度计划。

年度计划根据长远计划，结合年度具体情况编制，是旅客运输的任务计划。

它是确定旅客列车行车量和客运机车车辆需要量以及客运设备改建、扩建的主要依据。在年度计划中，一般还包括季度的分配数字。

（3）日常计划。

日常计划是根据年度计划任务，考虑假期、季节及日常波动情况而编制的，是指导日常旅客运输的工作计划。在日常计划中，还根据各站所提报的日计划，按照各次旅客列车的运输能力，对各站、各区段的客流，进行统一平衡和调整，以保证旅客运输任务的完成和旅客列车容量的充分利用。

旅客运输计划，按其组织形式又可分为客流计划、技术计划、日常计划三种。

2）旅客运输计划指标

（1）旅客发送人数（客运发送量）。

旅客发送人数是指在一定时期（日、旬、月、年）内，全路、铁路局、车站发送的旅客人数。

（2）旅客运送人数（客运量）。

旅客运送人数是指在一定时期，铁路局运送的全部旅客人数。

（3）旅客周转量。

旅客周转量是指在一定时期内，一个铁路局或全路所完成的人公里数。

旅客周转量能较全面地反映铁路旅客运输的情况，是铁路客运工作中最重要的产品产量指标，也是各铁路局间分配客运收入，计算和分析运输成本和劳动生产率的依据。

（4）旅客平均行程。

旅客平均行程是指铁路运送的每一旅客的平均运输距离。

（5）客运密度。

客运密度是指一定时期内，某一区段、铁路局或全路平均每公里线路上所承担的旅客周转量。

客运密度能比较全面地反映线路客运能力的利用情况和表明铁路客运工作的强度。

2. 客流调查

1）客流的形成

客流是指铁路某一方向上、一定时间内旅客的流量和流向，它由旅客运输的数量、行程和方向构成。在我国，客流主要是由人民群众在政治上、生产上和生活上的旅行需要所形成的。

2）客流的分类

铁路为了合理地组织旅客运输和确定旅客列车的运行区段和种类，按旅客的乘车距离和铁路局管辖范围，一般将客流分为以下两种。

- **直通客流：** 指旅客乘车距离跨及两个及其以上铁路局的。
- **管内客流：** 指旅客乘车距离在一个铁路局范围以内的。

3）客流调查

客流是运输组织工作的基础，是编制旅客运输计划的依据。而摸清客流又是一项比较复杂的工作，因为大部分客流是基于个人旅行需要而自然形成的，但它又受一系列社会因素的影响。因此，客流调查以影响客流发展与变化的主要因素为对象。

客流调查一般为综合调查、节假日调查和日常调查三种。

（1）综合调查。

综合调查一般每两年进行一次。调查的目的是摸清车站吸引区的政治、经济、文化和人民生活情况，了解影响铁路客运量增长变化的各种因素以及对客运工作客观要求，作为制定长期规划、年度计划及改进客运设备的主要依据和日常客运组织工作的基础。

（2）节假日调查。

节假日调查主要是对清明节、“五一”劳动节、端午节、中秋节、“十一”国庆节、元旦、春节这七大节日和暑期客流进行调查。前六个节日主要是管内客流增长较大，一般在节日运输前 1 个月左右进行，春节、暑期运输的客流调查应在春节、暑期运输前 3～4 个月进行。

节假日客流调查的目的是为了安排好节日旅客运输方案以及做好各项组织工作，其中包括制定节假日期间临时旅客列车开行方案，编制节日旅客运输计划和售票、服务组织工作等。

（3）日常调查。

车站客运计划人员应经常注意车站内和吸引地区客流情况，随时了解、掌握旅客流量、流向的变化，找出客流受季节、气候等因素影响的规律，分析客流增减数量、变化原因和延续时间等。在调查中，特别要了解旅客的旅行目的、到达地点、返回日期及掌握市郊、周末、集市贸易、旅游、会议等方面的旅行动态。这种调查，对于编制日常旅客运输计划和安排运输工作，将起到较大作用。

三、列车运行图

1. 列车运行图概述

列车运行图是列车运行时刻表的图解，规定各次列车按一定的时刻在区间内运行及在车站到、发和通过，是列车运行的时间与空间关系的图解，它表示列车在各区间运行及在各车站停车或通过状态的二维线条图。

旅客列车运行图是旅客运输生产过程和旅客列车运营工作的基础。只有正确地组织列车运行，才能经济、合理地使用客运机车车辆和各种客运技术设备。旅客列车运行图主要包括以下两部分。

（1）旅客列车运行方案图（简称“客车方案图”）。客车方案图是列车运行图的骨架，它用小时格运行图铺画，在图上只表示始发站、终点站、分界站及其他主要站的到开时刻。

（2）具有详细时刻的旅客列车运行图（简称“详图”）。详图铺画上的技术问题由“行车组织课程”研究解决。

全路旅客列车运行图的编制工作，贯彻集中领导和群众路线相结合的原则，对跨三局的直通旅客列车，在铁路总公司的统一领导下由各铁路局派人到中国铁路总公司集中编制。跨两局的直通旅客列车，由两局协商编制。管内旅客列车，则由铁路局组织编制。

2. 旅客列车分类

针对客流的不同需求和铁路线路等技术设备条件，铁路开行了不同种类、不同等级的列车。目前，旅客列车分为以下几种。

（1）动车组列车。当初我国动车组列车采用先进的 CRH1（加拿大庞巴迪技术）、CRH2（日本川崎技术）、CRH3（德国西门子技术）、CRH5（法国阿尔斯通技术）型动车组列车行驶，时速高达 200～350 km。

我国后续自主创新生产出“和谐号”CRH380 型系列动车组列车，现在又生产出具有完全自主产权的“复兴号”CR400 型系列中国标准动车组列车，主要在东北、华北、华东、中南等地重点城市和长三角、珠三角、环渤海城市群之间开行，满足旅客个性化需求。

根据列车开行区间的城市地位和运行速度，可细分为高速动车组旅客列车、城际动车组旅客列车、动车组旅客列车三种。

（2）直达特快旅客列车。这种列车采用先进的庞巴迪和 25T 型客车，车内设备、服务水准一流，最高运行时速达 160 km，有的途中一站不停，有的停站少许，主要安排在客流较大的城市所在站始发、终到，实现大城市间旅客快捷运输。

（3）特快旅客列车。这种列车采用 25K 型客车，也是目前国内速度较高、车内设备完善、服务质量较好的列车，在首都与各大城市及国际之间开行。有国际和国内两种特快旅客列车，国内特快又分为跨局特快和管内特快。特快列车停站少，运行速度和直通速度都较其他旅客列车高。

（4）快速旅客列车。这种列车采用 25K 或 25G 型客车，目前在京沪、京广、京哈、陇海等经过技术改造后具有提速条件的线路上开行，其中在相距 1 000～1 500 km 的大城市间开行了多对夕发朝至的快速列车，受到旅客极大欢迎。

（5）普通旅客快车。这种列车分为跨局及管内两种普通快车，比特快、快速旅客列车慢，编组辆数和停站次数较多，运行于各大、中城市之间。

（6）普通旅客慢车。这种列车分为跨局及管内两种普通旅客慢车，编组辆数多，定员多，速度较低，在营业站均有停点。

（7）通勤列车。这种列车专为铁路职工上下班乘车所用，经常运行在城市周边地区，开行距离较短，速度较慢。

（8）旅游列车。这种列车在名胜古迹、游览胜地所在站和大、中城市间开行，用于输送旅游观光旅客。旅游列车的速度、服务和设备都优于其他旅客列车。

（9）临时旅客列车。这种列车是为了适应客运市场需求而临时开行的旅客列车。

（10）因故折返旅客列车。

除上述旅客列车外，旅客运输企业可根据旅客旅行的多元化需求，还可开行其他形式的旅客列车。

想一想

张伟是沈阳理工大学的一名大学生，家住郑州。寒假放学其购买 Z12 次列车从沈阳北到郑州站下车，但是爸爸到车站接他时，找了很久也没有找到 Z12 次列车的相关信息，却看到 Z13 次列车的信息，想一想这是为什么？

3. 旅客列车车次编排

全国有上千对各种不同种类、性质的旅客列车运行在全国各条线路上。为了便于旅客能区别各种旅客列车的性质和种类，同时，考虑到铁路行车部门组织列车运行和进行作业的需要，铁路部门把各种旅客列车按其性质、种类和运行方向用一定数字编定车次。

所以，车次是某一列车的简明代号，它能表示：

列车的种类——是客车还是货车，如系客车还可判明是直通的还是管内的；

列车的等级——是快车还是慢车，如系快车还可区分是直达特快、特快、快速、普快等；

列车的去向——是上行还是下行，在我国以向首都北京、支线向干线或指定方向为上行，车次编定为双数，反之为下行，车次编定为单数。

目前采用的车次代码方案为：普通旅客快、慢列车由 4 位数字组成，其他列车由一位字母和 1～4 位数字组成（但回送客车底列车、因故折返旅客列车除外）。各局客车车次编定如表 9-1 所示。

表 9-1　客车车次编定表

序号	种类	车次范围	直通	管内
1	高速动车组旅客列车	G1～G9998	G1～G4998（G4001～G4998 为临客预留）	G5001～G9998（G9001～G9998 为临客预留）
2	城际动车组旅客列车	C1～C9998		（C9001～C9998 为临客预留）
3	动车组旅客列车	D1～D9998	D1～D4998（D4001～D4998 为临客预留）	D5001～D9998（D9001～D9998 为临客预留）
4	直达特快旅客列车	Z1～Z9998	Z1～Z4998（Z4001～Z4998 为临客预留）	Z5001～Z9998（Z9001～Z9998 为临客预留）
5	特快旅客列车	T1～T9998	T1～T3998（T3001～T3998 为临客预留）	T4001～T9998（T4001～T4998 为临客预留）

表 9-1（续）

序号	种类	车次范围	直通	管内
6	快速旅客列车	K1～K9998	K1～K4998（K4001～K4998 为临客预留）	K5001～K9998（K5001～K6998 为临客预留）
7	普通旅客快车	1001～5598	跨三局及其以上 1001～1998 跨两局 2001～3998（3001～3998 为临客预留）	4001～5998
8	普通旅客慢车	6001～7598	6001～6198	6201～7598
9	通勤列车	7601～8998		
10	临时旅客列车	L1～L9998	L1～L6998	L7001～L9998
11	旅游列车	Y1～Y998	Y1～Y498	Y501～Y998

为确保列车车次全路统一性及有关行车设备和信息系统正常运行，列车车次编排仅限于使用大写汉语拼音字母和阿拉伯数字，总位数原则不得超过 7 位。列车编用车次，旅客列车在全路范围、货物列车在铁路局管内不得重复，旅客列车车次由铁路总公司确定。

季节性、特定时间段开行的动车组、全程客运机车牵引的临时旅客列车，可使用相应等级图定车次。

4. 旅客列车编组

在实行新运行图时，旅客列车编组表由铁路局根据客流性质、机车类型、列车重量、速度、车站到发线有效长度等因素确定，由铁路总公司批准并以铁总令公布执行。

旅客列车编组表规定了该次列车编挂的车种、辆数、顺序及车底周转图等内容，其格式如表 9-2 所示。

表 9-2　旅客列车编组表

北京—南昌 特快 T91/92 次	车辆 乘务	顺序 京开	1	2	3	4	5	6	7	8	9	10	11	12	13	14	15	16	17	18	计
		昌开	18	17	16	15	14	13	12	11	10	9	8	7	6	5	4	3	2	1	1
	北京—车辆 客运段担当	车种	KD	RZ	RZ	RZ	RZ	RW	RW	RW	RW	CA	RW	RW	RW	RW	RW	RW	RW	XL	
		定员						36	36	36	36		36	36	36	36	36	36			
		吨数	68	58	58	58	58	55	55	55	55	56	55	55	55	55	55	55	55	59	
		附注		欠	欠	欠	欠				广								宿	欠	
		北京 南昌	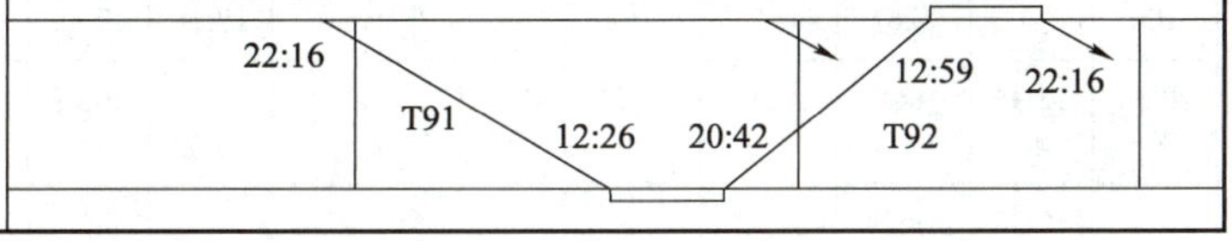																		

1）列车发到站、车次栏

列车的发到站先填下行发站，后填下行到站，对改变运行方向的列车（即一对列车

4 个及其以上车次时），先填担当乘务工作的铁路局的始发站。

列车性质按照特快、快速、普快、普客、混合等分别填写。

车次一律先填下行后填上行，一对列车有 4 个及其以上车次时，车次的填写必须和列车的发到站相对应。

2）担当乘务栏

担当乘务的车辆、客运（列车）段，如名称相同，可只填写一个。

3）车底编组栏

列车中车厢顺序号的编定，凡北京站和上海站始发的各次特、直快列车车厢顺序号均小号在前，大号在后（北京、上海间始发和到达的列车以北京站规定顺序为准）。非北京站和上海站到发的各次特、直快列车车厢顺序号，均以担当局始发站的发车方向为准，小号在前，大号在后，两个局担当的列车由有关铁路局事先商定后报铁路总公司。但对途中某个站由于车场进路关系必须调头运行的列车，为便于确认，须在编组顺序项注明发站。

车种按统一的汉语拼音标记，定员按该种车辆的标记定员数填写，吨数填写该种车的总重，并根据车辆的用途、附属设备及其他说明，在附注项内注明“宿”“茶”“广”“办”“具”“隔”“欠”“回”“空”“普”“高”“控”等字样。

4）车底周转图栏

车底周转图，表示需用车底组数和始发、终到时刻，并由此计算车底在始发站和终点站的停留时间。

周转图上填写的始发站名顺序须和填写列车种类车次的始发终到站栏相同。不得上下颠倒。一般先填下行始发站名，运行线从担当局的始发站开始画，始发和终到时间填在车站中心线与运行线相交的钝角上。

5. 旅客列车时刻表

根据运行图规定的车次、运行区段、停车地点、到发时分以及列车编组等事项编制旅客列车时刻表。利用表格形式，把运行图的主要事项反映出来。旅客列车时刻表的格式如表 9-3 所示。

表 9-3 旅客列车时刻表

丙	甲	甲	丙	甲	开往	申	庚	丑	寅	戊
6537 普客	1379 普快	1315 普快	K149 快速	T5 特快	车次 站名 车次	T6 特快	K150 快速	1316 普快	1380 普快	6538 普客
∨ 8:10	8:50 58	9:22 30	14:30 38	7:12 20	戊	58 20:50	17:01 16:53	44 18:34	30 5:20	— 18:25
14:22 33	12:45 51	13:18 26	18:44 52	10:54 11:00	丁	27 17:18	52 12:43	24 14:17	54 0:48	14 12:02
20:30 —	15:35 46	16:47 17:00	21:16 —	13:21 29	丙	10 15:02	10:08 ∧	23 11:13	22:07 21:58	7:30 ∧
	17:38 45	18:52 19:00		…	乙	…		26 9:17	12 20:04	
	20:31 —	21:34 —		17:22 —	甲	11:02 ∧		7:05 ∧	17:52 ∧	

列车时刻表编制的说明如下。

（1）时刻表的编制采用 24 h 制，列车在 24:00（即夜间 12:00）出发时为 0:00，到达时为 24:00。

（2）列车的始发、终点站均以该站的字头、字尾或省、市的简称来表示，并在开往栏内注明该列车的终点站站名。

（3）列车的到、开时刻，凡站名左边的均为下行列车，应由上向下看，并以“↓”表示；凡站名右边的均为上行列车，应由下向上看，并以“↑”表示。

（4）为使时刻表简明起见，有关内容可用符号表示。常用符号的含义如下。

- “…”或“↓”表示列车在该车站通过。
- “=”表示列车不经过此站。
- “∨”“∧”表示列车的始发站。
- “—”表示列车的终点站。
- “※”表示旅客乘降所。

四、接发列车作业

接发列车是车站行车工作的基本内容。由于参加接发车工作的人员多，作业环节复杂，在接发列车工作中的任何疏忽或差错都可能造成列车晚点或行车事故。所有参加接发车工作的人员，都必须认真执行《接发列车作业》标准的规定，贯彻集中领导、统一指挥、逐级负责的原则，按照列车运行图安全、迅速、准确、不间断地接发列车。

参加接发列车人员根据列车等级确定，除客运人员、运转助理值班员、执勤民警等参与接发列车外，国际列车（包括挂有国际车厢的列车）指定站长（副站长）接发；直达快速列车指定客运主任（副主任）迎送，其他列车由客运值班员接发。接发列车作业流程如下。

1. 工作交接

1）班前准备

客运值班员在接班前 20 min 到达岗位，收集班中所需要的工作资料，进行班前准备，具体内容如下。

① 收集上级下达的文件、电报、命令及本班需要承办的重点工作，特别需要加强长期需要执行的文件、电报、命令的收集。

② 做好班前工作预想和班中工作安排。

③ 对本班需要接发的图定列车和临时加开、停运的列车以及加、甩挂车辆重点掌握，并要了解列车运行情况，掌握晚点车次、客流动态、涉外运输以及其他重点事项。

2）对岗交接

各岗位人员在岗上相互敬礼，对岗交接，交接事项如下。

① 列车运行情况，特别是交接班时间段的列车运行情况。

② 客流动态。

③ 设备状态、备品数量。

④ 重点旅客。

⑤ 职场卫生。

2. 正常接发列车

（1）联系确认。与车站值班员联系确认列车运行情况及占线情况。

（2）提前出场。组织本组人员列队提前出场，到达接车地点。检查站台、线路有无障碍物，组织站台上人员站到安全白线以内，上车旅客列队等候列车。

（3）迎接列车。在列车接近进站信号机前，组织本组人员迎接列车进站。在列车进站过程中，注意周边旅客动态，防止旅客抓车、钻车。

（4）组织乘降。列车停稳后，协助列车员组织旅客安全乘降。

（5）站、车交接。主动联系列车长办理站、车交接事项。

（6）响铃送车。开车铃响后，组织送站旅客退到安全白线以内，确认旅客上车完毕后，按岗位站到安全白线上，目送列车出站，直到开出站台为止。

提　示

在列车进出站过程中，要注意防止旅客抓车、钻车、跳车。

（7）清理站台。列车开出站台后，及时引导旅客和送站人员出站。

（8）清扫站台。及时清理站台及线路内的杂物，保持站容卫生。

3. 特殊情况的站、车交接

1）因承运人责任致使旅客中途站退票

① 由于承运人责任致使旅客在中途站退票时，应退还已收票价与已乘区间票价差额，已乘区间不足起码里程时，退还全部票价，不收退票费。

② 列车编制客运记录移交下车站，客运记录记载的内容为：旅客在中途站办理退票的原因和旅客所持车票的种类、票号、发到站及已乘区间。

③ 客运值班员签字交接后，指导旅客到售票室办理退票手续。

2）旅客误乘列车或坐过了站

① 旅客因误乘或坐过了站需送回时，列车长应编制客运记录交前方停车站。车站应在车票背面注明“误乘”并加盖站名戳，指定最近列车免费返回。

② 在免费送回区间，站、车均应告知旅客不得自行中途下车。如中途下车，对往返乘车的免费区间，按返程所乘列车等级分别核收往返区间的票价，核收一次手续费。

③ 由于误乘或坐过了站在原通票有效期不能到达到站时，应根据折返站至正当到站间的里程，重新计算通票有效期。

3）旅客在列车上丢失车票补票后又找到原票或在车站丢失非实名制车票

① 旅客在车站丢失非实名制车票，另行买票或在列车上丢失车票补票（站、车均应填发代用票）后又找到原票时，列车长编制客运记录交旅客，到站后连同原票和代用票，交车站处理。旅客在到站出站前退还后补车票，核收退票手续费。

② 客运值班员与列车长办理签字交接后引导旅客到售票室办理退票手续。

4）接收旅客携带的危险物品

① 值班员接到列车长编制的附有旅客姓名、性别、年龄、单位或住址、车票发到站、票号及所携带危险品品名、数量的客运记录后进行签字交接。

② 对危险品按该件全部重量加倍补收乘车站至下车站四类包裹运费。

③ 将危险物品移交公安部门处理。

5）接收旅客遗失物品

① 接收列车移交的旅客遗失物品时，要认真核对客运记录记载的内容与物品实际是否相符，确认无误后签字交接。

② 妥善保管，并在遗失物品登记簿上详细登记，注明时间、地点、品名、包装及内含物品数量、重量、交物人、经办人、处理结果等内容，并记录身份证号码。

③ 在车站张贴公告。寻找失主，当旅客来认领时，要确认旅客的身份，核对时间、地点、车次、品名、件数、重量，确认无误后交付，由失主签收，并记录身份证号码。

④ 遗失物品需通过铁路向失主所在站转送时，物品在 5 kg 以内的免费转送；超过 5 kg 时，到站按品类补收运费。

6）接收列车移交急病、死亡的旅客

① 接收时，对照客运记录确认内容是否正确，包括旅客姓名、性别、年龄、单位或住址，旅客携带品的名称、件数。

② 将患病旅客及时送往医院救治。患有传染病的旅客应送往传染病医院。

③ 旅客在住院期间所需的一切费用，应由旅客自己负担。如本人确实无力负担，由车站垫付，报铁路局，铁路局可在“旅客保险支出”项下列支。

④ 接收死亡旅客时，核对客运记录，并认真确认记载的相关内容，对死者的遗物应妥善保管，通知单位家属或工作单位前来认领。

4. 特殊情况组织乘降

1）车站遇有大风雪时乘降组织办法

① 及时清扫站台积雪。做到随下随清，铺设防滑草垫等。保证站台、旅客通道、站台边缘无积雪。

② 利用广播或手提喇叭提示旅客注意自身安全，防止旅客滑倒摔伤。

③ 提前出场。加强对站台接车旅客的安全防护工作。

④ 重点照顾。组织重点旅客提前进站上车。

⑤ 提前预检。必要时，客运值班员要与列车长取得联系，提前打开车门，组织检票。协助列车员做好旅客乘降的帮扶工作，保证旅客安全。

⑥ 遇严重雪情影响旅客列车晚点较多时，客运人员及时向旅客公告列车运行情况，为旅客退票、改签提供方便。

2）突发大客流时的旅客乘降组织办法

① 对始发旅客列车，客运值班员与车站运转部门联系车体提前出库，并通知列车长提前打开车门，组织旅客提前检票上车。

② 对中转列车，要安排好站台客运人员进行防护，列车到达后，联系列车长双开车门，并协助列车员维持好车门秩序，防止对流、堵塞，挤伤、踩伤旅客。

嘉言善行

西南最大高铁站的“最强大脑”

一年一度春运大潮来袭时，远方的人纷纷踏上归家的旅程。2020 年春运期间，中国西南地区最大的高铁站——成都东站迎来客流高峰，这里人头攒动，旅客进站、候车、检票、上车，有条不紊。

其有序运行的背后，是人们看不见的高铁车站“神经中枢”——综控室。罗丹便是综控室的指挥官，她被称为成都东站的“最强大脑”。

春运期间，成都东站每日开行列车 260 对以上，在列车接发最密集的时候，10 min 内要接发 8 趟列车。罗丹平均每天组织发送旅客 22 万人次，调度 500 趟列车，从旅客进站到站台乘降，从列车到达到按时出发，从列车上水到吸污，客运工作的各个环节都在她的掌控之中。一张卡控表，两部对讲机，两部电话，四台电脑，这些是罗丹的“指挥棒”。据罗丹介绍，卡控表用于记录每趟列车作业情况，对讲机用于与现场各岗位工作人员进行沟通，电话用于与各部门进行沟通，四台电脑用于控制车站所有的自动闸机、广播、电子屏幕等。

多年积累的工作经验，让罗丹能准确记住每一个部门的电话，识别出现场每一名工作人员的声音，清楚地知道每一趟列车的作业情况。一边接电话，一边听对讲机，双手同时记录卡控表和操作电脑，时不时还抬头看看综控室里的 24 块监控屏幕，这对于罗丹来说是常规操作。每当列车晚点时，车站就像是战场。如果说综控室是战斗指挥部，那罗丹绝对是那个运筹帷幄、决胜千里之外的“诸葛亮”。

2020 年春运期间，罗丹已遇到数次列车因地震、极端恶劣天气而晚点的突发情况，而这些对她来说都是“小菜一碟”，因为她经历过的突发情况早已数不胜数。“去年的一个班，刚接班不久，内江便发生地震，成渝高铁全部列车紧急扣停，不久后西成高铁又受暴雨影响大面积晚点，这还没完，紧跟着达成线设备故障，部分列车也将晚点。”罗丹回忆，2019 年的一次突发情况令她印象深刻。

罗丹说，当时成都东站几乎所有方向的列车都出现了晚点，车站乱成一锅粥，进站口也排起了长龙，候车厅里人山人海，旅客将服务台围了个水泄不通，对讲机里不停响着：“综控！D5188 什么时候来？”“综控！D1920 晚点了吗？”“综控！把 G8751 的检票屏上好。”紧急时刻，罗丹成为慌乱的综控室的“定海神针”。她制作了一张晚点列车卡控表，将晚点列车的时刻、乘车人数、检票口、股道以及上水吸污作业情况全部梳理在表上。

梳理完成后，她又为大伙分了工。很快，方法取得成效。前方人员根据综控室的通知，有条不紊组织每一批晚点旅客有序乘车。深夜 11 时 30 分，最后一趟晚点列车发出，罗丹已累得筋疲力尽。“后来我才知道，当天共有 11 万人次的旅客受到晚点影响，但没有一名旅客漏乘，所有列车都安全开出。”

谈及家庭，罗丹说，自己曾经因铁路调图不得不离开发高烧的女儿。铁路调图对于综控室来说是一项复杂工程。2019 年春运调图恰逢罗丹上班，而当天她本已做好请假的准备，因为女儿生病发高烧。罗丹说：“当时拿着手机在拨号页面停留了许久，但想着身边同事都没经历过如此大范围的调图，最终还是将电话打给了婆婆，请婆婆到医院帮忙照顾女儿，自己调完图就回去。”那天她赶回单位，和同事们比预定时间提前 1 h 完成了调图。

面对人民群众的平安出行，总有人选择执着坚守与默默奉献。他们牺牲了自己与家人的相聚，却实现了千万家庭的团圆，是值得致敬的“铁路坚守者”。

（资料来源：https://baijiahao.baidu.com/s?id=1656526614924966252&wfr=spider&for=pc，有改动）

案例分析——雪灾降临，多名旅客滞留车站

齐齐哈尔火车站应按照以下步骤组织乘降。

① 及时清扫站台积雪。

② 利用广播或手提喇叭提示旅客注意自身安全，防止旅客滑倒摔伤。

③ 提前出场。

④ 重点照顾。

⑤ 提前预检。

⑥ 由于雪情严重影响旅客列车晚点较多，客运人员及时向旅客公告列车运行情况，为旅客退票、改签提供方便。

任务二 管理班组

引导案例——小张该如何管理班组？

昨日，35岁的小张升任了北京西站某客运班组组长，小张既兴奋、又忐忑，不知自己能否胜任。

请思考：

小张该如何管理班组？

一、班组

1. 班组的概念及范围

班组是企业生产、经营活动的基层单位；是职工从事劳动，创造财富的主要场所；是企业管理基础工作的重要组成部分。

铁路运输企业的班组范围广泛，客运车站根据车站规模大小、班次设置一般分为四班、三班、二班或日勤等不同班次，其中大站一般设置客运、售票车间，车间内各班又根据不同的作业区域和作业性质分为不同的作业小组；中型车站一般以班次为一个班组；小站一般是一个车站为一个班组。客运段以车班为一个作业班组。

2. 班组在铁路运输生产中的地位

（1）铁路运输企业的班组，是运输业的生产基层单位，是企业最基层的劳动组织和具体的落脚点。

铁路运输企业的班组是根据企业内部的劳动分工和各单位（部门）的实际工作需要进行划分的一种基本生产（工作）单位，是把生产（工作）过程中相互直接协作的有关人员组织在一起，从事具体的生产（工作）。

班组中的“班”泛指生产的班次，“组”泛指生产小组。在具体的实践中，有的班里有组，有的组里有班（次），因此，铁路运输业中的班组是根据各单位（站、段、厂、队等）的性质、工种不同，形成各不相同的班组形式。

（2）班组是从事生产活动、管理工作和为企业创造财富的最基层组织。

铁路运输业具有点多线长的特点，各项运输生产任务，均靠最基层的组织——班组来实现。

（3）班组是企业的细胞，是企业的最基层组织形式，是增强企业活力的源头。俗话说："问渠哪得清如许，为有源头活水来"。具体的实践证明，班组工作搞好了，企业才能发展；班组充满生机，企业才会有活力和后劲，才能调动广大职工的积极性和创造力。

3. 班组的任务和功能

班组的基本任务包括物质文明建设和精神文明建设。

- **物质文明建设：**坚持革新、改造、挖潜、正确使用和精心养护设备；全面开展经济核算；用尽可能少的能源、物质消耗，全面完成和超额完成运输生产任务；做到安全、优质、高效、低耗和文明生产。
- **精神文明建设：**组织工人学习政治、文化、技术和管理知识；加强日常的思想道德和法制教育，提高职工政治思想觉悟和技术业务，贯彻党和国家的各项方针政策、法令和企业的各项指令及规章制度；组织班组人员参加民主管理。

4. 班组长的选择和培养

班组长是组织领导班组进行日常生产工作的负责人，在班组中处于中心地位，对班组的安全生产和管理工作负全面责任。俗话说：班组长是"兵头"，又是"将尾"。班组长既要直接从事生产（工作），带头完成生产任务，又要指挥班组生产活动，组织落实企业的各项管理工作。

班组长既是班组的顶梁柱，是核心人物，他们在班组职工中是否有威信，是否被班组职工拥护，直接涉及班组集体意识的形象。班组长只有成为班组中有威信的人物，才能把全班成员团结成步调一致的集体。

为了搞好班组的工作，要求班组长具有下列基本素质。

1）思想政治素质

班组长的思想政治素质，主要包括思想意识、思想工作方法和思想修养。

2）技术业务水平

班组长对本班组完成的生产任务必须具备相适应的专业（技术）水平，应能掌握本工种（工班）的各种技术标准和操作技能。班组长要善于处理生产中的一般性技术问题，要会使用、保养及简单的维修班组使用的设备（工具）；熟悉新设备和新技术的使用。

3）管理素质

管理素质是指班组长管理班组的能力。班组长要学会科学地、合理地组织生产，变传统管理为现代化管理。

班组长应根据上级下达的各项任务，结合本班组的实际情况，与班组成员积极协商，对任务进行分解、落实和执行。在具体工作中能及时发现和解决出现的问题，想方设法带领全班职工做到质量良好地完成上级下达的各项任务。

4）文化素质

文化知识是一切工作的基础，知识水平的高低决定着一个人在管理方面的能力。绝大多数班组长要求具有高（中）专及其以上的文化水平。

各单位（部门）都应认真选拔和培养班组长，这是加强班组建设的关键。班组长是企业最前线的生产指挥者、管理者和各项工作的组织者。因此，各单位不仅要注重选拔，还应重视培训，努力造就一大批有觉悟、有干劲、懂业务、会管理的班组长。

二、班组建设和班组管理

1. 班组建设

搞好班组建设，是企业综合性的基础建设，是企业党政工团各部门的共同任务和共同职责。班组建设主要包括组织建设、业务建设和思想建设三个方面，也可以简单地概括为一个核心、一个重点和三项工作。

一个核心是：选配和调整好班组长，正确引导选举好工会小组长，充实健全班组的核心成员。这是组织建设方面的主要内容。

一个重点是：抓好劳动纪律和标准化作业，把劳动纪律落实到标准化作业上。这是业务建设的重点。

三项工作是指：

（1）结合班组实际整章建制，建立健全切实可行的以岗位经济责任制（承包经济责任制）为核心的各项管理制度。

（2）搞好班组长和班组核心成员的岗位职务培训，提高班组核心成员的管理水平。

（3）加强班组思想政治工作，加强党团建设，开展日常活动，搞好民主管理以及精神文明建设。

2. 班组管理的内容

班组管理就是对班组的生产、经济活动，实行计划、组织、指挥、协调和控制。

（1）班组生产、工作管理。根据上级下达的生产、工作计划和任务，安排好月旬计划和日班计划，达到按时、优质、经济、高效地完成生产、工作任务。

（2）班组质量管理。在生产过程中必须按标准（或技术文件）组织生产，搞好工序质量控制，落实质量责任制，确保长期稳定地生产合格品、优等品。

（3）班组劳动管理。贯彻执行劳动定额，合理安排劳动力，充分利用工时，严格劳动纪律和工作实绩考核，开展技术业务培训等管理活动，不断提高工作效率。

（4）班组安全管理。牢固树立“安全第一，预防为主”的思想，严格遵守安全技术操作规程，正确穿戴防护用品，努力消除事故隐患，保证安全生产。

（5）班组设备管理。严格设备、工装、工具、计量器具等管理制度，实行定人定机、凭证操作制度，做到正确使用、精心维护、及时修理，做到“三好”“四会”，使之长期处于良好的技术状态。

（6）班组经济核算。严格执行经济核算制度，执行材料物资消耗定额、能源消耗定额、工具消耗定额、资金定额、设备利用定额和生产期量标准等，开展“双增双节”，努力降低成本支出，以最小的消耗获取最大的成果。

（7）班组现场管理。对生产现场进行定制管理，使生产、工作现场做到环境整洁、纪律严明、设备完好、物流有序、信息准确，实行文明生产。

3. 班组管理的任务

企业要想有效地组织生产，有序地按企业方针目标展开各项管理工作，就必须从企业的实际条件和企业产品的特色出发，设置所需的班组。班组作为企业最基层的生产和管理组织，其一切活动的好坏，直接关系到企业各项事业的成败。班组管理的具体任务可分为以下几点。

1）推行新的管理方法

在实践中应该积极地学习兄弟单位（企业）的各项先进经验，改变原来的传统（经验）管理方法，逐步实现用科学的方法进行班组管理，达到对班组进行现代化地科学管理。

2）合理组织生产，完成生产任务

对上级下达的各项任务，班组应按时、保质、保量地完成，力求降低生产成本，提高经济效益。

3）严格执行各项规章制度

生产（工作）中应严格执行各项规章制度，执行各项技术（操作）规程；深入贯彻执行劳动纪律，保证安全生产。

4）建立班组台账，做好信息反馈和经济核算工作

对班组的原始记录、凭证、台账、报表等资料应记载及时、齐全；对班组的各项经济台账，应核算正确，做到奖惩分明。

5）各班组应根据班组自身的特点制订其他有关的管理方法

各班组应根据班组自身的特点制订其他有关的管理方法，例如，铁路运输业的基层站、段，他们长年累月都接触旅客或货物。那么他们应该强调维护旅客及发（收）货人的利益，保证旅客和货物的安全运输；客运（列车）、生活段的窗口单位应强调提高服务质量；机辆部门应强调设备的保养和使用。

6）开展全员培训，提高人员素质

不断提高企业职工素质，是企业生存和发展的需要，职工的技术素质和管理素质，不仅影响班组产品的质量和成本，而且影响企业经营目标的实现。因此，开展全员培训是班组管理工作的一项重要任务。班组应以多种形式和方法对职工进行培训，促进职工思想政治、职业道德、科学文化、技术和管理素质的提高。

案例分析——小张该如何管理班组？

小张管理班组的要点如下。

（1）考核职工作业纪律、劳动纪律和作业标准。

作为客运班组，由于其直接与旅客接触，因此要求班组长在日常工作中，不断加强班组管理，经常深入各候车室（售票室）、检票口、收票口、站台、天桥、地道等处所和各岗位巡视，检查安全、服务、设备、卫生工作，标准化作业和岗位纪律情况。掌握全面情况，做到心中有数，对检查中发现的问题记载在“班工作日志”上。帮助旅客解决困难，纠正作业脱标，处理设备问题，保证设备正常使用。

（2）制定月度计划、编写月度工作总结。

① 月度工作计划具体内容。

要写明任务、措施、完成时间、检查督促等四个基本内容。

目标和任务：要写明做什么、达到什么标准。

措施和办法：是实现计划目标和完成任务的手段，要写明实现目标的条件、采取的手段和方法，如何分工协作等，即写明怎么做、如何去做。

步骤和时间：是达到目标、完成任务的阶段程序、安排和时间要求。即写明先做什么、后做什么，每一步什么时候完成。

检查和督促：是计划、执行情况的检查、评比等有关问题的说明或规定。

② 计划的基本形式。

标题：如《××班组三月份工作计划》。

正文：通常由前言、主体、结束语三部分组成。

前言是计划的开头部分，用概括的文字写明为什么做。

主体是计划的核心部分，要写清计划的四要素。

结束语是计划的辅助部分，要写明执行时间、应注意的事项等。

落款写明计划的制定者和制定时间。

（3）月度工作总结的基本形式。

① 标题：分为专题性总结、综合性总结、公文式总结。专题性总结的标题如《××班组 2019 年 2 月营销工作结》；综合性总结的标题如《××班组 2019 年 3 月份工作总结》；公文式总结的标题如《关于创建学习型班组的总结》。

② 正文：由前言、主体、结尾组成。前言分为概述式、结论式、提示式、提问式、对比式；主体主要写明工作情况、经验体会、问题与教训，设想与努力方向；结尾是简要概括总结。

③ 落款包括署名和时间，在正文的右下方标明。

项目实践演练——组织大客流旅客乘降

一、模拟场景

2018 年“十一黄金周”即将到来，北京站面临超大客流旅客乘降问题。

二、情景规划

由指导老师将学生分组，3～4 人为一组，由老师指派场景给各小组，各小组围绕本组场景编写剧本。

三、身临其境

请各小组根据自己编写的剧本，分角色表演。

四、综合评估

根据各小组的表现，按表 9-4 所示的标准评分。最终分数最高的小组获胜。

表 9-4　任务实践演练评分标准及评分表

内容	分值	教师评分	同学评分	小组自评
剧本编排是否合理	30			
表演时能否正确解决问题	40			
表演是否生动	30			
总平均分				

五、教师点评

活动结束后，老师根据各组同学的表现加以一一点评，并总结发言。

项目学习效果综合考核

一、填空题

1. 客流构成的三个要素包括_______、流向和_______。

2. 旅客运输计划根据执行期间的不同可分为_______计划、______计划和______计划三种。

3. 客流调查分为_________调查、_________调查和_________调查三种。

二、选择题

1. 客流调查不包括以下哪种？（　　）

   A. 综合调查　　B. 节假日调查

   C. 日常调查　　D. 暑期调查

2. 旅客运输计划指标不包括以下哪项？（　　）

   A. 客运周转量　　B. 客运发送量

   C. 客运密度　　D. 客运强度

3. 下列属于班组精神文明建设方面是（　　）。

   A. 坚持革新、改造、挖潜、正确使用和精心养护设备

   B. 用尽可能少的能源、物质消耗，全面完成和超额完成运输生产任务

   C. 做到安全、优质、高效、低耗和文明生产

   D. 组织工人学习政治、文化、技术和管理知识

三、简答题

1. 旅客运输计划的指标有哪些？
2. 什么叫客流？客流是如何分类的？
3. 铁路旅客列车可以分为哪些种类？
4. 班组的概念是什么？
5. 班组长应具有哪些基本素质？
6. 班组建设主要包括哪些方面？

项目十 特殊运输组织

项目导读

一般情况下，旅客都需要现支付一定的运输费用才能乘坐火车，这属于铁路旅客正常运输范畴。除此之外，铁路运输还有铁路路内运输、铁路军事旅客运输、国际铁路旅客联运等特殊运输。熟悉这些特殊运输，有利于铁路客运员更快、更好地做好自己的工作。

知识目标

- 熟悉铁路乘车证的种类及使用条件。
- 熟悉路用品的运送与携带范围。
- 了解铁路军事运输。
- 了解国际旅客联运的概念以及联运站分布。
- 熟悉国际旅客联运乘车票据及乘车条件。

技能目标

- 能熟练辨认铁路职工乘车证的真伪。
- 能正确运用规章解决违章使用乘车证问题。
- 能识别国际旅客联运乘车票据。

素质目标

- 养成严谨务实、积极高效的工作作风。
- 践行团结协作、分享学习心得的团队精神。
- 养成认真执行工作任务、严谨对待问题的态度。

任务一 了解路内运输

引导案例——铁路职工乘坐火车的经历

10月1日，在石家庄开往广州的Z89次列车上，列车长协同列车值班员、当班列车员按规定查验2号硬座车厢旅客的车票及相应证件。坐在6号座位上的一位先生拿出铁路职工工作证，递给列车员，列车员翻看了一下里面就递回给旅客。坐在7号座位上的一位女学生想看看该工作证，这位先生痛快地将工作证递给了她。女学生看到工作证里面有一张铁路职工乘车证和一张石家庄到广州的车票，票价才2元。她买的同样的石家庄到广州的车票，票价却是224元。这位先生解释说，他是铁路职工，坐火车是为了工作需要，属于路内运输。

请思考：

（1）什么是路内运输？铁路职工都有铁路职工乘车证吗？

（2）这位先生的票价为什么只有2元？铁路职工坐火车都只要2元吗？

一、铁路职工乘车证

铁路乘车证主要是铁路职工使用，所以又称为铁路职工乘车证，部分符合使用条件的其他人员，按《铁路乘车证管理办法》严格审批。

1. 乘车证的种类和式样

乘车证共分为九个票种，三种颜色，且均为单页。

（1）软席全年定期乘车证，浅粉色，横版。

（2）软席乘车证（含单程、往返、临时定期），浅粉色，竖版。

（3）硬席全年定期乘车证，浅蓝色，横版。

（4）硬席临时定期乘车证，浅蓝色，竖版。

（5）硬席乘车证（含单程、往返），浅蓝色，竖版。

（6）便乘证，浅蓝色，竖版。

（7）通勤乘车证（含通学、定期），浅黄色，横版。

（8）就医乘车证（含往返、临时定期、全年定期），浅黄色，竖版。

（9）探亲乘车证（含单程、往返），浅黄色，竖版。

提 示

临时定期乘车证应在出差时填发，一律不准预先填发备用。使用期限和到站应根据本次出差的实际需要填写，不得一律填写三个月和三个到站。

机车车辆在中途发生故障，机务段、车辆段检修工人去修理，应填发一次硬席乘车证，不能使用便乘证。

2. 乘车证使用规定

1）乘车证使用人员范围

乘车证使用人员是铁路职工及《铁路乘车证管理办法》中规定可以使用的其他人员。

2）乘车证使用限制

（1）乘车证限填写的持用人，在有效期间和区间使用。除探亲、就医乘车证、便乘证外，其他各种乘车证每张仅限填发一人使用，实行一人一票制。

（2）各种乘车证（全年、临时定期乘车证除外）每张只限填发一个到站。由始发站至到达站有直达列车的，一般应乘直达列车；因签证原因不能乘直达列车的，可在同一方向换乘站中转换乘（限换乘一次），经换乘站签证后，可继续乘车至到达站。

（3）持用定期通勤、通勤、通学、定期就医、就医、软席、硬席乘车证，除换乘外，中途下车无效。

（4）定期通勤乘车证，一个月只限使用一次，不能提前或移作下月使用。如果节假日适逢月初或月末，乘车证的往返日期可跨及上月末或下月初，但起止时间不超过一周。

（5）持用铁路乘车证，均不能免费托运行李、搬家物品等。

3. 乘车席别规定

1）准乘软席的人员范围

（1）铁路总公司正、副部长和相当职级的人员。

（2）正副司、局长和相当职级的人员。

（3）教授和相当专业技术职务的人员。

（4）经国家和部批准的“有突出贡献的专家”。

（5）年满50周岁的正、副处长和相当职级的人员。

（6）年满50周岁的副教授和相当专业技术职务的人员。

（7）1937年7月6日前参加革命工作的干部。

（8）铁路总公司副部长和相当职级以上人员，因工作需要准许随行一人填发软席乘车证。

注意

受处分降低职务、工资级别的人员，应按降低后的职务、工资级别确定其能否享受乘坐软席。

2）准乘硬席的人员范围

符合使用乘车证条件的铁路职工和其他人员准乘硬席。

4. 准乘列车要求

（1）持用全年定期、临时定期、软席、硬席乘车证和便乘证，在正式或临时营业铁路上准乘各种旅客列车（国际列车除外）。

（2）持用探亲乘车证，准乘除国际、旅游列车以外的各种旅客列车。

（3）持用通勤乘车证，准乘各种旅客列车（国际列车除外）。

（4）持用就医乘车证，准乘快车和普通旅客列车。

（5）持用铁路全年定期、临时定期、软席、硬席乘车证，均可乘坐空调可躺式客车。

（6）持铁路乘车证的人员乘坐动车组列车（含 G，C，D 字头）时，应实名签证后方可乘车。

5. 免费使用卧铺的条件

（1）职工（含路外符合使用乘车证的人员）出差、驻勤、开会、调转、赴任、护送等，以本人开始乘坐本次列车开车时刻计算，从 20:00 至次日 7:00 之间，在车上过夜 6 h（含 6 h）或连续乘车超过 12 h（含 12 h）以上的，准予免费使用卧铺。

（2）使用卧铺中途不应下车，若必须下车时，不足夜间乘车 6 h 或连续乘车不足 12 h，列车长应按章核收已乘区间的卧铺票价。

（3）持乘车证在列车上使用卧铺时，应将出差证明、卡片连同乘车证交列车员保管（下车前交还），并办理签证。持用全年定期乘车证可不交给列车员保管。

（4）机车乘务员应按预留铺位便乘，旅客列车（挂有国际联运车厢的列车除外）应预留 3 个（上、中、下各一个）机车便乘铺。机务段开便乘证时，如超过 3 人应自第 4 人起，加盖无铺戳记，卧铺车厢的列车员对便乘证应及时登记并保管，下车前交还。凡不符合便乘规定者，列车长应收回便乘证，编制客运记录，上报所属铁路局收入部门，追补票价。

6. 违章使用乘车证的处理规定

伪造铁路职工工作证乘车

1）违章使用乘车证的情况

（1）持用伪造、加添、涂改、转借的乘车证乘车。例如，一张硬席乘车证，其有效期间为 2017 年 6 月 5 日至 2017 年 6 月 15 日，该旅客将 6 月 15 日涂改成 6 月 25 日，属违章使用。

（2）超过乘车证上记载的有效期限或有效区间乘车。例如，一张硬席乘车证记载乘车区间为北京至石家庄，在安阳站发现，属违章使用。

（3）未持规定的有关证明、证件或持伪造证明、证件乘车。

（4）超出规定条件使用乘车证者，也按违章使用乘车证处理。例如，使用卧铺中途下车，不足夜间乘车 6 h 或连续乘车不足 12 h 的，属违章使用卧铺。

2）违章使用乘车证的处理

（1）发现违章使用乘车证时，均按无票处理。按所乘列车等级、席别、铺别、区间（单程或往返）及票面填写的人数补收票价，并核收应收票价 50%的加收款及手续费。同时查扣其乘车证及有关证件上交铁路局收入部门。上交时应编制客运记录，注明违章情况。

（2）下列乘车证除按规定方法补收票款外，还应按票面记载的席别、区间加收罚款。

① 定期通勤乘车证，按票面填写的乘车区间，自有效月份起至发现违章月份止，按每月一次往返里程通算计收客票票价。

② 全年定期乘车证、临时定期乘车证、通勤（通学）乘车证，自有效日期（过期的从有效期终了的次日）至发现违章日期止，票面填写的乘车区间在一个铁路局以内的，按每日乘车 50 km 计算票价（指客票票价）；乘车区间跨铁路局的，按每日乘车 100 km 计算票价（含义同前），计算后低于 50 元的按 50 元核收。

③ 发现其他违章行为的，均按《铁路旅客运输规程》的规定处理。

（3）乘车证使用过程发现的违章事项，当时处理不了的，由站、车编制客运记录，连同查扣的乘车证及有关证件报本铁路局收入部门，由铁路局依据规定向违章职工单位发函并追补应收票款和罚款；违章职工单位接到函件，要查证落实严肃处理，并将应补票款和处理结果于 30 日内报送发函单位收入部门。如违章者单位未按来函要求补缴款额的，铁路局要报告上级机关督促违章者单位迅速处理，必要时要追究单位领导责任。

例 10-1　2 月 25 日，北京西站组织 K818 次（成都—北京西，新空）列车旅客出站时发现，一旅客持借用的某工务段李强本年度北京至邯郸定期通勤乘车证 DTc302381。北京西站应如何处理？

【解析】　按无票处理，并按规定核收罚款，同时没收乘车证及相关证件，编制客运记录上报铁路局收入稽核部。

① 无票：邯郸—北京西　442 km。

新空硬座快速票价：64.50 元。

加收已乘区间应补票价 50%票款：$64.50 \times 50\% = 32.25 \approx 32.30$（元）。

手续费：2.00 元。

② 罚款：邯郸—北京　往返里程 $448 \times 2 = 896$ (km)。

硬座客票票价：47.00 元。

1 月～2 月按 2 次计费，即 $2 \times 47.00 = 94.00$（元）。

合计：$64.50 + 32.30 + 2.00 + 94.00 = 192.80$ (元)。

二、路外有关人员使用铁路及特种乘车证

1. 路外有关人员使用铁路乘车证的规定

为了铁路运输建设和维护治安的需要，下列路外人员可以使用铁路乘车证。

（1）驻铁路局、车站军代处军事代表，因公外出乘车时，可由驻地铁路局填发乘车证。副师级及其以上的领导干部（不受年龄限制）可填发软席乘车证，其他人员一律填发硬席。

（2）驻铁路沿线守护铁路桥隧的人民武装警察部队执勤人员及上级直接主管人员，在其管辖区域执行任务时，可由驻地铁路局填发全年定期乘车证。乘车时，还必须持通行证（介绍信）及有关身份证明。

（3）驻铁路的兽医站及驻站检疫人员，在管辖区域范围内工作乘车时，可由铁路局填发临时定期或往返乘车证。

2. 特种乘车证的有关规定

铁路特种乘车证俗称特种票，是铁路部门或国务院其他部门，根据需要填发给特定使用人的铁路有效乘车凭证，不对公众旅客发售，它只能作为乘车的基本凭证，还需要与工作身份证件等其他规定证件共同配合使用，一般情况下单独使用无效。对于持特种乘车证上车的人员，车站和列车应尽可能按照规定提供乘车方便和满足特定乘车条件。

铁路特种乘车证主要有全国铁路通用乘车证、机要部门使用的软席乘车证、邮政部门使用的免费乘车证、中国铁路免费乘车证、调度命令等。

1）全国铁路通用乘车证

全国铁路通用乘车证是铁路总公司根据国家公安、安全、司法机关和机要部门完成特殊任务而制定的特殊乘车证，属有价证券。它采用不记名式，加盖铁路总公司印章方为有效，如图 10-1 所示。凡持此证者可乘全路各线和各种旅客列车（国际列车、广九直通车及联运车厢除外）的软硬座、软硬卧铺，并可在任何停车站上下车、出入站，不受满员和长短途列车的限制，可提前进站乘车。

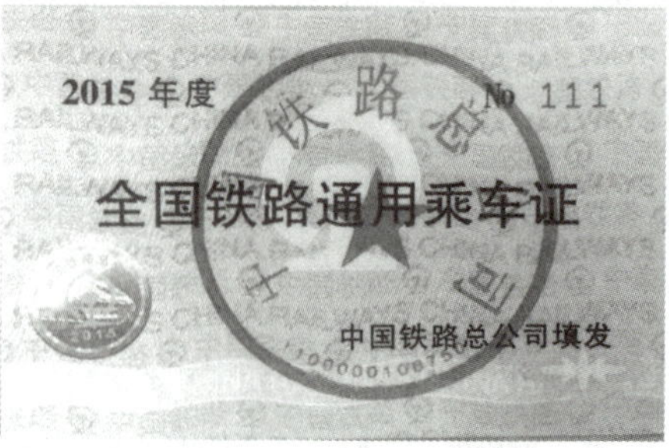

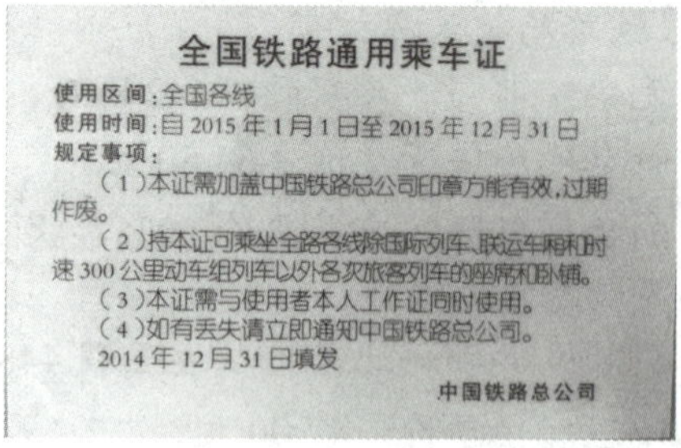
全国铁路通用乘车证
使用区间:全国各线
使用时间:自 2015 年 1 月 1 日至 2015 年 12 月 31 日
规定事项:
（1）本证需加盖中国铁路总公司印章方能有效,过期作废。
（2）持本证可乘坐全路各线除国际列车、联运车厢和时速 300 公里动车组列车以外各次旅客列车的座席和卧铺。
（3）本证需与使用者本人工作证同时使用。
（4）如有丢失请立即通知中国铁路总公司。
2014 年 12 月 31 日填发
中国铁路总公司

图 10-1 全国铁路通用乘车证

提 示

全国铁路通用乘车证只许公安、安全、司法机关办案追捕犯人和机要部门递送机要文件使用，不能移作他用。

2）机要部门使用的软席乘车证

机要部门使用的软席乘车证是指中央和各省、市、自治区机要部门使用的限乘指定位置的软席乘车证。

3）邮政部门使用的免费乘车证

邮政部门使用的免费乘车证是指限乘邮车及铁路指定位置的机要通信人员、押运人员、检查员、视导员等使用的免费乘车证。

4）中国铁路免费乘车证

为了加强对铁路运输企业执行国家政策法令的监督，国务院铁路主管部门邀请的其他政府部门和新闻单位检查铁路工作时使用“中国铁路免费乘车证”。它可乘坐除国际列车以外各种等级、席别的列车，由国务院铁路主管部门制发与管理。

国家铁路局清理取消铁路免费乘车证

5）调度命令

事故救援与抢险救灾，由于时间紧迫来不及填发乘车证时，可凭调度命令乘车，一次乘车有效。装卸工到外站进行装卸车作业，按货运有关部门规定可使用调度命令乘车。

三、路用品的运送与携带

1. 车递公文

为了确保铁路系统各单位之间的公文能准确、迅速地传递，铁路总公司制定《铁路客运列车运送公文办法》，明确凡编挂行李车的客运列车（包括混合列车），均应承担公文运送任务（简称车递）。

提 示

铁路系统各单位（以下简称各单位）是指铁路总公司内各单位，所属各单位、各铁路公司、各合资铁路公司及其所属单位。

铁路公文是指铁路系统各单位为处理公务而形成并使用的文字材料或音像制品。

1）可按公文处理的物品

（1）证章、证件、奖状、锦旗。

（2）展览品、模型、样品、图片、记载文件资料的软盘或光盘。

（3）票据、款袋。

（4）车递文件和物品用的回空容器。

注意

车递公文范围不得自行扩大。私人信件、物品严禁车递。未经上级主管部门同意，超过车递范围的物品，行李人员应拒绝受理。

2）挂号递送公文的规定

当车递公文属下列之一者，应办理挂号。

（1）密件。

（2）发文单位认为重要的文件。

（3）证章、证件、奖状、锦旗。

（4）各种合同（协议）。

（5）物资分配和调拨单。

（6）国际联运清算单、财务会计账单和凭证。

（7）重要统计报表。

挂号公文应在封套正面右上角标注编号，编号下面盖戳。经办人员对一切公文和附件务必重视，无论挂号与否，均应妥善保管，认真清点，保证不丢失、不延误。

2. 免费运输的物品范围及办理规定

1）免费运输的物品范围

（1）中国铁路文工团演出用的服装、道具、布景准予免费运输。

（2）中国铁路文工团电视剧部凭中国铁路文工团书面证明，将摄像机、录像机、放像机免费带入客车，自行看管，重量不受 20 kg 限制；监视器、投影机、录音机等附属品按规定办理托运手续，免费运输。

（3）中国铁道出版社音像厂录像所需器材。摄像机、录像机、放像机、灯具随身携带，自行看管；监视器、投影机、录音机等附属品按规定办理托运手续，免费运输。

（4）中国铁道出版社及其 19 个分支机构（哈尔滨、沈阳、北京、太原、呼和浩特、郑州、武汉、西安、济南、上海、南昌、广州、柳州、成都、昆明、兰州、乌鲁木齐、石家庄工程、石家庄建筑发行分部）向铁路总公司所属单位发行中国铁道出版的铁路规章、铁路职工培训教材类图书，中国铁道出版社供铁路总公司所属单位使用的《铁路旅客列车时刻表》按路用品办理。

注意

中国铁道出版社出版的面向铁路以外单位和个人销售的图书，中国铁道出版社及其 19 个分支机构向不属于铁路总公司的单位发行的图书不得按路用品办理。

2）免费运输的办理规定

（1）当需托运的服装、道具、布景数量较大时，可以拨给行李车，如行李车不足，也可以拨给棚车代用。使用后，立即交还，不得停留占用。

（2）少量的服装、道具、布景，可装在旅客列车编组中行李车内运送，不必另拨车辆。

（3）办理此项免费运输时，必须凭“中国铁路文工团”开具的证明文件，到车站办理托运手续。如要求拨给行李车或棚车时，应凭上述证明文件到有关铁路局办理拨车手续。

（4）车站办理托运时，应填写包裹票，并在运价栏划斜线，在记事栏内注明“免费”字样，同时将证明文件收回，随同包裹票报告页一并报送铁路局。

（5）托运的服装、道具、布景、监视器、投影机、录音机等，若由车站负责装卸时，车站可按规定核收装卸费。

3. 路内有关人员携带路用品的规定

1）铁路电务维修人员

铁路电务维修人员乘坐管内旅客列车到各站检查、维修设备，凭铁路局发给的携带器材乘车凭证，可携带蓄电池（6 V）8 组，蓄电池和电池的电解液（装入特种容器）3 瓶，轨道焊接线火柴（铁盒密封）5 盒，焊药 40 包，防腐油 10 kg，机油 1 kg，煤油 1 kg，变压器油 2 kg，调和漆 5 kg，汽油（密封）0.5 kg。乘车时应服从列车长安排，将携带品放在列车尾部，保证安全，且不影响车内秩序。

2）铁路衡器检修人员

铁路衡器管理所检修工作人员，持证明到各站检定、修理衡器时，准许随身携带小型配件、调和漆 5 kg 和标准砝码 200 kg，也可凭书面证明免费托运砝码和衡器配件。车站填发包裹票，在记事栏内注明“衡器检修”，收回书面证明报铁路局。

3）钢轨探伤人员

各铁路局给钢轨探伤人员配发“携带钢轨探伤仪乘车证”，钢轨探伤人员可携带 JGT-2 型钢轨探伤仪（体积为1 000 mm×830 mm×380 mm ）乘车，同时需出示铁路公用乘车证，准乘管内旅客列车，并按乘务员或列车长指定地点放置，不得妨碍旅客乘降。

四、军事运输

铁路军事运输是国家指令性运输。加强铁路军事运输组织、开展优质服务、强化安全管理、不断提高铁路军事运输的质量和效率，是铁路部门、有关军事交通运输部门、驻铁路军代处应尽的义务和职责。各单位应当统一领导，科学管理，严密组织，密切配合，迅速、准确、安全、保密、经济地完成铁路军事运输任务。

铁路军事运输应当坚持为国防建设服务、为部队服务的宗旨，遵循统一计划、分级组织，归口管理、集中指挥，优先运输、优质服务的原则。

1. 军事旅客运输的等级和范围

1）运输等级

根据任务性质、保密要求和装备性能，铁路军事运输依次分为特殊、重点和一般三个运输等级。

2）运输范围

（1）执行作战、战备、训练、演习、调防、国防科研、抢险救灾、国防施工和生产等任务的部（分）队（含预备役）。

（2）军队机关、院校、医院、科研院所、仓库、在编军工厂搬迁的人员和随军家属。

（3）兵员补退，伤病员后送，战俘遣送。

（4）军级以上单位批准的执行其他军事任务的人员运输。

提　示

除国务院、中央军委批准由总部、国防科工委有关部门归口管理的军品外贸按军事运输办理外，其他凡属经商性质的运输和收取劳务费、服务费、演出费的人员运输，不按军运办理。

2. 铁路军事旅客运输费用

铁路军事运输产生的费用，实行“后付”和“现付”两种付费方式。“后付”由运费主管部门定期向铁路部门清算；“现付”按铁路总公司有关规定，实行同类物资的商运运价，由托运单位直接向车站支付。

3. 军运票据

后付客票（代用票）只填写乙丙两联，丙联发站按日汇总与后付凭证一起报铁路局收入处。旅客列车运送的人员客票乙联由客运部门交乘车部队作为乘车凭证；非旅客列车运送人员，后付客票乙联用票据封套签封后（重点以上运输，封套加盖无站名密字章）交车长带至到站，到站报所属局收入处；中途换乘旅客列车时，由车长或车站将客票乙联交部队凭此换乘。

按“现付”办理的铁路军事运输，军运现付证明由总后军交部、军区军交部印制。现付证明由部队加盖团以上单位公章，负责填写日期、军运号码、付费号码、发收货单位或部队代号，发、到站，车种、吨位、请求车数、物资实重，按危险品货物运输，在现付证明左上端用红笔注明组级代号，所有票据由发站按铁路规定填写。

4. 新老兵铁路运输组织

新老兵是指依照《中华人民共和国兵役法》和国务院、中央军委的命令和指示，被征集入伍前往解放军和武装警察部队服现役的新兵和服役期满退出现役返乡的老兵。

新老兵运输工作应当遵循集中领导，归口管理，分级负责，统筹计划，优先安排，方便部队的原则。

1）运输期限

全国新老兵运输期限依照国务院、中央军委的命令和指示确定。通常情况下，新兵运输期间通常为 9 月 5 日至 9 月 30 日，老兵运输期间通常为 11 月 25 日至 12 月 31 日。

2）运输组织方式

新老兵铁路运输使用除国际旅客列车外的各类旅客列车，按下列形式组织运输。

（1）一列旅客列车编组内的全部硬座席位同时用于新兵军事运输的，按整列运输组织。用于整列运输的旅客列车，沿途各站硬座票额一律取消；软卧、全列无硬卧代硬座的硬卧，仍按原票额分配计划执行；全列有硬卧代硬座的，剩余硬卧均由列车始发站发售，沿途各站硬卧票额一律取消。在使用区段内，列车及沿途各站不得发售载有新兵的硬卧代硬座车的硬卧客票。

（2）一列旅客列车编组内的部分硬座席位用于新兵军事运输的，按整批留座组织。整批留座使用硬座车厢数较多的列车（跨局旅客列车以铁路总公司、局管内旅客列车以铁路局下达的新兵军事运输计划为准），剩余硬座均由列车始发站发售，沿途各站硬座票额一律取消。

（3）老兵和送兵干部，同行人数不足 20 人的新兵和接兵干部，按纳入客运计划购买客票组织。同一硬座车厢载有 70 名以上老兵时，各站及列车不得再发售该车厢的客票。

（4）铁路通勤职工和通学学生，可以搭乘整列运输新兵的旅客列车，但不得与新老兵和接送兵干部争抢座位。其他无关人员不得搭乘。当旅客列车全部硬卧车代硬座运输新兵时，机车乘务员便乘铺位可安排在宿营车。

3）乘车组织与管理

（1）全国新老兵运输期间，旅客列车的列车长必须到始发站所在客运（列车）段派班室或车站计划室报到，受领任务。列车长应当采取措施保证新老兵按计划入座。

（2）运输新兵较多的旅客列车，在保证安全、不影响管区分界口交接时分的前提下，跨局旅客列车经铁路总公司、局管内旅客列车经铁路局批准，可以在无停时车站临时停车供新兵上下。一列旅客列车临时停车不得超过 2 次。

（3）新兵在列车中途站下车的，该中途站（以铁路总公司或铁路局下达的新兵军事运输计划为准）及其后各停车站均可发售空出席位的客票。

4）物品携带及行李托运

（1）老兵免费携带物品重量为 35 kg，超量部分应当办理托运并按规定交纳托运费。

（2）禁止新老兵和接送兵干部携带或托运武器、弹药、雷管、导火索、管制刀具及其他易燃、易爆、危险品上车。

（3）老兵托运行李在 35 kg 以内，可以凭单据由原单位报销，超出部分自理。车站一律免收老兵行李保管费。老兵的托运行李应当粘贴货签，标明发、到站和收货人姓名、详细地址，并注明醒目的“老兵行李”字样。

案例分析——铁路职工乘坐火车的经历

为便利铁路职工在铁路沿线进行生产、工作和生活，具备一定条件的铁路职工及相关人员，无须现支付运输费用可免费乘车和携带符合范围的物资，称为路内运输。

不是所有的铁路职工都可以免费乘车。车、机、工、电、辆不同工种的铁路职工，若确实是为了工作或生活需要，符合限定条件，可申请开具某种铁路职工乘车证，乘车之前多数情况下需要支付 2 元的签证费。

任务二 了解国际铁路旅客联运

引导案例——国际联运“中华第一车”

K3/4 次列车，是中国铁路的一趟国际联运快速列车，运行于中国北京至俄罗斯莫斯科之间，于 1959 年 6 月 4 日起开行，现由北京铁路局北京客运段国际联运车队负责客运任务。列车使用德国制造的 18 型及 19 型客车，运行横贯欧亚大陆，穿越京包铁路、集二铁路、蒙古纵贯铁路及西伯利亚铁路，途径中国、蒙古国、俄罗斯三国，全程 7 692 km，是中国铁路开行里程最长的旅客列车。北京至莫斯科每星期三在北京站发车，运行 127 h 36 min，于星期一抵达莫斯科雅罗斯拉夫斯基站，使用车次为 K3 次（中国境内）、003 次（俄罗斯、蒙古国境内）；莫斯科至北京每星期二在莫斯科雅罗斯拉夫站发车，运行 126 h 55 min，于星期一抵达北京站，使用车次为 K4 次（中国境内）、004 次（俄罗斯、蒙古国境内）。由 1960 年至 2010 年，几代联运人在这条“友谊之路”上风雨兼程，战胜严寒酷暑，敬业忘我，共不间断行程 4 200 多万 km，往返行走的里程相当于绕地球 1 000 多圈，安全运送来自 100 多个国家的旅客 140 多万名，被誉为“中华第一车”。

请思考：

北京客运段国际联运车队 K3/4 次列车乘务班组靠什么赢得“中华第一车”的赞誉？

一、概述

国际铁路旅客联运是指发、到站不在同一国内的旅客、行李和包裹铁路运输，包括海铁联运。参加国际旅客联运的铁路间具有连带责任。随着我国经济的不断发展，加入世贸组织，掌握铁路国际旅客联运内容显得尤为重要。国际旅客联运是指我国同其他国家铁路间办理的旅客、行李和包裹运输。

1. 国际联运铁路

目前采用《国际客运运价规程》（简称《国际客价》）的国家铁路有白俄罗斯共和国铁路 BC（白铁），越南社会主义共和国铁路 DSVN（越铁），哈萨克斯坦共和国铁路 KZH（哈铁），中华人民共和国铁路 KZD（中铁），朝鲜民主主义人民共和国铁路 ZC（朝铁），拉脱维亚共和国铁路 LDZ（拉铁），立陶宛共和国铁路 LG（立铁），蒙古铁路 MTZ（蒙铁），俄罗斯联邦共和国铁路 RZD（俄铁），吉尔吉斯斯坦共和国铁路 KRG（吉铁）等。

2. 联运站

《国际客价》中规定的办理旅客联运的车站称为联运站。我国铁路现有 30 个旅客联运站，具体为北京、北京西、大同、天津、衡阳、长沙、汉口、郑州、呼和浩特、集宁、二连、沈阳、长春、丹东、哈尔滨、牡丹江、满洲里、绥芬河、桂林、南宁、崇左、凭祥、乌鲁木齐、阿拉山口、昆明北、河口、山海关、开远、宜良、昂昂溪，如图 10-2 所示。

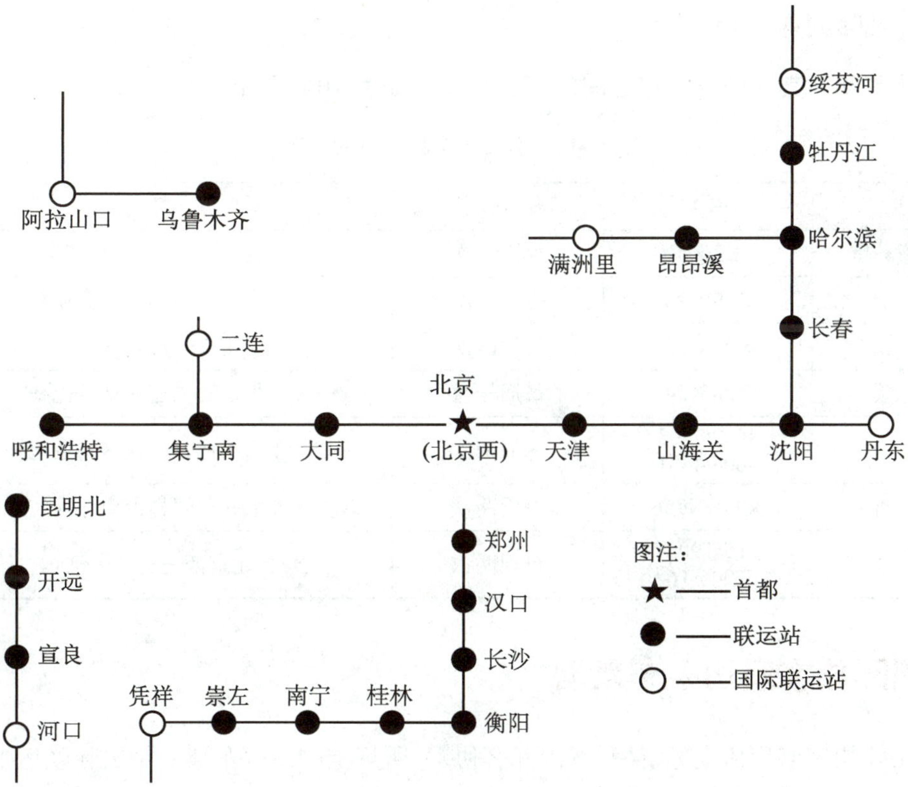

图 10-2　中国铁路国际旅客联运站示意图

3. 国境站

国与国之间邻接的车站称为国境站。我国现有国境站如表 10-1 所示。

表 10-1 国境站站名

文别 路别	中文	拉丁字母	文别 路别	中文	拉丁字母
中铁 朝铁	丹东	DANDONG	中铁 俄铁	满洲里	MANZHOULI/MANTCJURIJA
	新义州	SINYDJU		绥芬河	SUIFENHE
中铁 越铁	凭祥	PINGXIANG		后贝加尔	ZABAIKALSK
	河口	HEKOU		格罗迭科沃	GRODEKOWO
	同登	DONGDANG	中铁 哈铁	阿拉山口	ALASHANKOU
	老街	LAOKAI		多斯特克	DOSTYK
中铁 蒙铁	二连	ERLIAE			
	扎门乌德	DZAMYN-UDE			

4. 国际列车

我国铁路与其他国家铁路之间的国际列车，如表 10-2 所示。

表 10-2 我国部分国际旅客列车

路别	车次	开行次数	经由
中、蒙、俄	K3/K4	每周一次	北京—乌兰巴托—莫斯科
中、俄	K19/K20	每周一次	北京—满洲里—莫斯科
中、朝	K27/K28	每周四次	北京—丹东—平壤
中、蒙	K23/K24	每周一次	北京—二连—乌兰巴托
中、蒙	4602/4603 4604/4601	每周两次	呼和浩特—二连—乌兰巴托
中、哈	N955/N956	每周两次	乌鲁木齐—阿拉山口—阿拉木图
中、越	T5/T905 T906/T6	每周两次	北京西—凭祥—河内

二、国际旅客联运乘车票据

《国际旅客联运协定》（简称《国际客协》）所规定的旅客车票，是国际联运中凭以乘车的票据，有客票、卧铺票和补加费收据。

目前《国际客协》采用两种样式的乘车票据：一种是传统的乘车票据，称为人工票，主要在没有实现电子计算机联网的国家铁路发售；另一种是同西欧国家铁路样式基本统一的乘车票据，称为电子票，主要在原独联体成员国波罗的海三国铁路发售。我国目前只发售前一种乘车票据，但同时承认其他国家铁路发售的电子票。

国际直通联运册页票本视为一份乘车票据。册页票本含票皮（见图 10-3）和票页，票页由客票、卧铺票（乘坐卧车时）和补加费收据（发生补费时）组成，并顺序装订。将每张客票、卧铺票和补加费收据上的人民币款额数相加，总数以阿拉伯数字填入票皮上的“票价总额”栏条状线内。往程票将票皮上的“有效期”栏内“4”字划销，返程票或往返票将“2”字划销。在售票处日期戳方格内加盖本售票处日期戳，在票皮右上角填写旅客本人护照号。

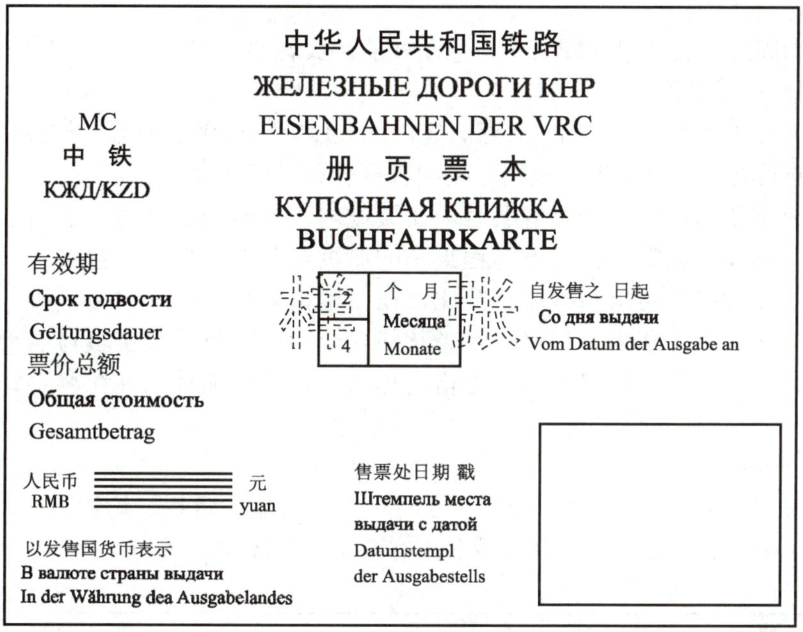

图 10-3　册页票本的票皮

提　示

册页票本限于按客票上记载的径路，从客票上所记载的一国铁路发站乘车到另一国铁路到站时有效。没有客票的册页票本应视为无效，并且无权凭以乘车。但个别铁路间如有协议，可采用卡片客票和无票皮的册页票本凭以乘车。

1．客票

客票是证明铁路同旅客间缔结运输合同的基本依据。

1）客票信息

客票上应包含以下基本信息。

（1）“MC”字母（手工填写的客票）。

（2）发站和到站名称。

（3）印制的客票号码。

（4）径路。

（5）车厢等级。

（6）人数。

（7）客票票价。

（8）客票有效期（电子客票）。

（9）客票发售日期。

（10）发售客票的铁路名称。

2）客票分类

客票分为固定册页客票（即全部事项印就的册页客票）和补充册页客票两种。

（1）固定册页客票。

固定册页客票的发站、到站、等级、经由均已印就，适用于客流大的各站间一名旅客乘车。固定册页客票没有存根，根据号码编制报表和进行清算。

发售往返乘车用的固定册页客票时，在票皮内订入两份册页客票。用于往程乘车的册页客票上，划掉“返”字；用于返程乘车的册页客票上，划掉“往”字。如果旅客享受减成，在“减成率”栏填写减成百分比，在“理由”栏按照《国际客协办事细则》填写相应内容。客票右下部为票价栏，在条状线内分别用阿拉伯数字填写瑞士法郎和人民币款额数。最后在“售票处日期戳”方格内加盖本售票日期戳，并在客票背面加盖出发日期车次戳记。

（2）补充册页客票。

补充册页客票上的旅客人数、发站、到站、经由、票价等栏，均为空白，售票时复写填发，适用于国际联运各站间一名或数名旅客乘车，如图 10-4 所示。

第二联

MC 中 铁 КЖД/KZD

册 页 客 票
Билет-купон
Streckenfahrschein

No 000000

售票处日期 戳
Штемпель места выдачи с датой
Tagesstempl der Ausgabestellsa

供________________ 人乘车用
для ________________ человек
f ü r________________ Reisende(n)

自 OT/von			站
至 до nach	1 等 кл./kl.	样 张	站
	2 等 кл./kl.		站

经 由
через/ü ber ________________

减成率 Скидка______ % Ermässlgung	理由 основание______ Grund	一名旅客客票票价 Плата За проезд одного пассажира/ Preis je Person		瑞干法郎 шв.фр. SFr.
团体旅客证 Контролчные купоны/Kontrollkaren 自 第______号 至 第______号 c/von Nr до/bis Nr		客票票价总额 Общая стоимость Gesamtbetrag		元 юанеи
				瑞干法郎 шв.фр. SFr.

图 10-4　补充册页客票

补充册页客票分为单程补充册页客票和往返补充册页客票两种。单程和往返乘车用的补充册页客票均由两联组成。第一联即存根，留在客票发售处所，以便随同客票报告提出，第二联订入册页票本票皮内交给旅客。发售往返乘车用的补充册页客票只供单程乘车使用时，不使用的相反方向各栏用斜线划销。

补充册页客票的填写方法如下。

① 旅客人数以阿拉伯数字和大写填写。

② 到站名称填入应乘车厢等级栏内，不乘用的车厢等级栏，用对角叉线划销。

③ 票价栏填写运价货币和发售国货币表示一名旅客的全程客票票价和票价总额。

④ 发售儿童乘车用补充册页客票时，在“减成率”栏注明减成数额，在“理由”栏填写“REBENOK”字样。

⑤ 发售有组织的团体旅客乘车用补充册页客票时，在“减成率”栏注明减成数额，在“理由”栏填写“GRUPPA”字样。

⑥ 发售盲人陪同（人或狗）补充册页客票时，在“减成率”栏注明减成数额，在“理由”栏填写“陪同”字样。

⑦ 发售散客（人数少于 6 人）往返补充册页客票时，在“减成率”栏注明减成数额，在“理由”栏填写“TUDAIOBRATNO”字样。

⑧ 铁路在办理团体和散客往返客票时，每一方向均使用单独的册页客票，在返程客票的上部注明往程册页客票的号码。

2. 卧铺票

旅客乘坐卧车或座卧车时，除客票外，还应有占用相应铺位的卧铺票。旅客凭卧铺票，不论夜间或白天，均有权使用卧铺；但乘坐座卧车时仅限在 21:00 至次日 7:00 期间允许使用卧铺，并免费使用卧具。每套卧具的使用时间为 5 天，超过时铁路应免费更换。

卧铺票任何情况下均没有减成。我国铁路的卧铺票目前为两联，复写填发。第一联为白色的存根，留在发售部门，随当月报表报送清算部门。第二联为浅绿色底纹水印纸，填好后订入票皮内交给旅客。当旅客凭以乘坐卧车时，由卧车乘务员收回并提交本国清算部门。

卧铺票的客票号、人数、发到站、乘车径路、车次、车厢号、车厢等级和种类、铺位号、一名旅客卧铺费、卧铺费总额、列车发车时间、卧车所属局名称等项，均临时填写。

3. 补加费收据

补加费收据是指当变更径路、等级以及同一径路上分乘不同等级车厢等情况时开具的乘车票据，如图 10-5 所示。

补加费收据的填写方法如下。

（1）补加费收据为两联，复写填发。第一联为白色的存根，留在发售部门，随当月报表报送清算部门。第二联为浅蓝色底纹水印纸，填好后交给旅客。

（2）补收客票票价和其他运送费用时，可使用同一张补加费收据。补收卧铺费差额时，应单独开具一张补加费收据。往返乘车须补费时，往程和返程应分别开具补加费收据。款额一律用阿拉伯数字填写。人民币只写总计。

（3）补收携带狗的费用时，应在右侧最上一个空格内填写“SOBAKA”。

（4）不用的各栏，沿对角线方向打叉划销。

（5）在“售票处日期戳”方格内加盖本售票单位日期戳。

MC
中 铁
КЖД/KZD

补加费收据
Доплатная квитаиция
Nachlŏsequittung

售票处日期 戳
Штемпель места выдачи с датой
Tagesstempl der Ausgabestellsa

属 于
К билету/плацкарте
Zum Fahrausweis/zur Bettkarte
第____号客票/卧铺票

Же.дор. ______ Eisenbahn 铁路等级 класс______ Klasse 供 для ___ f ü r 人乘车用 человек Reisende(n) 减成率 Скидка ______ % Ermässlgung

自 OT/von ______________________ 站至 до/nach ______________________ 站

经 由 через/über ______________________

补 收 Доплата для Nachzahlung für ____________ 人的费用 человек Reisende(n) 减成率 Скидка Ermässlgung ____________ %

自 OT/von ____________ 站至 до/nach ____________ 站

经 由 через/über ______________________

补 收 Взыскано дополнительно Erhobener Zuschlag		改乘1等车 Переход в 1-й класс Klassenwechsel	变更经路 Изменение путм следования Streckenwechsel	卧铺费差额 Разница в стоимости плацкарты Unterschied in der Bettarte 由 из/von _____ 变为 B/in _____	
每名旅客3a одного пассажира für je person	瑞士法郎 шв.фр. SFr.				
合 计 Общая стоимость Gesamtbetrag	瑞士法郎 шв.фр. SFr.				
	人民币				元

图 10-5 补加费收据

拓展阅读

团体旅客证

团体旅客证发给6人及6人以上的团体乘车的每一旅客，但领队除外。领队乘车使用团体旅客乘车用的册页客票。

团体旅客证应在填好册页客票号码和车厢等级栏之后发给旅客。当团体旅客往返乘车时，发给每一旅客一张团体旅客证。在团体旅客证背面加盖“往返”戳记。

三、国际旅客联运运送条件

1. 乘车票据的有效期

旅客持册页票本或卡片客票在票面所载有效期间内乘车均有效。往程票的有效期为2个月；返程票和往返票的有效期为4个月。

有效期自发售日起算，到 2 个月或 4 个月后的发售日同日的 24:00 终止。如有效期终止的月份没有该日，则客票有效期算至该月最后一天 24:00 终止。客票发售日以客票上规定位置加盖的售票处日期戳为准。

提 示

预售乘车票据的有效期，可以自发售日以后起算，在此情况下，有效期的起算日期，应在乘车票据上单独注明。

旅客因病或其他不得已的原因，不能在客票有效期内结束旅行，则在客票有效期终止前，可凭有关的书面证明（如医院诊断证明书等），向铁路提出延长有效期。如铁路确认旅客的理由正当，则应予以延长。一张客票延长有效期不得超过两次，不论是单程票还是往返票，每次延长不得超过 2 个月。

2. 改签和退票

1）改签

旅客购票后至列车发车后 3 h 内，可以变更乘车日期或同一径路上的车次。铁路如有空闲席位应办理改签手续。具体条件和办理方法如下。

（1）对于团体旅客，发车 5 天前可变更乘车日期和同一径路上的车次，不扣除任何费用；发车前 5 天内不得改签。

（2）对于持散客票的旅客，发车 3 天前，可变更发车日期和车次，不扣除任何费用；发车前 3 天内 6 h 前，可变更发车日期和车次，扣除卧铺费的 80%作为退票费；发车前 6 h 至发车后 3 h 内，只可改签相同车次的下趟列车，此时，原卧铺票作废，旅客须重新购买卧铺票。

改签时，将原客票背面加盖的乘车日期和车次戳划销，重新盖戳；而卧铺票则须将原票收回，再重新开具一张新卧铺票。

2）退票

（1）对于团体旅客，发车 5 天前可以办理退票；发车前 5 天内不予退票。

（2）对于持散客票的旅客，发车 3 天前可以办理退票；发车前 3 天内 6 h 前，可以办理退票，但需扣除卧铺费的 80%作为退票费；发车前 6 h 间至发车后 3 h 内，原卧铺票作废，只可退还客票费。

提 示

退票时，无论团体旅客票还是散客票，手续费均不予退还。

3. 变更席别和径路

1）变更席别

由于铁路责任（如发售重号等）不能给旅客提供符合票面等级的席位时，可将旅客安

排在较高等级车厢，不再补收客票和卧铺票差额。持较低等级车厢乘车票据的旅客要求改乘较高等级车厢时，补收相应的票价差额，开具补加费收据。

2）变更径路

旅客在乘车前要求变更乘车径路时，按退票办理。乘新径路车时应重新买票。

如果旅客在运行途中某一站要求变更径路时，办理方法如下。

（1）新径路票价低于原径路票价时，车站在客票背面记载实际乘车径路。如变更径路后经由的国家也随之发生变化，开具一张补加费收据，注明新的径路和经由的国家铁路名称。

（2）新径路票价高于原径路票价时，向旅客核收票价差额，开具补加费收据。

（3）新径路只涉及接受变更申请的国家铁路时，按该国铁路国内规章办理。

4. 儿童乘车和各种减成条件

1）儿童乘车条件

（1）未满 4 周岁的儿童不单独占用席位时，每名成人旅客可免费携带 1 名；超过 1 名时，其他儿童应购买儿童客票。单独占用席位时，每名儿童均应购买儿童客票；单独占用卧铺时，还应购买卧铺票。

（2）年满 4 周岁但不超过 12 周岁的儿童不论是否单独占用席位，每名儿童均应购买儿童客票；单独占用卧铺时，还应购买卧铺票。

（3）12 周岁以上儿童乘车条件与成人相同。

提 示

儿童年龄以乘车开始之日护照所载为准。

2）各种减成的规定

为照顾儿童和残疾人乘车，国际旅客联运对儿童、盲人陪同、旅行团体和往返乘车旅客给予一定的购票优惠（卧铺票一律不予减成），具体规定如下。

（1）儿童减成：儿童客票的票价为成人票价的 50%。

（2）对于团体，单程乘车时，客票减成 25%；往返乘车时，减成 40%。团体旅客中，不计算持各种免费乘车证的旅客。

（3）非团体旅客往返乘车时，客票减成 20%。

（4）陪同盲人乘车的一名陪同（可以是人或经过训练的狗），免付客票费。

以上各种减成，旅客只能享受其中最高的一种。

5. 旅客中途下车处理

如护照和行政当局的规定许可，旅客可在客票有效期内在中途站下车，不限次数和时间，但中途下车不延长客票的有效期，并应在列车到达时起 3 h 内，向车站提出乘车票据，以便作关于中途下车的记载。

旅客在客票有效期内，无论从中途下车的车站，或从客票所载乘车径路上前方的其他车站，均可继续乘车。乘车前，旅客应到售票处办理签票手续。

旅客在中途下车时，卧铺票失效，对未乘坐里程的费用也不予退还。如果旅客从非国际联运站继续乘坐卧车，则应先按国内票价，购买至最近的联运站的卧铺票。

6. 旅客携带品

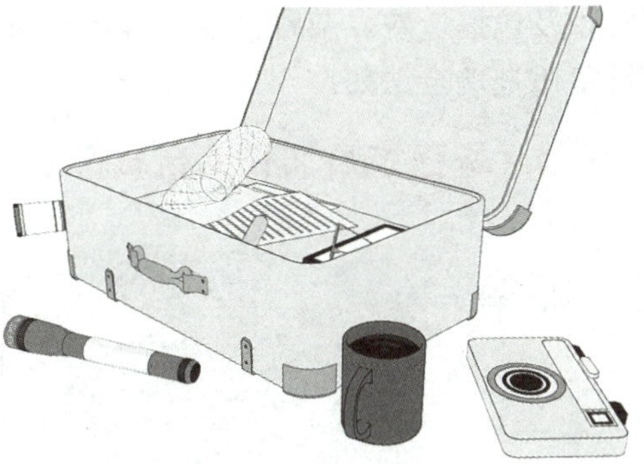

在不违反国境联检部门规定的前提下，旅客可以携带随身物品乘坐国际旅客列车和直通客车。对于免费携带品的总重量，成人旅客每人不得超过 36 kg，未满 12 周岁的儿童每人不得超过 15 kg。有儿童乘车时，属于儿童的一辆折叠式儿童手推车可以携带上车，且不计算在重量标准内。在外交信使单独占用的包房内，允许携带 200 kg 以内的外交邮件和行李。这种情况下，超过免费携带品标准的外交邮件和行李应按手提行李办理，并按《国际客价》规定的行李费率核收运费。

国际联运车厢内，允许旅客随身携带宠物，如猫、狗、禽鸟等。这些动物只准带入二等车厢，旅客必须将其安置在单独的包房内，每个包房不得超过 2 只，并需支付包房内全部铺位的客票票价和卧铺费。如果铁路不能提供单独包房，则禁止旅客携带上述动物。

旅客应照管好自己的随身携带品和动物。携带动物时，旅客应随时清扫车厢，并对因所携带动物造成的破坏和污染承担全部责任。

注意

为确保国际旅客列车的安全，下列物品禁止携带上车。

（1）可能损坏车厢或其他旅客携带品、污染车厢的物品。

（2）易燃品、自燃品、爆炸品、放射性物质、腐蚀性和毒害性物品。

（3）装有弹药的武器。

（4）能引起感染或具有强烈刺激性异味的物品。

（5）海关和其他规定禁止运送的物品。

（6）长、宽、高相加超过 200 cm 的物品。

7. 乘车票据的查验

列车长或有关检查机构代表查验车票时，应注意日期、车次、到站、座别和乘车票据的完整。只有册页票本的票皮而没有册页客票或只有册页客票而没有册页票本的票皮（个别铁路间，另有协议者除外），都是无效票据，无权乘车。

旅客如不能交验有效车票，则应根据发现无票乘车所在铁路的规章核收罚款、票价和补加费。旅客如继续乘车应购买乘车票据。

四、国际联运运送费用

国际铁路旅客联运运送费用包括运费和杂费。运费指的是客票票价、卧铺费、行李运费以及包裹运费。杂费包括售票手续费、签票费、行包声明价格费等。国际旅客联运的运价货币是瑞士法郎。

1. 运送费用的计算依据

（1）运送费用按照购买乘车票据当日的费率计算；行李、包裹的运送费用，按照承运行李、包裹当日的费率计算。在发售客票或填发行李票或包裹票时，应将由发站至到站的全程运送费率，按照付款当地当日的牌价折算成发送国货币核收。

（2）国际旅客联运的运费按《国际客价》计算。《国际客价》由运送费用构成原则、里程表和票价表等部分组成。

（3）在《国际客价》中，里程表由各国铁路分别公布。每一国铁路的里程表应包括以下两部分。

① 一国国境线至另一国国境线里程，用于计算过境运送时的运送费用。

② 国境线至各联运站里程，用于计算始发、终到以及换乘运送时的运送费用。

（4）在《国际客价》中，运费表包括的内容如下。

① 客票和卧铺票基础票价表。

② 每一国铁路公布的本国铁路段行包运费表。

③ 统一的行包声明价格费率表。

2. 旅客票价的计算

1）客票票价

计算国际联运客票票价时，先根据旅客要求的乘车径路，在《国际客价》里程表中查出经由的每一国家铁路里程，按照旅客提出的车厢等级（一等车或二等车），再根据《国际客价》客票基础票价表费率并考虑系数，分别按每一铁路的运送里程分段进行计算，然后加总。多名旅客乘车时，乘以旅客人数。旅客享受减成时，扣除减成数额。

计算客票票价时，应注意以下几点。

（1）各国铁路里程均应根据《国际客价》并按各国铁路的分界，分别对每一铁路的运送里程分段进行计算，然后加总。

（2）按旅客实际乘车径路计算。

（3）在同一国内乘车需换乘时，客票票价按总里程计算，不需分段。

（4）计算国际联运客票票价时，只能使用《国际客价》公布的里程表。

2）卧铺费

旅客乘坐卧铺车时应购买卧铺票，卧铺费是根据《国际客价》卧车卧铺票基础票价表费率并考虑系数，按每一不换乘区段总运送里程计算。

注意

计算卧铺费时需注意以下事项。

（1）计算卧铺费的里程按每一不换乘区段分段，而不按国境线分段。

（2）卧铺费没有减成。

例 10-2 一名旅客乘软席车（一等）从北京经乌兰巴托至莫斯科，请问其全程票价是多少？

【解析】 此车从北京经乌兰巴托至莫斯科，需按各国铁路的分界，分别对每一铁路的运送里程分段进行计算，然后加总。

全程票价计算步骤如下。

（1）旅客乘车径路为北京—二连—乌兰巴托—苏赫巴托—莫斯科。

（2）从里程表中查出各国铁路里程如下。

① 中国铁路（中国铁路里程表第二部分，二连国境线项下）：北京—二连/扎门乌德国境线 847 km。

② 蒙古铁路（蒙古铁路里程表第一部分，俄罗斯同中华人民共和国之间）：扎门乌德/二连国境线—苏赫巴托/纳乌什基国境线 1 110 km。

③ 俄罗斯铁路（俄罗斯铁路里程表第二部分，纳乌什基国境线项下）：纳乌什基/苏赫巴托国境线—莫斯科 5 910 km。

（3）根据《国际客价》客票基础票价表费率并考虑系数计算出各国铁路段一等车厢客票票价分别如下。

中国铁路（847 km）： $31.75\times3.81=120.967\,5\approx120.97$（瑞士法郎）。

蒙古铁路（1 110 km）： $38.98\times3.85=150.073\approx150.07$（瑞士法郎）。

俄罗斯铁路（5 910 km）： $109.69\times3.9=427.791\approx427.79$（瑞士法郎）。

将各国铁路段客票票价加总，算出全程客票票价合计为

$$120.97+150.07+427.79=698.83\text{（瑞士法郎）。}$$

3. 行李、包裹运费

计算国际联运行包运费时，先根据发送人提出的径路和到站，在《国际客价》里程表

中查出经由的每一国家铁路里程，然后从各国铁路公布的行包运费表中查出相应里程下每10 kg 行李或包裹的运费，再乘以该批行李或包裹总重量的 10 kg 的倍数，最后将各国铁路段运费加总。

4. 杂费

在国际旅客联运中，除运费外，有时还产生杂费。杂费主要包括售票手续费、签票费和声明价格费等。

1）售票手续费

售票手续费包括两部分：客票中统一包含的部分和各国铁路各自规定的部分。《国际旅客联运和国际铁路货物联运清算规则》统一规定，将客票票价的 5%作为售票处的收入。各售票处向上级机关缴款以及各国铁路中央机关相互清算时，将这一部分扣除。

除此之外，各国铁路还可以在规定的票价之外加收一定的手续费，以抵补售票处、特别是代理发售铁路车票的旅行社售票处的支出。

2）签票费

售票处在办理中转、返程票和往返票签证手续时，可以收取签票费。签票费标准由各国铁路分别确定。

3）声明价格费

托运行李时是否声明价格由旅客自定。托运包裹时必须声明价格，声明价格时应支付声明价格费。声明价格费取决于运送里程和行包的声明价格款额，其费率标准在《国际客价》中统一规定。

案例分析——国际联运“中华第一车”

北京客运段国际联运车队 K3/4 次列车乘务班组，几代联运人始终以“祖国利益高于一切、牢记使命不辱国威、热情服务四海宾朋、笑颜面对一切困苦”为队魂，并始终贯穿于工作之中，从而赢得了“中华第一车”的赞誉。

项目实践演练——使用铁路乘车证

一、模拟场景

（1）“使用过期铁路乘车证”场景：2018 年 3 月 1 日，邯郸站客运员在组织 K157 次（北京西—湛江，新空）列车旅客出站查验车票及相应证件时，发现一名旅客持用某工务段刘全 2016 年度北京至邯郸定期通勤乘车证 DTc402382，确认是本人持用自己过期的定期通勤乘车证，依据《铁路乘车证管理办法》应如何处理？若旅客称没钱并拒绝补票，又该如何处理？

（2）“使用涂改铁路乘车证”场景：2018 年 5 月 1 日，K490 次（佳木斯—天津，新空）列车，锦州站开车后验票发现，一旅客持有效期为 3 月 1 日至 3 月 31 日沈阳至山海关一次性往返硬席乘车证 YXa389365，将 3 月份涂改为 5 月份。K490 次列车应如何处理？

二、情景规划

（1）由指导老师将学生分组，3～4 人为一组，由老师指派场景给各小组，各小组运用所学知识，计算出分到场景中的票价。

（2）各小组围绕本组场景的主要内容“使用过期铁路乘车证”“使用涂改铁路乘车证场景”，编写剧本。

三、身临其境

请各小组根据自己编写的剧本，分角色表演。

四、综合评估

根据各小组的表现，按表 10-3 所示的标准评分。最终分数最高的小组获胜。

表 10-3　任务实践演练评分标准及评分表

内容	分值	教师评分	同学评分	小组自评
剧本编排是否合理	30			
表演时能否正确处理	40			
表演是否生动	30			
总平均分				

五、教师点评

活动结束后，老师根据各组同学的表现加以一一点评，并总结发言。

项目学习效果综合考核

一、填空题

1. 铁路军事运输等级，根据任务性质和装备性能，可分为__________、__________、和__________三个运输等级。

2. 铁路军事运输费用的付费方式有________和________两种。

3. 北京铁路局办理国际旅客联运的车站有__________________________。

二、选择题

1. 下列不属于准乘软席的人员范围的是（　　）。

   A．铁路总公司正、副部长和相当职级的人员

   B．正副司、局长和相当职级的人员

   C．副教授和相当专业技术职务的人员

   D．年满 50 周岁的正、副处长和相当职级的人员

2. 根据任务性质、保密要求和装备性能，铁路军事运输依次分为（　　）。

   A．特殊　　B．重点　　C．普通　　D．一般

三、简答题

1. 铁路乘车证有哪几种？各是什么颜色？

2. 持用铁路乘车证准乘席别及列车有哪些规定？

3. 违章使用铁路乘车证包括哪些情况？站车发现违章使用铁路乘车证时，应如何处理？

4. 路外哪些人员可以使用铁路乘车证？

5. 我国有哪些国际旅客联运站？

项目十一 铁路客运服务

项目导读

遵守铁路旅客运输服务质量规范，掌握旅客运输服务礼仪，是做好铁路客运工作的基本前提。那么，铁路旅客运输服务质量规范具体包括哪些内容？铁路客运工作人员在为旅客服务过程中应遵守哪些服务礼仪规范呢？

知识目标

- 掌握高铁车站服务质量规范。
- 掌握铁路车站服务质量规范。
- 掌握铁路客运服务礼仪。
- 了解客运服务的技能技巧。

技能目标

- 能运用高铁及铁路车站服务质量规范解决实际问题。
- 能运用客运服务技能技巧完成旅客服务工作。

素质目标

- 树立爱党、爱国、爱人民、爱社会主义的坚定信念。
- 树立以乘客为本、为乘客服务的意识。
- 养成认真执行工作任务、严谨对待问题的态度。

任务一 认识车站服务质量规范

引导案例——老大爷遇麻烦，检票员热情相助

冬季晚上六点多的时候天已经黑了，每个准备乘车的旅客匆匆忙忙跑进了候车大厅。此时，G7352次列车马上就要开始检票了，检票员小张也已经在岗位上做好了检票准备。

列车开检的时候，旅客们很自觉地排队进行检票。这时，小张突然发现一位老人紧紧跟在一个年轻人的身后准备闯过闸机，小张立马拦下了他。这位旅客焦急地告诉小张他要上车补票，但是小张还是毫不犹豫地拒绝了他的要求。鉴于正处于检票阶段，小张便先安排老人到值班室休息，并答应他等小张完成这趟车的检票任务后再来找他想办法。

请思考：

（1）小张阻拦无票旅客乘车的做法对吗？

（2）检票作业属于车站服务项目之一，高铁车站服务质量规范对于检票作业有哪些规定呢？

旅客乘坐列车出行的全过程，即为客运部门的站、车工作人员为旅客提供旅行服务的全过程。为了安全、准确、迅速、便利、优质地运送旅客，铁路部门将车站和列车客运服务工作中大量重复出现的作业内容、程序、方法、服务语言、服务时限、服务活动等制定了统一的标准。在此主要介绍车站的服务质量规范。

一、高铁车站服务质量规范

高铁车站客运工作人员应树立“以服务为宗旨，待旅客如亲人”的服务理念，坚持“安全正点、方便快捷”的原则，采用先进设备，推进科学管理、创新服务方式，实现设备良好、服务文明、环境舒适、饮食卫生的质量目标。

1. 客运安全

客运安全主要包括以下几方面内容。

（1）建立健全安全制度，明确安全管理职责。

① 应具备安全生产责任制、安全检查和安全质量考核、劳动安全、消防管理、食品安全、安检查危、实名验证、站车作业、车辆安全的管理制度和办法。

② 应具备旅客候车、乘降、进出站、高铁快件保管和装卸等安全防范措施。

③ 与保洁、商业、物业、高铁快件等结合部须签有安全协议。

④ 具有非正常情况下的应急处置预案。

（2）确保安全设备设施齐全，作用良好。

① 按规定配置危险品检查仪、手持金属探测器、防爆罐等安全检查设备，以满足查验旅客及携带品、小件寄存物品安全的需求。

② 配备齐全灭火器、消火栓、烟雾报警器、自动喷淋、防火卷帘门等消防设备，确保性能良好。

提　示

车站工作人员应掌握消防知识，对消防器材做到知位置、知性能、会使用。

③ 确保应急照明系统覆盖进出站通道、候车厅、售票厅、站台、天桥等处所，且性能良好。

④ 具有应急食品储备或定点食品供应商联系供应机制。

⑤ 正确使用安全标志，确保其位置恰当、便于辨识。

（3）执行安全检查规定，对检查发现和列车移交的危险物品按规定处理。

（4）通过广播、揭示揭挂、电子显示等方式，宣传安全常识和车站设备设施的使用方法，方便旅客自助服务。

（5）确保每个电梯配有检验合格证和使用登记证，同时操作人员应具有操作证；定期检验电梯，以确保使用正常。

（6）车站实行封闭式管理，即站台两端设置防护栅栏并配有“禁止通行”标志，加强综合治理，及时清理站台，维护站内秩序。

（7）确保公共区域的电源能够满足旅客旅行生活所需小型电器的正常使用；锁闭配电室（箱），严禁在配电室（箱）上堆放物品。

（8）严格控制机动车辆进站；对于在站台上行驶的车辆，应严格限速，不得超过 10 km/h，且不得驶入安全线以内；当站台两侧线路有动车移动时，禁止该站台机动车辆行驶。原则上，非作业车辆不得进入中间站台。

（9）当发生旅客人身伤害或突发疾病以及接收到列车移交的伤、病人员时，应积极采取措施，及时联系医疗机构进行救治。

2. 设备设施

高铁车站内的基础设备设施应符合设计规范，并对其进行定期维护，确保作用良好。

（1）配备齐全防寒、防暑、照明、空调、供暖、通风、供水、排水、消防等基础设备设施，同时确保具备吸污条件的大、中型车站的吸污设备良好。

（2）确保站房地面平整，门窗完好，墙面、天花板无脱落，楼梯踏步无缺损，房屋、风雨棚、天桥、地道无渗漏。

（3）图形标志应符合《标志用公共信息图形符号》的规定，确保齐全醒目，使用规范。大型车站的站房、站名标志应为中英双语；站台上的中英文站名牌可与静态标志合设。

（4）引导系统的设置应符合《公共信息导向系统　设置原则与要求》的规定，确保内容规范，位置合理，指引准确，安装牢固，美观醒目。

（5）售票处、候车区（室）、出站闸机和补票处应设有儿童票标高线，售票处应具有购票“一米线”的标识。

（6）确保自动售票机、自助查询机、客运服务信息显示屏、电梯等服务设备设施齐全，作用良好，使用正常。当设备设施影响旅客使用时应做到及时提示。

（7）设有客服系统管理平台，对自动检票、导向、广播、时钟、查询、监控、寄存、求助等旅客服务设备设施进行集中控制。

（8）候车区（室）应配有与候车面积相适应的座椅，同时应设置饮水处、卫生间等处所。

知识拓展

大、中型车站的候车室除配有座椅、饮水处、卫生间外，还应设置问讯处或服务台以及重点旅客专用候车区，并使用明显标志以便识别。

（9）售票处应配置剩余票额屏、窗口屏；售票窗口配有二代身份证识别器、学生优惠卡识别器、制票机（见图 11-1）、双向对讲、对外显示屏、视频监控设施等服务设备。部分售票窗口应配有 POS 机。

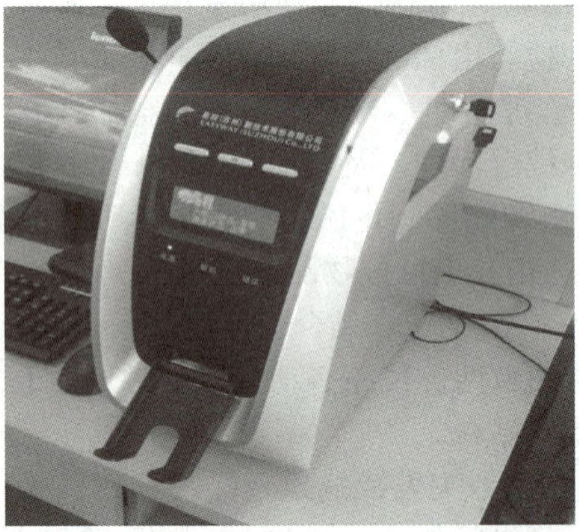

图 11-1　制票机

（10）站台面应设有安全线、车厢位置标志等。站台应设置供保洁作业使用的水、电器设施和存放保洁工具的处所。

（11）无障碍电梯升降平台、无障碍售票窗、无障碍卫生间、盲道等无障碍设施应符合《铁路旅客车站无障碍设计规范》的要求，确保设置规范，作用良好。同时保证盲文标识准确、易辨别、无破损、不影响使用。

（12）确保服务备品齐全完整，质地良好。例如，卫生间应配有卫生纸、洗手液（皂）、擦手纸（干手器）；候车室应配备轮椅、担架等服务备品。各服务处所应设置适量的垃圾桶，且垃圾桶上应设有烟灰盒。

（13）应为客运人员配备相应数量的手持电台，确保作用良好。

（14）根据车站的条件和特点开展必备型、服务型和特色型不同类型的商业服务。

知识拓展

必备型商业以满足旅行基本需求为主，可开展食品、饮料、旅行用品等零售及快餐等简单餐饮服务，可配备自动售货机和 ATM 机。

服务型商业以旅行配套便民服务为主，可开展寄存、交通、旅游等旅行服务。

特色型商业以满足个性化、区域性、特色化消费需求为主，可开展土特产及品牌专卖、餐饮服务等。

（15）广告设置应规范安全、应与车站环境相协调，并且不影响站容和车站应有的服务功能。车站广告业务应当依法经营，广告发布的内容、形式应符合有关规范，布局合理，内容健康。广告位置不得遮挡和挤占铁路图形标志、业务揭示、安全宣传等客运服务的内容或位置。

3. 环境卫生

车站是展现铁路服务质量、树立铁路良好形象的窗口，为旅客营造一个干净、舒适的候车环境是铁路客运服务工作的内容之一。车站环境卫生的维护主要包括以下几方面。

（1）加强环境保护宣传，使用符合国家环保规定的备品、材料等。

（2）搞好清洁卫生，除确保随脏随扫外，还应根据列车开、到时刻及在候车室内旅客人数较少时进行清扫工作，以免对旅客造成干扰。

（3）各服务处所应定期开展“消毒、杀虫、灭鼠”工作，蚊、蝇、蟑螂等病媒昆虫指数及鼠密度应符合国家规定。

（4）禁止吸烟的服务处所应做好禁烟宣传，及时制止吸烟行为。

（5）确保站容整洁美观，环境幽雅，窗明地净，物见本色。保证卫生间干净整洁，设施良好，正常使用。确保站台、天桥、地道等处所无积水、无积冰、无积雪等。

（6）垃圾桶应定期进行消毒，保持清洁，垃圾桶内应配有垃圾袋。对于列车投放的垃圾应及时清运。设置垃圾处理或中转场所，做到日产日清。

课堂讨论

在候车厅进行日常巡检过程中，客运工作人员发现一名男子正坐在座位上吸烟，此时他应该如何制止男子的吸烟行为呢？

4. 全面服务

铁路客运工作人员不仅要为有需求的老、幼、病、残、孕旅客提供服务，而且应帮助其他旅客解决旅行困难。

（1）根据车站条件，为不同等级席别或有不同需求的旅客提供相应服务。例如，大型车站设置的贵宾候车区应为商务座旅客提供免费的小食品、饮品、报刊等服务，同时配备专职服务人员引导其乘车。对其他有该项需求的旅客应实行收费服务，并将服务项目和收费标准对外公布。

（2）在旅客较多的地方行走时，应先示意后通行；与旅客走对面时应主动让路，不与旅客抢行。

（3）挪动旅客物品时，应征得旅客同意。

（4）在服务过程中，对旅客的配合与支持应表示感谢。当存在失误时，应向旅客表示歉意。

（5）实行首问首诉负责制。即当旅客问讯时，应做到有问必答，回答准确；当不能解决旅客提出的问题时，应引导其到相应岗位，并做好耐心解释。

（6）有空调的服务处所应确保温度适宜。

（7）各服务处所空气质量应符合《公共交通等候室卫生标准》的规定。

（8）广播应覆盖各服务处所，可实现分区广播。广播作业应及时通告列车运行情况、检票信息等。确保广播语音清晰，音量适宜。可根据需要做好专题宣传，但不得播放商业广告。

（9）应及时通告列车晚点情况。

提　示

当列车晚点超过 15 min 以上时，高铁站站长应代表铁路向旅客道歉。

（10）当旅客在站内遗失物品时，应积极帮助查找。收到旅客遗失物品应及时登记、公告，妥善保管，设法归还失主；当无法归还时应按规定处理。

5. 客运组织

高铁车站客运组织主要包括售票组织，进站、候车、检票组织，站台组织，出站组织，高铁快件作业，列车给水、吸污作业等。

1）售票组织

铁路部门可提供窗口、自动售（取）票机、铁路客票代售点等多种售票渠道，确保售票网点布局合理，管理规范。

（1）根据客流量开设适当数量的售票窗口。

（2）车站窗口可办理车票预售、改签、退票等业务，发售团体票、异地票等。在售票、改签、退票时应做到准确无误，唱收唱付，为退票旅客提供报销凭证。

（3）车站售票网点应布局合理，管理规范，同时符合铁路售票相关规定。

（4）积极推广电话、互联网、自动售票机等多种售票方式以及方便快捷的支付和检票方式。

（5）中国铁路客户服务中心网站（www.12306.cn）可为旅客提供购票、改签、退票等各项服务。

（6）确保自动售票机性能良好，随时补充零钞、票卷、凭条。当其发生故障时应及时修复。

（7）正确为旅客办理携带品超过规定补收运费手续的业务。

2）进站、候车、检票组织

（1）确保进站秩序良好、通道畅通，同时保证安检日常旅客排队进站等候时长不超过 5 min。

（2）候车区（室）应公布本站各次旅客列车到、开时刻，车站平面示意图，安全须知，旅客须知，服务项目等信息。

（3）大、中型车站服务台或问讯处应配备查询终端、电话等服务设施和服务备品，同时受理旅客问询、投诉等服务。

（4）根据客流量和站场条件确定检票时间，并在本站营业场所通告停止检票的提前时间。

提　示

原则上，列车检票时间不晚于开车前 15 min。

（5）进站检票前，应宣传自动检票机的使用方法，并设置人工检票通道，确保旅客快速进站。

（6）停止检票前，广播通告候车室，确保旅客无漏乘。

（7）停止检票时，关闭检票口，广播通告候车室和站台。

3）站台组织

（1）站台客运人员应提前到岗，检查引导屏状态和显示内容、站台等情况。

（2）加强乘车安全宣传，组织旅客按站台地面车厢位置标志在安全线内排队候车，列车停稳后组织旅客有序乘降。

（3）车站客运人员应与列车长在规定地点进行交接。

（4）当同一站台有两趟列车同时进行乘降作业时，做到有宣传、有引导、无误乘。

（5）当站台一侧临靠线路有动车组列车通过时，另一侧应停止旅客乘降作业或设防护栏进行防护。

4）出站组织

（1）出站检票人员应提前到岗，检查自动检票机、出站显示屏等情况。确保自动检票机能够正常启动。

（2）引导旅客通过自动检票机和人工检票通道检票出站。

（3）人工检票口应核对车票及其他乘车凭证，确保出站秩序良好。

（4）列车出站后，应及时做好人员清理工作，确保站台、通道无滞留人员。

5）高铁快件作业

（1）高铁站应设置承运、交付办理窗口，并提供托运单、高铁快件快递面单以及必要的填写工具。

（2）承运高铁快件时，应逐件安检，正确检斤、制票，做到唱收唱付。

（3）对于“站到站”“站到门”高铁快件，应正确分拣、装箱。

（4）装卸、搬运高铁快件时，应轻搬轻放、堆码整齐。

（5）装车时，应合理计划，按方案装载。站、车工作人员应认真核对，准确交接。装车完毕后及时进行信息确认，确保不逾期、不破损、不丢失。

（6）正确处理站间运输高铁快件差错。当发生高铁快件损失情况时，应比照行包损失处理有关规定进行执行。

（7）确保作业区无闲杂人员出入，如发现非工作人员持集装件出站时应及时制止。

6）列车给水、吸污作业

给水站应根据给水方案配备给水、排污人员，确保用具齐全。给水、排污人员应按指定线路提前到达指定位置接送列车，具体操作程序如下。

（1）按规定程序及时上水，确保始发站列车辆辆满水，中途站按给水方案补水。

（2）按规定进行吸污作业，保证作业清洁。

（3）作业完毕后，给水、排污人员应向客运人员报告。

6. 饮食供应

高铁站内餐饮食品经营应符合《铁路运营食品安全管理办法》的有关规定，主要包括以下几方面。

（1）食品经营者应经铁路食品安全监督机构许可后，方可从事食品经营活动。

（2）食品经营单位应建立健全食品安全管理制度，确保从业人员个人卫生良好，且必须保证持有效健康证明上岗作业。

（3）食品经营者应严格执行食品安全有关规定。

（4）确保食品的加工、贮存场所符合卫生要求，各种用具清洁，消毒合格。

（5）销售散装熟食品时应符合卫生规范要求，例如，使用售货工具夹取散装熟食品；提供符合卫生要求的小包装。

（6）确保食品经营者经营行为规范，例如，明码标价，质价相符，文明售货，提供发票等。

（7）确保食品经营场所设置合理，不影响旅客通行。

7. 人员素质

高铁站对相关工作人员的素质要求如下。

1）客运人员的素质要求

（1）应具备高中（中专）及以上文化程度和较强的语言表达能力。

（2）体检合格，持有效健康证。

（3）按国家职业标准要求，通过职业技能考核，取得职业资格证书。

（4）上岗前应经过本岗位铁路安全知识、业务规章、应急演练和设备操作培训，并经理论、实训考试合格后，持证上岗。

（5）应熟知本岗位业务知识，严格执行规章、制度、作业标准。

（6）熟练操作客运服务设备设施，具备妥善处理突发情况的能力。

2）客运值班员的素质要求

（1）具有大专及以上文化程度。

（2）从事客运工作时间满两年及以上。

（3）熟悉客运各工种业务，具备较强的组织管理、妥善处理问题以及较强的语言表达能力。

3）综控室人员的素质要求

（1）具有大专及以上文化程度。

（2）从事客运工作时间满一年及以上。

（3）熟悉客运各工种业务，掌握计算机和综控室相关设备设施的操作技能，具备较强的组织指挥和妥善处理问题的能力。

8. 基础管理

高铁站基础管理主要包括以下几点。

（1）建立健全管理制度，做到有制度、有考核、有记载。

（2）确保业务资料配置齐全，正确、及时摘抄并修改规章及文电。

（3）确保票据、台账、报表填制规范、数据准确、保存完整。

（4）定期分析服务质量状况，制定改进措施，完善管理制度。

二、铁路车站服务质量规范

铁路车站旅客运输服务质量标准是客运工作人员应遵守的准则，以满足旅客需求为中心，突出体现“以人为本，旅客至上”的服务理念。

1. 客运安全

客运安全主要包括以下几方面内容。

（1）确保安全设备设施齐全，作用良好。

（2）保证安全通道、出入口通畅以及安全标志规范、明显。

（3）做好安全宣传和防范，加强综合治理，维护站内秩序，无围车叫卖、拣拾、乞讨等人员。

（4）确保工作人员使用的进、出口有专人管理。

（5）对旅客携带品、小件寄存物品和承运的行包实施安全检查。按规定处理查没的危险品。

（6）确保各种装卸、搬运设备定位摆放，保证不堵塞通道、不影响旅客乘降和通行。

（7）严格控制进站车辆，行包、邮政拖挂车的辆数重车（含混编）不超过四辆，空车不超过五辆。

（8）规范使用电器设备。确保配电室（箱）锁闭。

（9）掌握消防知识，对消防器材做到知位置、知性能、会使用。

（10）当发生旅客人身伤害或突发疾病以及接收列车移交的伤、病人员时，应积极采取措施，及时联系医疗机构进行救治。

（11）完善非正常情况下的应急处置预案。

2. 设备设施

车站内的基础设备设施应符合设计规范，并对其进行定期维护，确保作用良好。

（1）确保基础设备设施齐全，并且符合《铁路旅客车站建筑设计规范》和《铁路旅客车站无障碍设计规范》的要求，无违规改造或改变其用途等现象。

（2）确保防寒、防暑、照明、通风、广播、供水、电梯、无障碍等设施作用良好。

（3）确保站房地面平整，门窗完好，墙面、天花板无脱落，楼梯踏步无缺损，房屋、风雨棚、天桥、地道无渗漏。

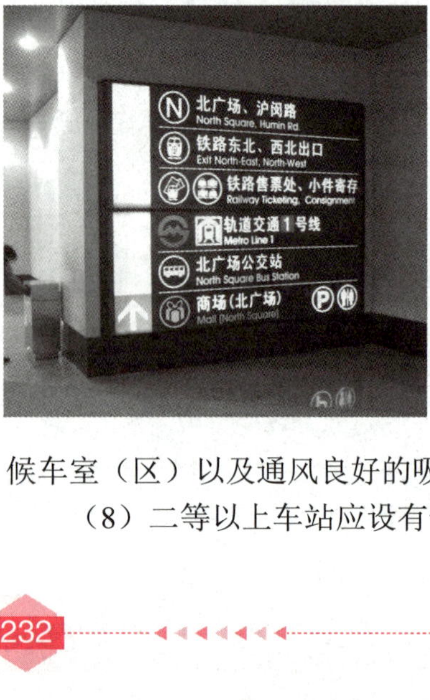

（4）引导系统设置应符合《公共信息导向系统　设置原则与要求》的规定，确保位置恰当，安装牢固，内容规范、准确。

（5）二等以上车站应设置服务台，并配置相关的业务和服务资料及用品。

（6）保证服务备品齐全、干净整洁、作用良好、定位摆放。

（7）确保三等以上车站具备安全检查、问讯、小件寄存、饮用水等设备设施；二等以上车站还应具有室内洗漱、厕所等设施；一等以上车站还应具有重点旅客、军人候车室（区）以及通风良好的吸烟室。

（8）二等以上车站应设有售票信息动态显示系统。

（9）行包房应配备衡器、搬运机具以及用于维修和包装之用的工具和材料，提供办理行包托运的桌椅、笔等必要的服务设施。

3. 环境卫生

维护车站环境卫生主要从以下几方面入手。

（1）加强环境保护宣传，使用符合国家环保规定的备品、材料等。

（2）确保候车室、售票厅、行包房、站台、天桥、地道等处所清洁、无积水、无积冰、无积雪。同时保证厕所干净、无异味。

（3）广告设置应规范安全，并与车站环境相协调，同时不影响站容和车站应有的服务功能。

（4）各服务处所应设置适量垃圾箱（桶）。对垃圾箱（桶）定期进行消毒，保持清洁。

（5）站台、站前广场的垃圾箱（桶）上应设有烟灰盒。

（6）确保列车投放的垃圾及时清运，做到日产日清、储运密闭化。

（7）各服务处所应定期进行“消毒、杀虫、灭鼠”工作，确保蚊、蝇、蟑螂等病媒昆虫指数及鼠密度符合国家规定。

4. 服务

铁路车站实行首问首诉负责制，在旅客问询时应做到有问必答，回答准确，当对旅客提出的问题不能解决时应耐心解释，帮助旅客解决旅行困难。

（1）做到全面服务、重点照顾。

（2）尊重民族习俗和宗教信仰，不分种族、国籍、民族，一视同仁。

（3）在旅客多的地方行走时应先示意后再通行；与旅客走对面时应主动让路，不与旅客抢行。

（4）挪动旅客物品时应征得旅客同意。

（5）在为旅客提供服务存在失误时，应向旅客表示歉意。在服务过程中，对旅客的配合与支持应表示感谢。

（6）各服务处所应设有旅客留言簿，及时关注旅客留言。

（7）在醒目位置向社会公布本单位投诉受理电话、通信地址、邮政编码，24 h 接受旅客投诉并做到及时处理。

（8）广播应覆盖各服务处所，并实现分区广播。及时通告列车运行情况、检票信息等。确保广播语音清晰，音量适宜。可根据需要做好专题宣传，但不得播放商业广告。

（9）确保有空调的服务处所冬季室内温度达到 18～20℃，夏季室内温度达到 26～28℃；对于无空调的服务处所而言，冬季室内温度应不低于 14℃，当夏季室内温度超过 28℃时应使用电风扇进行降温。

（10）各服务处所应配备充足的照明和应急照明设备。

知识拓展

无风雨棚站台、天桥照明照度不低于 10 lx（照度的单位）；有风雨棚站台、天桥及进出站地道照明照度不低于 50 lx；候车室、行包营业厅照明照度不低于 100 lx；售票厅、问讯处、软席候车室、贵宾室照明照度不低于 150 lx。

（11）当列车晚点时应及时向旅客通告晚点时间。

提 示

如果列车晚点超过 30 min，站长应代表铁路向旅客道歉，并积极做好服务工作。

（12）当发生旅客遗失物品事件时，应及时公告，妥善保管遗失物品，设法归还失主；当无法归还时应按规定处理。

5. 客运组织

客运组织主要包括售票组织，进站、候车、检票组织，站台组织，出站组织，行包作业，列车给水、吸污作业。

1）售票组织

铁路部门可提供窗口、自动售（取）票机、铁路客票代售点等多种售票渠道，售票网点应布局合理，规范管理。

（1）设置、开放售票窗口和自动售（取）票机的数量应适应客流量，确保日常窗口排队人数不超过 20 人。

（2）车站窗口可办理车票预售、改签、退票以及发售团体票、异地票等业务。在售票、改签、退票业务时应做到准确无误，唱收唱付，为退票旅客提供报销凭证。

（3）在售票处的醒目位置公布售票时间和停售时间。

（4）确保自动售票机性能良好，随时补充零钞、票卷、凭条。如发生故障应及时修复。

（5）票据填写应规范、内容准确、无涂改，按规定加盖站名戳和名章。妥善保管票据、现金。

2）进站、候车、检票组织

（1）核对车票、有效身份证及旅客的一致性。

（2）确保进站秩序良好、通道畅通，同时安检日常旅客排队进站等候时长不超过 5 min。

（3）在候车室（区）等旅客可视范围内应设有客运人员，客运人员应及时巡视、解答旅客咨询，妥善处置异常情况。

（4）根据客流量和站场条件确定开始、停止检票的时间，并在进站口处设置停止检票时间的提示。

提 示

始发列车检票时间不晚于开车前 30 min。

（5）检票通道数量应适应客流情况，按照先重点、后团体、再一般旅客的原则组织旅客排队检票进站。

（6）停止检票前，广播通告候车室，确保无漏乘。

（7）停止检票时，关闭检票口，广播通告候车室和站台。

3）站台组织

（1）站台客运人员应提前到岗，检查引导屏状态和显示内容、站台等情况。

（2）加强乘车安全宣传，组织旅客按站台地面车厢位置标志在安全线内排队候车，列车停稳后组织旅客有序乘降。

（3）车站客运人员应与列车长在规定地点进行交接。

（4）对于客流较大、始发或终到列车、1 人值乘多个车厢、需双开车门的情况，车站的工作人员应负责值守增开的车门。

（5）当同一站台有两趟列车同时进行乘降作业时，应做到有宣传、有引导、无误乘。

（6）当站台一侧临靠线路有动车组列车通过时，另一侧应停止旅客乘降或设防护栏进行防护。

4）出站组织

铁路车站出站组织与高铁车站出站组织相同，在此不做介绍。

5）行包作业

（1）承运行包应及时准确，做到品名相符，正确检斤、制票，唱收唱付，确保运杂费收付无误。

（2）承运限制运输的物品时，应按规定查验相关的运输证明，办理押运手续。

（3）装卸、搬运行包时，应做到轻搬轻放，箭头向上、标签向外，堆码整齐。

注意

承运易碎品、流质物品、放射性物品时，应在外包装上粘贴安全标志。

（4）对于到达的行包，应核对票据，妥善保管，及时通知取货人，准确验货，正确交付；对于无法交付的行包应及时公告，并按规定处理。

（5）确保仓库内无闲杂人员出入以及无非行包、非装卸工作人员查找、搬运行包。

注意

装卸工作人员应经过装卸作业知识、技能和铁路安全知识培训考试合格后，持证上岗。

（6）确保行包代办网点布局合理，管理规范。

6）列车给水、吸污作业

铁路车站列车给水、吸污作业的内容与高铁车站列车给水、吸污作业的内容相同，在此不做介绍。

6. 饮食供应

铁路车站内饮食供应的内容与高铁车站内饮食供应的内容相同，在此不做介绍。

7. 人员素质

铁路车站内车站相关工作人员的素质要求与高铁车站内车站相关工作人员的素质要求相同，在此不做介绍。

8. 基础管理

铁路车站基础管理与高铁站基础管理相同，在此不做介绍。

案例分析——老大爷遇麻烦，检票员热情相助

（1）小张的做法是正确的，因为车站有明确规定，没有车票的旅客是不允许进站乘车的。

（2）高铁车站服务规范对于检票作业有以下规定。

① 根据客流量和站场条件确定检票时间，并在本站营业场所通告停止检票的提前时间。

② 进站检票前，应宣传自动检票机的使用方法，并设有人工检票通道，确保旅客快速进站。

③ 停止检票前，广播通告候车室，确保旅客无漏乘。

④ 停止检票时，关闭检票口，广播通告候车室和站台。

任务二 铁路客运服务礼仪与技能技巧

引导案例——短暂十分钟，一生泰州情

12 月 25 日，小戴像往常一样在泰州车站候车大厅进行巡视。这时，一位老人手提行李步履蹒跚地走过来问道："同志，请问开往上海的 T7788 次列车在哪里候车？"

"在二楼，T7788 次列车现在已经开始检票了"，小戴不假思索地回答。听完小戴的回答，老人明显有些着急，于是加快脚步赶往二楼。由于老人腿脚不是很灵便，并且还提着一大包行李，导致他行走得非常缓慢。

小戴看了看时间，距离开车还剩 10 min，于是他快步走上前去说道："大爷，我送您上车吧"，同时接过老人手中的行李。老人先是愣了一下，然后不好意思地说："同志，这样太麻烦你了，还是我自己来吧！""没关系的。"

小戴引导着老人通过检票口，并将其送至购票车厢。同时，小戴把行李放在了他座位下面，嘱咐他下车时不要忘记带走。正当小戴准备下车时，老人突然紧紧握住小戴的手，热泪盈眶地说："同志，你真是好人啊。我是第一次来泰州火车站坐车，没想到就遇到了你，你们的服务真是太好了！"

小戴摇了摇头，微笑地说："没关系，这是我们应该做的，祝您旅途愉快！"此刻，送车曲缓缓响起，小戴连忙下车，目送着 T7788 次列车渐渐驶出站台。

请思考：

对于铁路客运工作人员而言，礼貌语的使用要领有哪些呢？

一、铁路客运服务礼仪

铁路客运服务礼仪，是指铁路车站、列车服务工作中向旅客表示敬意的仪式，是客运人员在服务工作中形成的得到共同认可的礼貌和礼节。为创建铁路旅客优质服务，提高铁路客运职工的综合素质，铁路客运工作人员必须掌握客运服务礼仪。

铁路客运服务礼仪主要包括仪容礼仪、服饰礼仪、仪态礼仪、手势礼仪及沟通礼仪等。

1. 仪容礼仪

仪容是指一个人的外观和外貌，主要由发式、面容、肢体等构成。一个人无论长相如何，只要仪容干净、整洁、得体，就会给人留下一种清新、自然、健康的印象。铁路客运工作人员应充分关注仪容仪表，维护好自身形象。

1）发部修饰

（1）发部的整洁。

铁路客运工作人员需定期清洗和梳理头发，必须保持干净、整洁、清爽、秀美，避免头屑、异物沾在头发上，避免产生异味。

（2）发型的要求。

① 男士发型要求。

铁路客运男性员工发型应长短适中，前发不能遮眉，侧发不能掩耳，后发不能长至衣领，并且不能留大鬓角、不能剃光头，如图 11-2 所示。此外，铁路客运男性员工不应过分追求时尚，不能做成夸张、前卫的发型，如爆炸式、朋克式、大包头、飞机头等，尽量不要染发，最好保持自然发色。

图 11-2　男士发型要求

② 女士发型要求。

铁路客运女性员工的头发有短发、中长发、长发三种情况。女士短发最短不得短于两寸；中长发的发尾不得超过衣领的下沿，刘海不能遮住眉毛，工作时须将两侧头发捋到耳后；长发则须盘成发髻，收于发网中，工作时保持两鬓光洁、无耳发，如图 11-3 所示。

图 11-3　女性长发要求

铁路客运女性员工的发饰应简单、适用，色彩不宜过于鲜艳花哨，材质不宜过于贵重，款式不宜复杂。通常选择没有任何装饰物的黑色皮筋、黑色钢丝夹及简单大气的发网进行装饰即可。

2）面部修饰

铁路客运工作人员在工作中应保持面部干净整洁，具体要求如表 11-1 所示。

表 11-1　面部要求

部位	修饰要求
眼睛	内外干净，无分泌物，不充血，不斜视；近视人员须佩戴全透明镜片的眼镜并且洁净明亮、无缺边缺角，不得佩戴有色眼镜或墨镜；女性员工的妆容不能过浓
鼻子	鼻孔干净，无鼻涕，鼻毛不外露
嘴	嘴唇颜色健康自然，嘴角干净无分泌物，牙齿整齐洁白，口气清新无味
耳	内外干净，无分泌物；女性员工可戴一对耳钉，但直径不得超过 3 mm
眉	洁净整齐，可进行适度修眉，眉形自然完整，眉色与发色接近
脸	干净无油并且无明显伤疤；工作淡妆，自然和谐

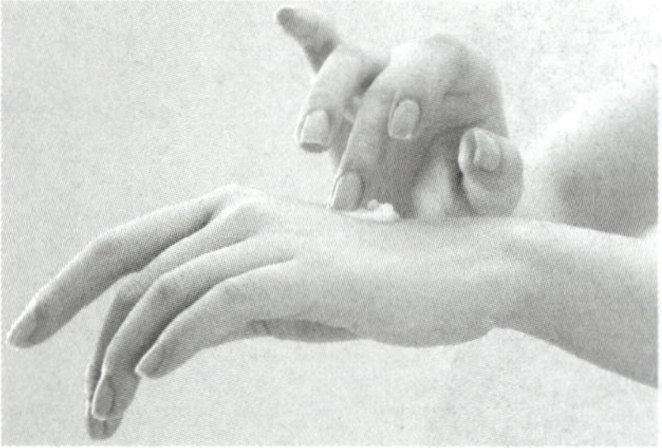

3）手部修饰

铁路客运工作人员在工作时，会有很多的礼仪行为需要手部的演示，如为旅客指引方向，与旅客握手等。如果手部粗糙污浊、伤痕累累，会让旅客对工作人员的总体印象大打折扣。因此，铁路客运工作人员应注重手部的清洁与护理。

（1）注意清洁、保养。

勤洗手，保持手部清洁；洗手之后应涂抹少许护手霜，防止干燥；应定期修剪指甲，女性服务人员可以留 2 mm 以内的指甲，男性服务人员不能留指甲。

（2）及时医治。

若手部出现创口、红肿、体癣等，应及时就医，以防病情严重。

提　示

女性服务人员可适当涂抹无色或者接近自然色的指甲油，不得涂抹过于艳丽的指甲油，并且不得在指甲上做过于显眼的修饰，如贴片、画花等。

2. 服饰礼仪

铁路客运工作人员上岗时须穿着统一制服、路服，服饰要求如下。

（1）在上班时应保持服饰干净、整洁。

（2）制服应熨烫平整，外观完好，确保不缺扣，不破损。

（3）制服穿着应避免过于裸露或瘦小。

（4）衣服口袋限放工作证等扁平物品或体积微小的操作工具，以避免衣服变形。

（5）季节更替时，应按照规定更换制服，不得擅自更换。

3. 仪态礼仪

铁路客运工作人员在服务过程中的行为举止应符合相应的仪态礼仪规范，良好的仪态礼仪不仅可以展示出铁路客运工作人员的素质和职业规范，而且也体现了铁路客运工作人员对旅客的尊重。铁路客运工作人员的仪态礼仪主要体现在表情、站姿、坐姿、行姿、蹲姿、沟通等方面。

1）表情礼仪

面部表情可以给人最直接的感受和情绪体验。因此，恰当的表情礼仪可以给旅客带来愉悦的心情，促进铁路客运工作人员与旅客之间的交流。

铁路客运工作人员在与旅客交流时，表情的运用应遵守以下几个原则。

- **真诚**：铁路客运工作人员与旅客交往中的所有语言和行为应建立在真诚的基础之上，否则会背离服务目标走向虚伪，从而导致服务失败。
- **尊重**：铁路客运工作人员在与旅客交流时要自然流露出谦恭的神态，以示对旅客的尊重。
- **友好**：铁路客运工作人员在与旅客交流时也要流露出友好的神态，以示对旅客的欢迎，这样有助于交流与沟通的顺利完成。
- **恰当**：铁路客运工作人员需具备较强的应变能力和对情景气氛的感受能力，针对不同的场合和工作情景，能够表现出恰当的表情神态。

扫一扫

站姿礼仪

2）站姿礼仪

良好的站姿能够展现出个人的气质和风度，给人以精力充沛、积极进取、充满自信的感觉。作为铁路客运工作人员，应遵守相应的站姿礼仪，以便给旅客留下一个良好精神面貌的印象。

（1）站姿的要求。

铁路客运工作人员站姿的基本要求为：男性需体现出英武、刚健、潇洒、强壮的风采，女性需体现出典雅、柔美、轻盈的状态。具体的动作要领为：头正、肩平、胸挺、臂垂、腿并。

- **头正**：双目平视、嘴唇微闭、下颌微收，面部表情平和自然。
- **肩平**：双肩放平、略为放松、稍向下沉。
- **臂垂**：双臂放松、自然垂于体侧，手指自然弯曲。
- **躯挺**：胸部挺起、腹部内收、腰部立直，臀部向上并向内收紧。
- **腿并**：双腿并拢直立、膝盖紧贴，双脚后跟靠紧，两脚尖向前。

（2）站姿方式。

① 基本站姿。

铁路客运工作人员的基本站姿如图 11-4 所示，双臂自然下垂，五指合拢，中指对准裤缝。两脚跟并拢，两脚尖呈“V”字形，张开角度在 45°～60°之间。

（a）男士基本站姿　　（b）女士基本站姿

图 11-4　基本站姿

② 常见站姿。

为维持较长时间的站立，工作人员可在基本站姿的基础上演变出一些相对比较放松的站姿。如图 11-5 所示，常见的男士站姿包括前腹分腿式站姿及背手分腿式站姿，女士站姿包括丁字步站姿及扇形步站姿。

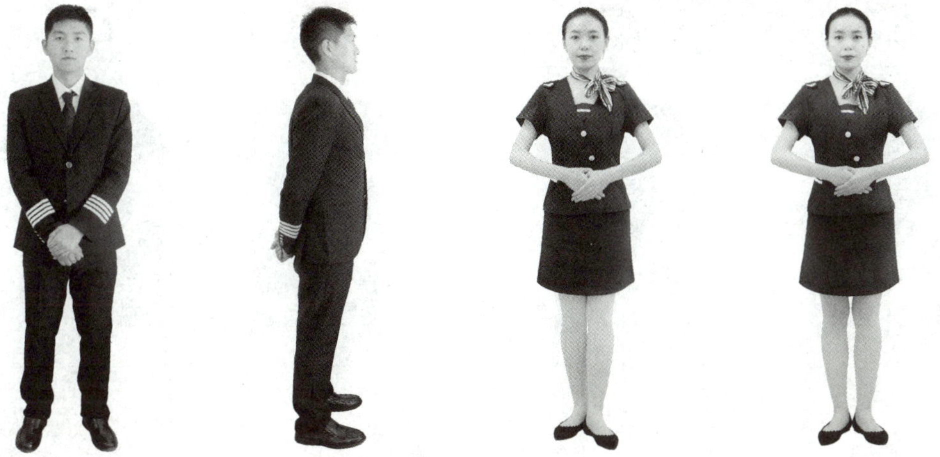

（a）前腹分腿式站姿　（b）背手分腿式站姿　（c）丁字步站姿　（d）扇形步站姿

图 11-5　常见的男士、女士站姿

练一练

学生可根据以下几种方法练习站姿。

（1）背靠背站立法：两人一组，背靠背站立，后脚跟、小腿、双肩、脑后枕部相互紧贴。

（2）九点靠墙练习法：两只脚后跟、两个小腿肚、两个臀尖、两个肩和后脑勺均贴着墙站立练习。

（3）顶书练习法：男同学按照标准站姿站好，头顶一本书保持平衡；女同学除了要头顶一本书，还需要在膝盖部位夹一张纸。

3）坐姿礼仪

如图 11-6 所示，男士常见的坐姿主要有正坐式和重叠式两种。如图 11-7 所示，女士常见的坐姿主要有正坐式、侧点式、交叉式、重叠式四种。

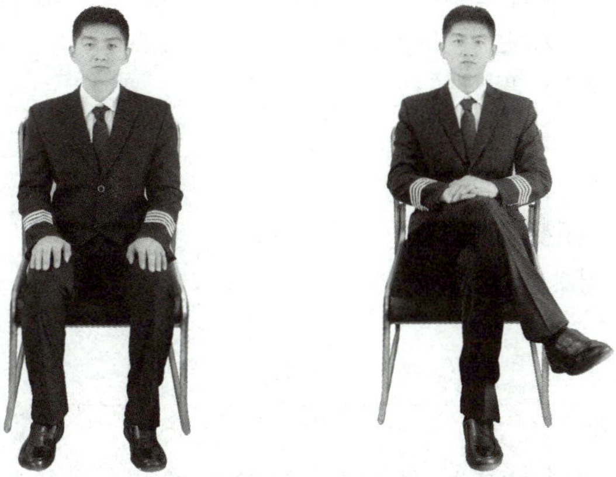

（a）正坐式　（b）重叠式

图 11-6　男士坐姿

扫一扫

坐姿礼仪

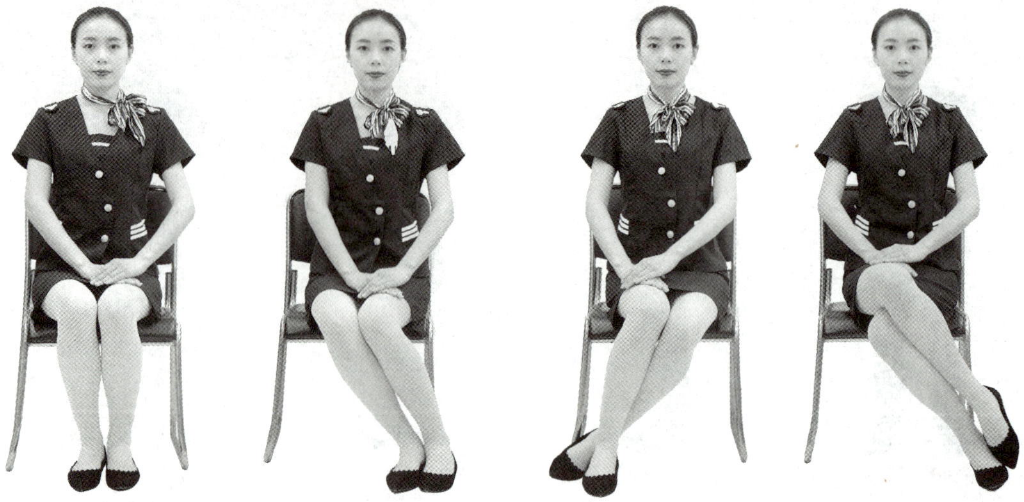

（a）正坐式　　（b）侧点式　　（c）交叉式　　（d）重叠式

图 11-7　女士常见坐姿

练一练

首先由老师带领学生练习男士、女士的各种坐姿，然后以小组为单位进行训练，请同学们分组讨论并示范男士和女士的正确坐姿，以及需要避免的坐姿，互相观察，并纠正姿势。

4）行姿礼仪

正确的行姿礼仪可以体现出一个人朝气蓬勃、积极向上的精神状态。铁路客运工作人员应掌握正确的行姿礼仪，展现给旅客一个良好的精神面貌。其行姿的基本要求为：步态端正、步位平直、步幅适中、步速均匀。同时，工作人员在工作时应避免出现以下不良行姿。

扫一扫

行姿礼仪

（1）走路“内八字”或“外八字”。

（2）弯腰驼背行走。

（3）行走过快或者过慢。

（4）多人行走时，勾肩搭背。

（5）身体乱摇乱摆，如晃肩、扭臀。

（6）蹬踏及拖蹭地面走路、踮脚走路。

练一练

学生可按照以下方法练习行姿。

（1）直线练习：女生沿着画的直线或地面砖的直线缝隙练习直线行走，男生沿着两条平行线练习直线行走。

（2）顶书练习：练习者以立正姿势站好，出左脚时，脚跟先着地，然后迅速过渡到脚尖，脚尖稍向外；右脚动作同左脚。行走时应保持正确的步幅和节奏，并注意抬头挺胸、收腹以及手臂自然摆动。

5）蹲姿礼仪

铁路客运工作人员在工作过程中经常会遇到需要下蹲处理事情的情况，如当需要拿取低处物品、捡起地面东西时，当为坐轮椅或者小朋友服务时等。在完成这些工作时，不恰当的蹲姿会给旅客留下不庄重的感觉。因此，铁路客运工作人员需掌握正确的蹲姿礼仪，以体现服务人员的文雅与礼貌。

蹲姿礼仪

蹲姿的基本要求为：上身挺直、腿部弯曲、臀部下移，双膝一高一低，一脚在前、一脚在后，身体重心落于后面的腿上。如图 11-8 所示，常见的蹲姿类型有高低式蹲姿、交叉式蹲姿（适合女士）。

（a）男士高低式蹲姿

（b）女士高低式蹲姿

（c）女士交叉式蹲姿

图 11-8　高低式及交叉式蹲姿

铁路客运工作人员在下蹲时应避免出现以下不良蹲姿。

（1）行走中突然下蹲、下蹲时离人过近。

（2）在公共场合蹲着休息。

（3）下蹲时弯腰撅臀，两脚平行、两腿分开、弯腰半蹲。

（4）女士穿着裙装下蹲时不加掩饰。

练一练

首先，学生由老师带领练习高低式蹲姿和交叉式蹲姿，然后分组练习，同学们之间互相纠正姿势。

4. 手势礼仪

手势是肢体语言中最具表现力的一种肢体语言。铁路客运工作人员在工作中常用到的几种手势如下。

1）指引手势

扫一扫

指引手势礼仪

常用的指引手势包括横摆式、斜臂式及高位式三种。

（1）横摆式。

横摆式手势（见图 11-9）是为旅客提供礼貌提示及指引方向的手势，其基本要领如下。

① 身体保持基本站姿。

② 左手放于身后腰部。

③ 右手从身侧抬起，大臂与小臂成 90°，小臂与地面平行。

④ 右手心在垂直于地面的基础上向上翻 45°。

⑤ 目光与右手指尖方向一致。

⑥ 配以礼貌语言，例如，“您这边请。”

图 11-9 横摆式手势

（2）斜臂式。

斜臂式手势（见图 11-10）用于请旅客就座或下楼梯、电梯时的礼貌手势，其基本要领如下。

① 身体保持基本站姿。

② 左手放于身后腰部。

③ 右手从身侧抬起，大臂与小臂成 160°。

④ 右手心在垂直于地面的基础上向上翻 45°。

⑤ 上身微微前倾，目光与手势所指方向一致。

⑥ 配以礼貌的语言，例如，“您请坐”“请您注意脚下，慢走”等。

图 11-10　斜臂式手势

（3）高位式。

高位式手势（见图 11-11）用于引导旅客上楼或示意高位物品时使用的礼貌手势，其基本要领如下。

① 身体保持基本站姿。

② 左手放于身后腰部。

③ 右手从身侧抬起，大臂与小臂呈 60°。

④ 右手心在垂直于地面的基础上向上翻 45°。

⑤ 手腕与肩在同一条直线上。

⑥ 上身微微前倾，目光与手势所指方向一致。

⑦ 配以礼貌的语言，例如，“请您从这边上楼”“您看到那个指示牌了吗？在那个方向”等。

图 11-11　高位式手势

2）递接手势

（1）递物。

将物品递接给旅客时，以双手为宜，不方便双手并用时，应尽量采用右手，因为用左手递接物品视为无礼。另外，在递接时，要考虑对方是否方便接拿，并且递接过程中要面带微笑，目视对方。

扫一扫

递接手势礼仪

提　示

> 在递接物品时，如果递接的是文字材料，字体应正面朝向对方，以便对方接过后直接翻阅；如果递接的是一些带尖、带刃或其他易于伤人的物品时，切勿以尖、刃直指对方。

（2）接物。

在接拿旅客递送的物品时，应目视对方，不能只看物品。必要时起身站立，主动走上前或前倾身体表达出“主动”的意愿，然后双手接住，并道谢。

5. 沟通礼仪

铁路客运工作人员除了需要掌握仪容、服饰、仪态、手势等方面的礼仪外，还应掌握良好的沟通礼仪。用准确、清晰、礼貌的语言与旅客沟通，使旅客拥有一个舒适、愉悦的旅行。

1）礼貌语的使用要领

礼貌语的使用要领如下。

（1）铁路客运工作人员与旅客交谈时，态度要诚恳亲切。

（2）铁路客运工作人员与旅客交谈时，应吐字清晰、音量大小适当、说话速度适中，以确保旅客能够接收到准确、清晰的信息，避免声音过大、过小，或者语速过快、过慢。

（3）铁路客运工作人员在与旅客交流过程中，应多使用一些“请”“您好”“谢谢”“对不起”“再见”等基本礼貌用语，以示对旅客的尊重，也可展现出一名铁路客运工作人员的文化素养。

提　示

> 铁路客运工作人员在与旅客交流时，应避免出现以下几种情况。
>
> （1）说错字、别字——与旅客交流中尽量避免说错字、别字，否则会给人一种素质低下、工作能力不强的感觉。
>
> （2）说不礼貌的语言——在与旅客交流中禁止说一些粗话、脏话等不礼貌的语言。
>
> （3）说容易引起旅客不愉快的语言——铁路客运工作人员在工作中，如果遇到矛盾冲突，需要冷静处置，多说一些谅解的话，避免说一些指责的话。

2）称呼礼仪规范

铁路客运工作人员在与旅客交往过程中，恰当的称呼可以表示对旅客的尊重，从而使旅客感觉亲切。相反，一些不得体的称呼会让旅客感到反感和厌恶，如“喂”“哎”“那位”等。因此，铁路客运工作人员需要灵活、正确地称呼旅客。

（1）一般场合使用较为通用的称呼，如旅客、女士、先生、同志等。

（2）如果想要让旅客感觉亲切，可以使用近似血缘的称呼，如大姐、大哥、阿姨、叔叔、大妈、大爷等。

（3）如果是熟悉的旅客或服务过程中得知了旅客的身份，称呼时可具有针对性，如张老师、刘医生等。

礼仪故事屋

古时候，有个青年人骑马赶路，眼看天近黄昏，前不着村，后不着店，心里很是着急。这时，正好有个老汉路过，青年人大声喊道：“老头，这儿离客店还有多远啊？”老汉回答道：“五里。”青年人跑了十几里路也没有见到客店的影子，他正心里暗暗骂着那老汉时，却突然醒悟：哪里是“五里”，分明是“无礼”呀，他是在责备我没有礼貌啊！于是青年人马上掉头往回赶。当再次见到那老汉时，他翻身下马，叫了一声“大爷”，没等他说完，老汉就说：“客店早已过了，你要是不嫌弃的话，就到我家住一宿吧。”

二、客运服务的技能技巧

铁路客运工作人员不仅需要具备娴熟的业务能力，还应掌握一定的服务技巧，以使每位旅客感受到他们的真诚服务。下面主要介绍问询服务、危险品检查服务、候车室服务及出站口服务四方面的技能技巧。

1. 问讯服务的技能技巧

1）一般问讯服务的技能技巧

铁路客运工作人员在解答旅客问讯时应践行首问首诉负责制，具体的服务技巧如下。

（1）当旅客来到面前，应面带微笑正视旅客，并彬彬有礼地询问旅客是否需要帮助，以消除旅客焦虑、不安的情绪。

（2）在行走过程中遇到有旅客问讯时，

应停下脚步关切地询问旅客是否需要帮助，以示诚恳与亲切。

（3）当对于旅客咨询的问题不清楚如何处理时，应把旅客带至问讯处或有关岗位进行咨询，力求把问讯工作做到善始善终。

2）问讯处服务的技能技巧

问讯处的工作人员在接到旅客的问询时，须依据丰富的业务知识以及相应的服务技能技巧帮助旅客解决困难。

（1）面对旅客的询问，应双眼正视旅客并全神贯注地倾听。不要随便打断对方的问话，需要插话时，应在对方讲话告一段落后再进行。

（2）回答询问时应做到站立端正、使用普通话表述、声音大小适中、语气温和、回答准确，用热情、真诚赢得旅客的信任。当旅客表示感谢时，应微笑地回答“不用谢，这是我应该做的”。

（3）如果有众多旅客询问时，应从容不迫地一一作答，不能只顾一位旅客，而冷落了其他人。同时，应注意对旅客做到一视同仁，不以貌取人。

（4）对于凡是答应旅客随后再作答复的事情一定要守信用，适时作出答复。

（5）在问讯服务中应尽量做到百问不厌。

2. 危险品检查服务的技能技巧

铁路客运工作人员在进行危险品检查服务时应掌握以下技能技巧。

（1）检查前，应主动说“谢谢您的合作”，并帮助旅客把包放到检测仪上或抬到桌面上再进行例行检查。

（2）检查中，当对旅客携带的物品有疑问时，最好不要当着其他旅客的面检查其包裹，应把包裹拿到一旁，再协助公安值勤人员进行检查。开包时，应由旅客自己开包；检查时，应注意动作幅度；检查完毕后，应主动为旅客关包。

提 示

若在检查过程中发现违禁品时，铁路客运工作人员应保持平和的心态，向旅客详细指出哪些物品属于违禁品，严禁将其带进站、带上车，同时没收违禁品。若未发现违禁品，应立即向旅客表示歉意。

课堂讨论

在对旅客携带品检查过程中，铁路客运工作人员发现以下物品：40 mL 染发剂、1 个普通打火机、100 mL 空气清新剂、摔炮、仿真枪、发令纸、防卫器、油纸、电石，他该如何处理呢？

（3）检查后，应感谢旅客配合。

岗位提示

进行危险品检查服务的作业步骤参考如下。

（1）发现危险品后，立即将携带人员引导到指定部位，通知公安部门对危险品进行检查。

（2）开具没收危险品处理通知书，将危险品移交公安部门处理。

（3）如为爆炸性等容易造成旅客伤害的物品，主管站长应立即组织客运主任或客运值班员及车站有关人员应迅速疏散周围及候车室旅客，做到有序组织、不慌不乱，由公安值勤人员控制现场，与此同时，应立即向上级领导汇报。情节严重时，应立向地方政府报告。

3. 候车室服务的技能技巧

铁路客运工作人员在为旅客营造整洁卫生、秩序良好的候车环境的过程中应掌握以下技能技巧。

（1）卫生宣传应讲究艺术，忌用警告的语言。如“根据××部门的规定，一不准……，二不准……，否则罚款”等。

（2）在进行清扫作业时，服务态度应热情，语言表达应更多体现出相互尊重、友好相处的意愿。例如，在清扫作业中需要旅客配合时，可以轻轻地说“对不起，请您抬一下脚”。清扫结束后，为感谢旅客的配合，应说“谢谢”。

（3）人工检票时，铁路客运工作人员应面带笑容地向旅客点头，说一声“您好”或者说“您好，先生（女士），请出示您的车票”，并执行“一看、二唱、三下剪”制度。

（4）自动检票时，铁路客运工作人员应做好引导工作，对不会使用检票闸机的旅客应主动协助，耐心指导，并配以礼貌用语“请让我来帮助您，先将车票正面向上插入闸口，等车票从出口弹出，再取回车票”等。

岗位提示

进行候车服务的作业步骤参考如下。

（1）审批广播日班计划。接班后，根据政治时事中心、上级领导要求、列车运行情况、旅行常识、气候变化等对广播员所编制的广播班计划进行审批、签字。

（2）宣传、查堵危险品，加强“严禁旅客携带危险品进站上车”的安全宣传。采取人机结合的方式，配合公安部门组织安检人员在候车室入口处利用安检门、台式查危仪、手提式查危仪、液体查危仪等对进入候车室的旅客进行携带品检查，查出的危险品应及时移交公安部门处理。

（3）服务重点旅客。对老、幼、病、残、孕旅客引导到重点旅客服务区内，实行重点照顾。

（4）检票作业实施先重点、后团体、再一般的作业过程。当重点旅客需提前进站时，内外勤应做好交接服务，避免在天桥、地道与到站旅客产生对流，确保旅客安全。

（5）巡视检查。经常深入候车室检查安全、服务、卫生工作情况、岗位纪律以及标准化作业执行情况，发现工作人员作业不标准应及时纠正，发现设备有问题应及时处理。

4. 出站口服务的技能技巧

在此主要介绍出站引导及验票作业过程中的技能技巧。

1）出站引导

多数旅客刚下车时很难辨别方位，因此可通过广播适时宣传引导。同时，铁路客运工作人员应服务在刚下车旅客的身边，随时为旅客指明出站方向，以保证旅客秩序井然地快速出站。

2）验票

（1）验票时，铁路客运工作人员应着装整洁、精神饱满地站在岗位上，向旅客微笑致意，同时，主动伸手去接车票，认真看清票面信息。

（2）应将计算机票、代用票、区段票销角后交给旅客，注意不要毁坏印有票价的部分。

（3）高铁车站出站口客运人员应耐心帮助旅客正确使用自动检票机。

嘉言善行

坚持效果导向，提升服务“温度”

2021年6月21日12时35分左右，由包头开往大连的K1566次列车运行至泡子至沈阳区间时，一名旅客突然晕倒。列车长苑宝龙闻讯后，一边通知随车红十字急救员李诚诚携带应急药箱赶往事发车厢，一边安排广播寻找列车上的医务工作者。

恰好车上有两名医务工作者，他们听到广播后立即赶赴现场开展救治。经过一番急救，晕倒旅客的生命体征有所好转。苑宝龙立即联系调度，请求在前方没有停车计划的马三家车站临时停车，展开下一步治疗，并联系120救护车在站台等候。13时19分，列车紧急停靠在马三家车站，乘务员将被子做成临时的简易担架，将患病旅客转交至已在站台等候的120急救车。经过及时救治，患病旅客最终脱离生命危险。

生命无价，施救最美。草原铁路客运人用实际行动，守护每一位旅客的安危，用自己平凡的举动，温暖了危难中的旅客。

问题是时代的声音，人心是最大的政治。办实事、开新局，全心全意为旅客服务是铁路企业的服务宗旨，也是铁路企业党政教育学习的出发点和落脚点，更是铁路客运工作者的工作目标。只有明确好服务目标，切实把实事办成让旅客看得见、摸得着、感受得到的好事，坚持以效果为导向，提升服务“温度”，才能真正让旅客安全、舒适地出行。

（资料来源：https://www.chnrailway.com/html/20210705/1940286.shtml，有改动）

案例分析——短暂十分钟，一生泰州情

对于铁路客运工作人员而言，礼貌语的使用要领如下。

（1）铁路客运工作人员与旅客交谈时，态度要诚恳亲切。

（2）铁路客运工作人员与旅客交谈时，应吐字清晰、音量大小适当、说话速度适中，以确保旅客能够接收到准确、清晰的信息，避免声音过大、过小，或者语速过快、过慢。

（3）铁路客运工作人员在与旅客交流过程中，应多使用一些“请”“您好”“谢谢”“对不起”“再见”等基本礼貌用语，以示对旅客的尊重，也可展现出一名铁路客运工作人员的文化素养。

项目实践——车站服务

一、模拟场景

7 月 6 日上午，石家庄站来了一位平山的老农民郑某，这是他第一次到车站坐火车，想去唐山串亲戚。他没带任何证件和照片，并且携带较多的物品。作为车站客运工作人员需要提供哪些服务帮助旅客坐上火车呢？

二、情景规划

（1）由指导老师将学生分组，6～7 人为一组。

（2）各小组围绕本组场景的主要内容编写剧本。

三、身临其境

请各小组根据自己编写的剧本，分角色表演。

四、综合评估

根据各小组的表现，按表 11-2 所示的标准评分。最终分数最高的小组获胜。

表 11-2 任务实践演练评分标准及评分表

内容	分值	教师评分	同学评分	小组自评
剧本编排是否合理	30			
表演时能否服务到位	25			
表演时服务是否全面	25			
表演是否生动	20			
总平均分				

五、教师点评

活动结束后，老师根据各组学生的表现加以一一点评，并总结发言。

项目学习效果综合考核

一、填空题

1．车站实行封闭式管理，即站台两端设置防护栅栏并配有______________标志，加强综合治理，及时清理站台，维护站内秩序。

2．铁路部门可提供窗口、__________________、铁路客票代售点等多种售票渠道，确保售票网点应布局合理，规范管理。

3．铁路客运服务礼仪主要包括仪容礼仪、服饰礼仪、_______________、手势礼仪及沟通礼仪等。

4．铁路客运工作人员站姿的基本要求为：男性需体现出英武、刚健、潇洒、强壮的风采，女性需体现出典雅、柔美、轻盈的状态。具体的动作要领为：________、肩平、胸挺、臂垂、________。

5．自动检票时，铁路客运工作人员应做好引导工作，对不会使用检票闸机的旅客应主动协助，耐心指导，并配以____________。

二、选择题

1．车站内有空调的服务处所冬季室内温度应达到（　　）。

A．18～20℃　　B．16～18℃

C．12～15℃　　D．22～25℃

2．始发列车检票时间不晚于开车前（　　）。

A．20 min　　B．40 min

C．30 min　　D．1.5 h

3．斜臂式手势用于请旅客就座或下楼梯、电梯时的礼貌手势，其基本要领要求为右手心在垂直于地面的基础上向上翻（　　）。

A．60°　　B．45°

C．90°　　D．160°

三、简答题

1．铁路客运工作人员在与旅客交流时，表情的运用应遵守哪些原则？

2．横摆式手势是为旅客提供礼貌提示及指引方向的手势，其基本要领是什么？